Estudos Críticos sobre o Marco Jurídico do Meio Ambiente de Trabalho

Estudos Críticos sobre o Marco Jurídico do Meio Ambiente de Trabalho

Organização:

Guilherme Guimarães Feliciano
Paulo Roberto Lemgruber Ebert

GRUPO DE PESQUISAS · USP · MEIO AMBIENTE DO TRABALHO

LACIER

LACIER
Lacier Livraria e Editora
www.livrarialacier.com.br

Rua Doutor Quirino, 808 – Centro
CEP 13015-081 – Campinas, SP – Brasil

Mês, 2024

Diretor: *Lacier José de Rezende*
Coordenação editorial: *Peter Fritz Strotbek*
Projeto de capa: *Fabio Giglio*
Projeto gráfico e editoração eletrônica: *The Best Page*

Esta é uma obra coletiva.
A responsabilidade pelo conteúdo de cada texto
é exclusiva do seu autor.

Ficha Catalográfica

Dados Internacionais de Catalogação na Publicação (CIP)
(Câmara Brasileira do Livro, SP, Brasil)

E82 Estudos críticos sobre o marco jurídico do meio ambiente de trabalho / Organizadores: Guilherme Guimarães Feliciano, Paulo Roberto Lemgruber Ebert. — 1. ed. — Campinas, SP : Lacier Editora, 2024.
220 p. ; 17 x 24 cm.

ISBN 978-65-88805-77-0

1. Ambiente de trabalho — Direito. 2. Ambiente de trabalho — Legislação — Brasil. 3. Direito do trabalho — Marco jurídico. I. Feliciano, Guilherme Guimarães. II. Ebert, Paulo Roberto Lemgruber.

CDU 34.331(81)

Índices para catálogo sistemático:

1. Ambiente de trabalho — Legislação

Angela Schmidt da Rosa – Bibliotecária – CRB-14/1171

Sumário

Rol de Autoras e Autores

Ana Paula C. Meirelles — Advogada graduada pela Fundação Escola Superior do Ministério Público (FMP/RS). Pós-Graduanda em Direito do Trabalho pela Universidade Federal do Rio Grande do Sul (UFRGS). Pós-Graduada em Direito do Trabalho, Processo do Trabalho e Seguridade Social pela Fundação Escola de Magistratura do Trabalho do Estado do Rio Grande do Sul (FEMARGS). Pesquisadora integrante do grupo de pesquisa em Meio Ambiente do Trabalho (GPMAT) pela Universidade de São Paulo (USP).

Carolina Bonança Barbosa — Mestranda em Direito do Trabalho e Processo do Trabalho pela Faculdade de Direito da Universidade de São Paulo (FD-USP). Pós-Graduada em Direito do Trabalho pela Universidade de Coimbra. Pós-graduada em Direito do Trabalho e Processo do Trabalho pela PUC-Campinas. Graduada em Direito pela Universidade Presbiteriana Mackenzie – São Paulo. Advogada trabalhista com inscrição na OAB/SP. Membro da Comissão de Direitos Humanos da OAB/Campinas de 2019 a 2021. Membro do Grupo de Estudos Trabalho Além do Direito do Trabalho (NTADT) e do Grupo de Pesquisa em Meio Ambiente do Trabalho (GPMAT), ambos no âmbito da Faculdade de Direito da Universidade de São Paulo FDUSP, sob coordenação do professor Guilherme Guimarães Feliciano.

Christiane Moraes Cardoso — Mestranda em Direito pela Universidade de São Paulo — Faculdade de Direito de Ribeirão Preto (FDRP/USP). Advogada. Professora e palestrante de Direito do Trabalho. Pós-graduada em Direito Material e Processual do Trabalho, em Direito Empresarial e em Direito e Gestão do Agronegócio. Membro dos grupos de pesquisa: Núcleo de Pesquisa e Extensão "O Trabalho Além do Direito do Trabalho" NTADT — FD/USP, GEDTRAB — FDRP/USP e GPMAT — FD/USP. Presidente da Comissão de Direito do Trabalho da OAB/SP – 39ª Subseção na Gestão 2019/2021.

Cyntia Santos Ruiz Braga — Mestre em Direito do Trabalho e pesquisadora voluntária do Núcleo de Pesquisa "O trabalho além do Direito do Trabalho: dimensões da clandestinidade jurídico-laboral", da Faculdade de Direito da Universidade de São Paulo (FD/USP). Advogada. Professora universitária. Especialista em Contratos, Direito, Processo e Empresarial do Trabalho pela FGV.

Drielli Serapião Afonso — Graduada em Direito pela Universidade Federal Fluminense (UFF). Pós-graduada em Direito do Trabalho e Processo do Trabalho pela Universidade Anhanguera (LFG). Pesquisadora dos Grupos de Pesquisa da Universidade de São Paulo (USP) em Migração e Direito Internacional do Trabalho (GEMDIT) e de Meio Ambiente do Trabalho (GPMAT).

Evelyn Tomi — Mestranda em Direito do Trabalho na Universidade de São Paulo (USP). Pós-Graduada em Direito e Processo do Trabalho pela Faculdade IBMEC/SP. Pós-Graduada em Direito e Negócios Imobiliários pela Faculdade IBMEC/SP. Pesquisadora integrante do Grupo de Pesquisa em Meio Ambiente do Trabalho (GPMAT) e do Núcleo de estudos "O trabalho além do direito do trabalho" (NTADT), ambos pela Universidade de São Paulo (USP).

Francisco Meton Marques de Lima — Professor titular da UFPI, Integrante do PPGD. Desembargador do TRT da 22ª Região. Doutor em Direito Constitucional pela UFMG. Mestre em Direito e Desenvolvimento pela UFC. Gestor do Programa Trabalho Seguro do TRT da 22ª Região. Escritor. Lattes -/9232203175795621. Orcid iD 0000-0002-1909-3134.

Francislene Lucia Martins Silva — Advogada Pós Graduada em Advocacia Trabalhista pela Escola Superior da Advocacia da OAB/MG. Integrante do GPMAT.

Guilherme Camargo de Oliveira — Auditor-fiscal do Trabalho. Graduado em Direito e mestre em Direito do Trabalho e Seguridade Social pela Faculdade de Direito da Universidade de São Paulo. Especializando em Direito do Trabalho e Direitos Humanos pela Universidade Federal do Pará. Pesquisador do Grupo de Pesquisa em Meio Ambiente do Trabalho da Faculdade de Direito da Universidade de São Paulo (GPMAT-USP). Pesquisador do Grupo de Estudos de Direito Contemporâneo do Trabalho e da Seguridade Social da Faculdade de Direito da Universidade de São Paulo (GETRAB-USP).

Guilherme Guimarães Feliciano — Livre-docente em Direito do Trabalho. Doutor em Direito Penal pela Faculdade de Ciências Jurídicas da USP. Juiz de direito do trabalho e professor da USP. Coordenador do GPMTAT – USP.

Kamylla Batista Leite de Lucena — Pós-Graduada em Direito e Processo do Trabalho pela Universidade Estácio de Sá (UNESA). Pós-Graduada em Direito e Processo Civil pela Escola Superior de Advocacia Paraibana (ESA-PB). Graduada em Direito pela Universidade Estadual da Paraíba (UEPB). Pesquisadora da Universidade de São Paulo (USP) pelos grupos de pesquisa GPMAT, GEMDIT e GEDTRAB; Advogada.

Larissa Matos — Advogada do Sales Matos Advocacia. Pós-doutoranda em Direito (USP). Doutora em Direito do Trabalho pela Universidade de São Paulo (USP), aprovada com láurea (*cum laude*). Doutorado sanduíche na Universidade de Barcelona. Mestra em Direito pela Universidade de Palermo. Professora de pós-graduação da UNI-RN. Integrante do corpo docente da Escola da ABRAT. Autora do livro *Direito digital do trabalho:* a proteção de dados e o monitoramento corporal no contexto das relações de trabalho, publicado pela Editora Revista dos Tribunais (Thomson Reuters Brasil). Pesquisadora do grupo de pesquisa O Direito do Trabalho além do trabalho (USP), coordenado pelo professor Guilherme Guimarães Feliciano. Pesquisadora do grupo de pesquisa Proteção do Trabalho e Promoção das Relações de Trabalho (USP), coordenado pelo professor Otavio Pinto e Silva. Pesquisadora do grupo de pesquisa Meio Ambiente do Trabalho (USP), coordenado pelo professor Guilherme Guimarães Feliciano. Professora de pós-graduação (UNI-RN).

Paulo Roberto Lemgruber Ebert — Advogado. Doutor em Direito do Trabalho e da Seguridade Social pela Universidade de São Paulo (USP). Especialista em Direito Constitucional pela Universidade de Brasília (UnB). Especialista em Direito e Processo do Trabalho pelo Centro Universitário de Brasília (UniCEUB). Pesquisador-líder do Grupo de Pesquisas em Meio Ambiente do Trabalho (GPMAT), da Faculdade de Direito da Universidade de São Paulo (FD/USP). Pesquisador integrante do Grupo de Pesquisas Trabalho, Constituição e Cidadania, da Faculdade de Direito da Universidade de Brasília (UnB).

Pedro Gabriel de Melo Ruiz — Mestrando em Direito na Universidade Federal de Santa Catarina (UFSC). Membro do Grupo de Pesquisas em Meio Ambiente do Trabalho (GPMAT/USP).

Rachel Lopes Queiroz Chacur — Doutora em Ciências Ambientais. Mestre em Direito. Advogada. Membro do Grupo de Estudos e Pesquisa do Meio Ambiente do Trabalho (USP).

Thiago Santos Machado — Engenheiro de Segurança do Trabalho (Universidade Candido Mendes). Engenheiro Civil (Faculdade Anhanguera de Rondonópolis). Higienista Ocupacional, Perito na Vara Federal de Rondonópolis (MT) para determinação de aposentadoria especial. Produtor de cursos livres na modalidade online para profissionais de segurança do trabalho. Consultor de segurança do trabalho e proprietário de empresa de consultoria em Engenharia de Segurança do Trabalho.

Zoraíma Meneses Brandão — Mestranda do PPGD UFPI. Especialista em Trabalho e Processo do Trabalho. Pesquisadora do Núcleo de Pesquisa e Extensão em "Meio Ambiente do Trabalho" — GPMAT, da Faculdade de Direito da Universidade de São Paulo (FDUSP). Analista judiciário do TRT da 22ª Região. Lattes -6576178951481640. Orcid iD 0000-0002-2427-6306.

Apresentação

Em fevereiro de 2022 entrou em funcionamento, no âmbito da Faculdade de Direito da Universidade de São Paulo, sob a coordenação do professor Guilherme Guimarães Feliciano e sob a liderança do pesquisador Paulo Roberto Lemgruber Ebert, o Grupo de Pesquisas em Meio Ambiente do Trabalho (GPMAT/FD-USP), com a ousada proposta de lançar as bases para a construção de uma Teoria do Direito Ambiental do Trabalho fundada nos princípios e diretrizes emanadas do paradigma ambientalista, no ensejo de dotar o ramo juslaboralista de um instrumental mais adequado à compreensão, ao mapeamento e ao tratamento dos riscos complexos que se fazem presentes, contemporaneamente, nos mais diversos espaços onde o ser humano desempenha suas atividades profissionais.

A premissa fundamental a nortear as atividades do GPMAT reside na constatação em torno da insuficiência das estruturas tradicionais do Direito do Trabalho, ainda fundadas em bases individualistas, contratualistas, patrimonialistas e legalistas, para lidar com a complexa estruturação dos fatores que condicionam o entorno circundante dos trabalhadores e que interferem, decisivamente, em sua qualidade de vida e em sua integridade psicofísica.

Justamente no intuito de dar início à abordagem proposta pelo GPMAT nesse sentido, os primeiros encontros do grupo, realizados nos anos de 2022 e 2023, tiveram por objeto a análise crítica das Normas Regulamentadoras do Ministério do Trabalho que configuram, em sua essência, expressões típicas da concepção estritamente legalista e individualista a permear, tradicionalmente, a gestão dos riscos circundantes dos trabalhadores nos locais (físicos e virtuais) onde realizam suas atividades profissionais.

A abordagem crítica proposta pelo GPMAT em relação às NRs logo no início de suas atividades se mostrou ainda mais imperativa, tendo em vista as substanciais alterações promovidas nos textos de várias delas por parte do grupamento político que ocupou o governo federal entre os anos de 2019 e 2022, sempre no sentido de restringir ainda mais o já reduzido escopo de proteção à saúde e à segurança dos trabalhadores emanado de tais normas que, desde sua origem, têm por característica marcante a incompletude, a imprecisão e a desatualização de seus enunciados e de seus parâmetros técnicos.

Diante disso, os seminários apresentados pelas pesquisadoras e pelos pesquisadores integrantes do GPMAT durante o primeiro ano de funcionamento do grupo tiveram por escopo, justamente, a avaliação crítica a respeito das já conhecidas limitações estruturais que caracterizam, historicamente, as trinta e outo NRs atualmente vigentes, bem como das recentes inovações em seus textos que, a despeito de aprimorarem a tutela da saúde e da segurança dos trabalhadores, intensificaram os riscos por eles experimentados em suas atividades.

Haja vista a riqueza dos temas debatidos por ocasião dos seminários realizados nos sucessivos encontros do GPMAT entre os anos de 2022 e 2023, bem assim a qualidade das abordagens formuladas pelos integrantes do grupo em tais ocasiões, as apresentações foram transformadas em artigos que, para muito além de efetuarem análises críticas aos textos das NRs, acabaram por sinalizar aos intérpretes e aplicadores do ordenamento jurídico pátrio as sendas a serem trilhadas no ensejo de promover a almejada releitura ambientalista dos temas concernentes à saúde e à segurança dos trabalhadores.

É exatamente essa a toada seguida pelos treze artigos que compõem a presente obra, a versarem sobre temas fundamentais para a estruturação do meio ambiente do trabalho, para sua tutela em juízo e para a ação do Estado nesse particular, tais como (i) os limites à autogestão dos riscos laborambientais (*Guilherme Guimarães Feliciano* e *Paulo Roberto Lemgruber Ebert*); (ii) a sistemática dos embargos e das interdições a cargo da auditoria-fiscal do trabalho (*Guilherme Camargo de Oliveira*); (iii) as diretrizes para a disponibilização dos equipamentos de proteção individual (*Cyntia Santos Ruiz Braga* e *Pedro Gabriel de Melo Ruiz*); (iv) a análise dos riscos existentes no meio ambiente do trabalho dos trabalhadores do setor elétrico (*Francisco Meton Marques de Lima* e *Zoraíma Meneses Brandão*); (v) os vetores interpretativos a serem observados na exposição aos agentes insalubres (*Larissa Matos*); (vi) o valor jurídico dos limites de tolerância presumidos nas normas regulamentadoras (*Paulo Roberto Lemgruber Ebert*); (vii) a abordagem atualizada dos riscos à saúde provenientes do ruído (*Carolina Bonança Barbosa*); (viii) os parâmetros a serem observados na medição do calor (*Christiane Moraes Cardoso* e *Thiago Santos Machado*); (ix) a efetiva prevenção às ameaças advindas das vibrações (*Ana Paula C. Meirelles* e *Evelyn Tomi*); (x) a (in)subsistência dos critérios quantitativos e qualitativos fixados nos anexos XI a XIII da NR-15 à luz dos princípios constitucionais (*Francislene Lucia Martins Silva*); (xi) os impactos jurídicos decorrentes da exposição às radiações ionizantes (*Kamylla Batista Leite de Lucena*); (xii) os efeitos deletérios decorrentes do regime de turnos ininterruptos de revezamento (*Drielli Serapião Afonso*) e (xiii) a imprescindibilidade quanto à observância da metódica do ônus dinâmico da prova nas lides que envolvem questões laborambientais (*Raquel Lopes Queiroz Chacur* e *Guilherme Guimarães Feliciano*).

A despeito da diversidade dos temas trabalhados nos artigos integrantes da obra — a refletir, exatamente, a miríade de assuntos contemplados nas Normas Regulamentadoras e nos diplomas jurídicos dedicados à estruturação do meio ambiente do trabalho e à sua tutela jurídica e administrativa —, as contribuições aqui ofertadas aos leitores se encontram plenamente alinhadas com os objetivos institucionais do GPMAT centrados, como já visto, na abordagem das questões relacionadas à organização das condições de trabalho e dos fatores de produção sob a ótica ambientalista, em superação à sistemática estrita que o Direito do Trabalho vem, há muito, conferindo ao tema.

Trata-se, portanto, apenas da primeira coletânea elaborada como resultado dos estudos realizados no âmbito do GPMAT que certamente será sucedida por outras tantas que virão à medida que o grupo e suas pesquisadoras e seus pesquisadores se aprofundarem mais e mais nos instigantes debates que envolvem a temática laborambiental e que se apresentam, na contemporaneidade, como essenciais para a definição dos rumos a serem seguidos pelo Direito do Trabalho, cada vez mais interligado aos cânones regentes do Direito Ambiental.

Convidamos o leitor, desse modo, a se juntar a nós nessa jornada que apenas tem o seu início com a presente coletânea e que seguirá, certamente, por muitas obras vindouras a serem elaboradas no âmbito do GPMAT.

São Paulo, dezembro de 2023.

Guilherme Guimarães Feliciano
Paulo Roberto Lemgruber Ebert

1

NR-1: A Autogestão do Meio Ambiente do Trabalho entre a Ficção, a Normatividade e a Realidade

Guilherme Guimarães Feliciano

Paulo Roberto Lemgruber Ebert

Introdução

Em 12 de março de 2020, com a publicação da Portaria SEPRT 6.730 no *Diário Oficial da União*, veio a lume a nova redação da NR-1, veiculando em seu conteúdo acréscimos significativos em relação à sua versão anterior, cujo teor limitava-se à descrição das diretrizes gerais pertinentes à elaboração e à aplicação da generalidade das normas regulamentadoras. A partir de então, a norma em referência passou a definir, de modo detalhado, o regime de antecipação e prevenção dos perigos e riscos ocupacionais, em substituição ao regramento constante da NR-9.

A ideia-chave que perpassa toda a NR-1 e que orientou, em grande medida, sua edição, se faz representada pelo *gerenciamento de riscos ocupacionais,* pelo qual caberia aos próprios empresários, na condição hipotética de plenos conhecedores das situações e dos cotidianos peculiares aos seus respectivos estabelecimentos, não apenas a autodescrição dos perigos ali existentes, como também a autofixação dos graus de risco presentes nos ambientes de trabalho por eles administrados e a autoprevisão das medidas de prevenção a serem implementadas no ensejo de combatê-los concretamente.

Nesse sentido, a nova versão da NR-1, com redação conferida pela Portaria SEPRT n. 6.730/2020, foi assumidamente inspirada nas diretrizes constantes da norma ISO 45001:2018 (Sistema de Gestão de Segurança e Saúde do Trabalho). Tal como os demais diplomas emanados da Organização Internacional de Padronização (*International Organizational for Standardization* — ISO), a norma técnica em referência busca se firmar perante os agentes econômicos como o padrão formal de qualidade que, uma vez assumido e adaptado pelos interessados aos seus processos produtivos, por intermédio de autorregulação, lhes confere certo grau de credibilidade nos mercados em que atuam.[1]

A Norma ISO 45001:2018, por isso mesmo, e seguindo os moldes de seus diplomas congêneres, não contém em seu texto diretrizes substantivas a serem obrigatoriamente replicadas e observadas por seus destinatários nos respectivos procedimentos internos. Ao revés, sua estrutura se limita a indicar que os interessados na certificação deverão elaborar um plano de gestão de riscos adaptado aos seus processos produtivos e operacionais (CAPRON; QUAIREL-LANOIZELÉE, 2010, p. 100-102).

Ou seja, a Norma ISO 45001:2018 não informa nem impõe aos seus destinatários um modelo rígido de plano de gestão de riscos ocupacionais com conteúdo a ser seguido obrigatoriamente pelos interessados na certificação, senão apenas os mecanismos formais que os planos a serem elaborados deverão observar para assegurar sua operacionalização e sua atualização (p. ex.: procedimentos de auditoria interna e externa, oportunidades de melhoria, ações de planejamento, gestão de não conformidades etc.).

Talvez por conta da estrutura eminentemente procedimental que subjaz à generalidade dos diplomas técnicos de padronização qualitativa, muitos dos destinatários da NR-1 vêm compreendendo essa última como a mera reprodução, em sede de diploma jurídico, da Norma ISO 45001:2018, como se estivessem, a partir de sua edição, contemplados por um salvo-conduto jurídico que lhes possibilitaria agir espontaneamente no sentido de (i) identificar e catalogar as fontes de *perigo* existentes em seus estabelecimentos; (ii) graduar os *riscos* deles decorrentes para os trabalhadores e (iii) fiscalizar a observância às diretrizes por eles mesmos fixadas (SESI; CNI, 2020, p. 27).

Desse modo, desde o início da vigência da NR-1, em 3.1.2022, por força da Portaria SEPRT n. 8.873, de 23.7.2021, tem se verificado a formulação de planos de gestão que identificam os *perigos* presentes no ambiente de trabalho e que buscam graduar os *riscos* deles emanados sem qualquer respaldo na realidade, com o intuito deliberado de eximir a responsabilidade do empregador ou tomador de serviços pelos eventuais danos decorrentes de acidentes de trabalho ou de doenças ocupacionais e até mesmo de afastar a incidência dos adicionais legais de insalubridade e de periculosidade.

(1) Cf., a propósito: https://www.iso.org/developing-standards.html. Acesso em: 31 jan. 2023.

Diante disso, o presente artigo buscará averiguar em que medida os conceitos pertinentes à autorregulação e da autogestão do ambiente de trabalho presentes no cerne da NR-1 permitem — ou não — o livre estabelecimento e graduação dos *perigos* e dos *riscos* ocupacionais pelos próprios tomadores de serviços e se é possível, tal como propalado em certos meios empresariais, fazer prevalecer os planos de gestão de riscos em relação aos dispositivos do ordenamento jurídico que veiculam os deveres de cunho preventivo e às situações verificadas no plano dos fatos.

Nesse sentido, o tema será abordado sob três vertentes distintas, a saber, as dimensões da *ficção,* a tratar das expectativas empresariais depositadas no conceito de autorregulação que subjaz à nova versão da NR-1, da *normatividade,* a contemplar o elenco das normas de ordem pública concernentes ao tema da prevenção dos perigos e riscos laborambientais e, por fim, da *realidade,* a envolver os elementos fáticos que se apresentam nas mais diversas atividades e que circundam os trabalhadores nelas ativados.

Ao final, buscar-se-á delimitar o grau de autogestão e de autorregulação efetivamente assegurado na NR-1, à luz de sua interpretação em conjunto com os demais diplomas integrantes do ordenamento jurídico pátrio, bem assim à luz dos elementos fáticos que condicionam seu sentido e alcance nas situações concretas em que se fazem presentes os perigos e riscos ao meio ambiente do trabalho e à integridade dos trabalhadores nele inseridos.

1. A *ficção*: a autogestão empresarial e a livre-iniciativa como panaceias para os perigos e os riscos ocupacionais

A compreensão plena da nova versão da NR-1, com redação conferida pela Portaria SEPRT n. 6.730, de 12.3.2020, não prescinde de uma análise à luz do contexto político que inspirou a reformulação de seu texto e, em maior medida, o movimento de revisão das Normas Regulamentares do Ministério do Trabalho. Foi justamente tal pano de fundo o principal elemento gerador da ficção concebida por certa parcela dos agentes econômicos a respeito da pretensa autossuficiência do modelo de gestão ali previsto para o controle dos perigos e riscos laborambientais.

De fato, é público e notório que a reformulação das Normas Regulamentares levada a cabo pela então Secretaria de Previdência e Trabalho do Ministério da Economia durante o governo de Jair Bolsonaro (2019-2023) teve por mote principal o ideário a propalar a "simplificação" das regras impostas aos empresários como medida pretensamente eficaz no ensejo de reduzir os custos operacionais das empresas e de contribuir para o crescimento econômico. No período em referência, as autoridades que conduziam a área econômica propalaram com frequência que a revisão do arcabouço normativo de proteção à saúde e segurança no trabalho configurava um dos passos para "*retirar o Estado do cangote do cidadão*", conforme expressão cunhada à época.(2)

Partiu-se, portanto, de premissa fundada em uma visão romantizada da autonomia privada e da livre-iniciativa que, apesar de remeter ao conceito puro de *laissez faire* difundido no século XIX, ainda se mantém enraizada em certa parcela dos agentes econômicos. Segundo ela, o Direito deveria se abster do intento de regulamentar a liberdade econômica e a livre conformação dos fatores de produção por parte dos empresários — ainda que sob o propósito de resguardar bens jurídicos concorrentes —, sob pena de inibir as forças produtivas do setor privado e, com isso, acabar por comprometer a própria subsistência da sociedade e dos fundamentos econômicos que lhe confeririam existência (LOPES, 2006, p. 71).

Tal ideário foi, inclusive, o móvel propulsor do diploma legal originário de medida provisória (MP n. 881, de 30.4.2019) que encerra, sob pomposo título, a *Declaração de Direitos de Liberdade Econômica* e que veio a ser, posteriormente, convertida na Lei n. 13.874, de 20.9.2019. Referido texto parte do pressuposto (pueril, diga-se de passagem) de que a ação regulamentar do Estado seria invariavelmente, irracional, por ser o Poder Público "inimigo" da livre-iniciativa e de que, por esse motivo, o empresário — representado na figura abstrata do *particular* — deveria ser protegido em suas relações civis, comerciais e trabalhistas.(3)

---

(2) Cf., a propósito: https://www.diariodoaco.com.br/noticia/0070431-novas-normas-trabalhistas-vao-gerar-economia-de-r-68-bilhaes-para-empresas. Acesso em: 3 fev. 2023; e: https://www.metropoles.com/brasil/politica-brasil/bolsonaro-sobre-liberdade-economica-tirar-o-estado-do-cangote-de-quem-produz. Acesso em: 3 fev. 2023.

(3) Conforme indica a própria exposição de motivos da Medida Provisória em referência:

"Liberdade econômica, em termos não científicos, é a extensão da conquista humana do Estado de Direito e dos direitos humanos clássicos e todas as suas implicações, em oposição ao absolutismo, aplicada às relações econômicas.

Existe a percepção de que no Brasil ainda prevalece o pressuposto de que as atividades econômicas devam ser exercidas somente se presente expressa permissão do Estado, fazendo com que o empresário brasileiro, em contraposição ao resto do mundo desenvolvido e emergente, não se sinta seguro para produzir, gerar emprego e renda.

(...)

Senhor Presidente, propõe-se a adoção de instrumentos diferentes para garantir a eficácia desta iniciativa. Diversas medidas de controle e diminuição do aparelho burocrático buscam aproximar o Brasil do mesmo ambiente de negócios de países desenvolvidos. O objetivo desta Medida Provisória diferencia-se das tentativas do passado por inverter o instrumento de ação, ao empoderar o Particular e expandir sua proteção contra a intervenção estatal, ao invés de simplesmente almejar a redução de processos que, de tão complexos, somente o mapeamento seria desgastante e indigno, considerando que os mais vulneráveis aguardam por uma solução.

(...)

Assim, dez direitos para situações concretas foram elaborados no corpo de uma Declaração de Liberdade Econômica, com o objetivo de alterar em caráter emergencial a realidade do Brasil. São os direitos do brasileiro contra um Estado irracionalmente controlador. Eles primeiramente afetam relações microeconômicas

Sob tal ótica, as medidas de tutela do meio ambiente do trabalho constantes dos diplomas regulamentares não representavam mais do que parte da burocracia custosa imposta pelo Poder Público aos *particulares* que tenderia a inibir a iniciativa empresarial e, consequentemente, a expansão econômica. Exatamente por esse motivo, far-se-ia necessário, para os próceres de tal entendimento, retirar o Estado da tarefa concernente à delimitação concreta das diretrizes pertinentes à antecipação e à prevenção dos perigos e dos riscos ocupacionais.(4)

E assim, sob a vigência de tal ideário, a nova redação da NR-1 foi concebida como a reprodução, em texto de Norma Regulamentadora, das metodologias, dos procedimentos e das formas consagradas na Norma ISO 45.001 para a implantação espontânea de programas de gestão dos riscos ocupacionais pelos próprios empregadores e, principalmente, como um diploma capaz de assegurar, por intermédio da autogestão empresarial, a formulação de medidas laborambientais de prevenção e controle mais adequadas às peculiaridades de cada estabelecimento, sem prejuízo da efetiva tutela dos trabalhadores.

A partir de então, certa parcela dos empregadores passou a atuar como se o texto da NR-1 tivesse seu sentido e alcance definidos de forma independente em relação ao restante do ordenamento jurídico, e como se suas diretrizes lhes assegurassem plena autonomia para procederem à avaliação qualitativa e quantitativa dos perigos e riscos,

---

específicas, que repercutirão macroeconomicamente, especialmente em favor dos mais vulneráveis, por sua expansividade por todos os setores: nada foi enunciado de maneira a privilegiar um em detrimento do outro, como o espírito da verdadeira economia de mercado demanda.

Ao mesmo tempo, esse rol também foi selecionado para alterar situações consideradas paradigmáticas, que repercutirão sobre todo o sistema jurídico por inverterem o pressuposto vigente de antiliberdade e antidesenvolvimento. Para isso, esse texto será considerado uma norma a ser seguida no direito civil, empresarial, econômico, urbanístico e do trabalho." (BRASIL, 2019). Disponível em: https://www.planalto.gov.br/ccivil_03/_ato2019-2022/2019/Exm/Exm-MP-881-19.pdf. Acesso em: 3 fev. 2023.

(4) O pronunciamento do então secretário de Previdência e Trabalho, Rogério Marinho, quando da 97ª Reunião Ordinária da Comissão Tripartite Paritária Permanente, em que se discutiram as propostas de redação para a NR-1, foi exatamente nesse sentido. Em suas próprias palavras:

"Rogério Marinho (...) disse que ao longo dos últimos 70 anos o Brasil mudou muito e a normatização de segurança e saúde do trabalhador precisa sem dúvida nenhuma ser atualizada periodicamente, mas a celeridade precisa ser observada para acompanhar a velocidade da modernização do mundo como um todo, que vem passando por uma transformação radical que impacta na sociedade brasileira e num caso especial, as questões previdenciárias, intrinsecamente, são afetas ao universo trabalhista. Disse que com esse processo, os 210 milhões de brasileiros esperam que se tenha condição mais adequada para voltar o círculo virtuoso da decisão do empreendedor em empregar trabalhadores e que esses possam desenvolver suas atividades num ambiente digno e com segurança e saúde garantidas.

(...)

Finalizou informando contar com a comissão para ajudar nessas questões de forma a robustecer o mercado de trabalho, tornando-o mais seguro jurídica e prevencionalmente, mais ágil, mais eficaz e que ele possa dar condições para que o empreendedor contrate mais trabalhadores, com mais formalização." Disponível em: https://www.gov.br/trabalho-e-previdencia/pt-br/composicao/orgaos-especificos/secretaria-de-trabalho/inspecao/seguranca-e-saude-no-trabalho/ctpp-nrs/atas-ctpp/97_reuniao_ordinaria_04_e_05_06_2019.pdf. Acesso em: 3 fev. 2023.

segundo seus próprios critérios, desde que observassem os requisitos formais previstos na nova versão da Norma Regulamentadora.

O principal vetor para a implementação de tal postura consiste no conceito de *gerenciamento de riscos ocupacionais* estabelecido no item 1.5 da NR-1, que integra, conforme visto, a estrutura central de todo o arcabouço da Norma Regulamentadora. De acordo com o texto desta última, a gestão das potenciais ameaças ao meio ambiente do trabalho e à integridade psicofísica dos trabalhadores seria implementada por intermédio da elaboração do *Plano de Gerenciamento de Riscos (PGR)* que poderia ter por *locus* a própria unidade operacional ou mesmo setores e atividades do estabelecimento, a critério do empregador.

Ainda segundo o texto da NR-1 (itens 1.5.2 e 1.5.3.2.1), o parâmetro para a aferição dos *perigos* e dos *riscos* a serem considerados nos *Planos de Gerenciamento de Riscos* far-se-ia representado pelo rol de atividades classificadas como insalubres, perigosas ou antiergonômicas, nos termos das NRs 15, 16 e 17, segundo as condições qualitativas e os limites quantitativos (de tolerância) ali estabelecidos.

Tal parâmetro – diga-se de passagem – constitui um problema de *per se,* pois não só os limites quantitativos fixados especialmente nos anexos da NR-15 para uma série de riscos físicos e substâncias nocivas (p. ex.: ruído, frio, poeiras minerais, mercúrio, chumbo etc.) se encontram, há muito, superados pelas evidências científicas acumuladas nas últimas décadas, como também diversos agentes físicos, químicos, biológicos e ergonômicos consabidamente lesivos ou potencialmente perigosos à saúde humana não se encontram elencados nas NRs 15, 16 e 17 (EBERT, 2015, p. 413-426).

Formuladas tais premissas, o texto da NR-1 estabelece no item 1.5.3.2 que o *Plano de Gerenciamento de Riscos* deve identificar de maneira individualizada os *perigos* e os *riscos* presentes em cada local integrante dos estabelecimentos ou setores de referência. Note-se que a Norma Regulamentadora define em seu glossário o *perigo* como a "*fonte com o potencial de causar lesões ou agravos à saúde*" e o *risco ocupacional* como a "*combinação da probabilidade de ocorrer lesão ou agravo à saúde*" decorrentes de uma situação de nocividade real ou potencial.

Como exemplo de *perigo*, segundo a acepção ora formulada, tem-se a situação hipotética de um elevador preso por um cabo cuja força não é capaz de sustentar o peso da cabine. Em tal caso, as deficiências operacionais do equipamento constituem uma ameaça efetiva e concreta à segurança e à integridade de qualquer um que vier a utilizá-lo, pois a ocorrência do evento deletério representado pela *queda* é certa, já que as leis da física não abrem brecha para nenhuma possibilidade em sentido contrário.

Valendo-se do mesmo exemplo acima formulado, o *risco* consistiria na probabilidade (maior ou menor) de que o elevador em questão viesse a despencar sobre os indivíduos que eventualmente transitam nas vias situadas abaixo de sua estrutura, vindo a lhes ocasionar danos. Veja-se que, nessa situação hipotética, os sinistros presumivelmente relacionados à queda do equipamento podem ou não acontecer (OBERDIEK, 2017, p. 16-17).

Assim, segundo tal distinção conceitual, os *riscos* podem ser mensurados quantitativamente, ao passo que os *perigos* só podem ser constatados concretamente, e não nivelados (KOURILSKY; VINEY, 2000). Justamente por isso, a NR-1 exige dos empregadores em seus itens 1.5.4.3 e 1.5.4.4 a elaboração de um *inventário de riscos* contendo (i) o levantamento preliminar dos *perigos* com a identificação precisa de cada fonte geradora e (ii) a avaliação gradativa dos riscos ocupacionais delas decorrentes, com a indicação da respectiva intensidade (baixa, média, alta ou crítica).

Uma vez identificados os *perigos* e mensurados os graus de *risco,* a NR-1 estabelece para os gestores dos estabelecimentos o dever de implementar medidas de prevenção aptas a elidir ou minimizar os riscos ocupacionais, com prioridade para as soluções de proteção coletiva ou, ante sua inexistência ou inviabilidade, por intermédio da adoção de providências administrativas relacionadas à organização do trabalho e, em último caso, pela utilização de Equipamentos de Proteção Individual (EPIs), nos termos do item 1.5.1.1.2.

Ao lado do *inventário de riscos,* a NR-1 exige dos gestores em seu item 1.5.7.1 a elaboração de um *plano de ação* que deverá conter, em apertada síntese, (i) o elenco das medidas preventivas destinadas a combater os riscos previamente identificados nos locais de trabalho; (ii) os mecanismos de acompanhamento e fiscalização a serem implementadas pelos gestores; (iii) os instrumentos de controle da saúde ocupacional, em alinhamento com a NR-7; (iv) as formas de avaliação dos acidentes de trabalho e das doenças ocupacionais e (v) a formulação de planos destinados a lidar com situações emergenciais.

A despeito de tais diretrizes, o fato é que o *gerenciamento de riscos* subjacente à NR-1 pressupõe, em seu âmago, que o próprio gestor efetue de forma autônoma o enquadramento das condições existentes em seu estabelecimento como *perigo* ou *risco ocupacional*, segundo a mesma lógica que perpassa a Norma ISO 45.001. Com isso, parte dos empregadores passou a elaborar seus *Planos de Gerenciamento de Riscos* de modo a desconsiderar a nocividade de certas situações, como se as informações lançadas no documento em referência tivessem o condão de eliminar, no plano fático, a natureza potencialmente lesiva a elas inerente.

É o que tem se verificado, a título ilustrativo, em algumas plantas frigoríficas que, no intuito de descaracterizar a insalubridade inerente a certas condições laborais (p. ex.: exposição a ruído excessivo e a baixas temperaturas) e de eliminar, com isso, o pagamento do respectivo adicional remuneratório, vêm registrando em seus Planos de Gerenciamento de Riscos que o fornecimento de equipamentos individuais de proteção (p. ex.: protetores auriculares, japonas, luvas, botas etc.) eliminaria quaisquer perigos ou riscos inerentes aos respectivos postos de trabalho.

Assim, a partir do momento em que os próprios empregadores desconsideram a existência de determinado perigo ou risco ocupacional em seus *Planos de Gerenciamento de Riscos* e não os incluem no *inventário de riscos* exigido pela NR-1, deixarão de implementar, por essa mesma lógica, as medidas de antecipação, prevenção e controle destinados ao enfrentamento de tais ameaças, pois afinal, se as condições nocivas não existem — na óptica dos responsáveis por sua autogestão — não haverá de se cogitar sequer a elaboração de um *plano de ação* para enfrentá-las.

E, com isso, criam-se *Planos de Gerenciamento de Riscos* absolutamente carentes de respaldo na realidade, que não apenas omitem os *perigos* e os *riscos* efetivamente existentes nos estabelecimentos empresariais, como também deixam de estabelecer as medidas de prevenção destinadas a combatê-los, sob o pretenso beneplácito da NR-1.

É dessa forma, portanto, que a NR-1 opera no plano da *ficção*, ao incutir nos gestores a ideia de que seu texto consolidaria, em matéria de saúde e segurança do trabalho, a supressão do Estado do *cangote* dos empreendedores e que, portanto, estaria ela a permitir a plena iniciativa desses últimos em vistas à definição dos perigos e dos riscos existentes nos ambientes por eles controlados, ainda que em desacordo com a realidade.

Porém, como "*o Direito não se interpreta em tiras*" (GRAU, 2006, p. 44) e tampouco tem o condão de "*[fazer] o branco tornar-se preto e o quadrado, redondo*", a despeito do vetusto adágio romano relacionado à figura da *coisa julgada*, não se pode compreender a NR-1 sem cotejá-la com os demais elementos integrantes do ordenamento jurídico e, principalmente, com os dados concretos da realidade que, ao fim e ao cabo, integram a própria *norma*. É o que se fará na sequência.(5)

2. A *normatividade*: limites e condicionantes da autogestão impostos pelo ordenamento jurídico

Mesmo sob a orientação do positivismo jurídico em sua vertente clássica, a interpretação literal e fragmentada dos dispositivos do ordenamento não figurou em momento algum como a melhor técnica para a extração do sentido e do alcance dos preceitos legais. Nesse sentido, já lecionava Carlos Maximiliano que "*o Direito objetivo não é um conglomerado caótico de preceitos, [constituindo] uma vasta unidade (...) um conjunto harmônico de normas coordenadas*" (SANTOS, 2011, p. 104).

Com o advento do ideário a propalar a força normativa dos princípios — enfeixado, em grande parte, nas teorias integrantes do chamado *neoconstitucionalismo* surgidas a partir da segunda metade do século XX — os dispositivos normativos, em sua generalidade, passaram a ter seu sentido e alcance informados pelo conteúdo emanado daquelas diretrizes que contêm "*as matrizes histórico-ideais de todo o ordenamento*" a indicarem "*um ponto de referência no pasado e [que], ao mesmo tempo, orientam o futuro*" (ZAGREBELSKY, 2005, p. 89-90).

(5) Na dicção latina do brocardo: "*Res iudicata facit* de *albo nigrum*, de *quadrata rotundis*".

Em um ordenamento jurídico como o brasileiro, que tem em seu cume uma Constituição de cariz *dirigente* — isto é, formada por principios consagradores de direitos fundamentais dotados de forte significado histórico e por programas político, econômico e social dirigido ao alcance do *bem-estar social* (CANOTILHO, 2001, p. 30-38) — o condicionamento da interpretação dos dispositivos de hierarquia inferior é muito mais do que boa prática hermenêutica, de modo a configurar, efetivamente, imposição decorrente da própria supremacia constitucional.

Já se constata, por isso mesmo, que a autogestão dos *perigos* e dos *riscos ocupacionais* consagrada na NR-1 em sua nova versão encontra condicionantes e limites claros nas diretrizes constitucionais concernentes (i) ao direito dos trabalhadores à proteção contra os riscos ocupacionais (art. 7º, XXII); (ii) à tutela da saúde (arts. 6º e 196) e (iii) ao direito ao meio ambiente do trabalho adequado (arts. 193, 200, VIII e 225).

Nesse mesmo sentido, a própria Constituição Federal, ao definir os fundamentos da ordem econômica em seu art. 170, condicionou expressamente o exercício da livre-iniciativa e da liberdade econômica ao vislumbre do objetivo de "*assegurar a todos a existência digna*", bem como à observância da *função social da propriedade* (inciso III) e à *defesa do meio ambiente* (inciso VI) (DERANI, 2008, p. 218-222).

Com efeito, *o direito ao meio ambiente equilibrado*, na forma consagrada pelos arts. 170, VI e 225, *caput*, da Constituição e lido em conjunto com o art. 200, VIII, abrange todos os aspectos naturais, artificiais e culturais — logo, físicos e imateriais — que circundam os seres humanos e que interferem na sua sadia qualidade de vida, incluindo-se aí aqueles que integram e condicionam o trabalho por eles desempenhado. Nesse sentido, o próprio Supremo Tribunal Federal já teve a oportunidade de reconhecer expressamente que "*a existência digna* [...] *perpassa necessariamente pela defesa do meio ambiente (art. 170, VI, da CRFB/88), nele compreendido o meio ambiente do trabalho (art. 200, VIII, da CRFB/88)*" (BRASIL, 2015).

E como corolário do direito ao *meio ambiente do trabalho equilibrado*, a Constituição Federal consagrou, no seu art. 7º, XXII, o direito fundamental à "*redução dos riscos inerentes ao trabalho*", que concretiza, no plano laboral, os princípios jurídico-ambientais da *prevenção,* da *precaução* e da *melhoria contínua* (ou, princípio do "*risco mínimo regressivo*") (OLIVEIRA, 2011, p. 148) e traduz-se, para os empresários, nos deveres de antecipação, de planejamento e de combate prévio dos riscos laborambientais.

Tais deveres demandam, em síntese, a adoção de todas as medidas e instrumentos disponíveis no mercado, de acordo com o estado da técnica, que sejam economicamente viáveis e tecnologicamente aptos a promover a eliminação ou a mitigação das ameaças à vida, à integridade psicofísica e à saúde dos trabalhadores, de modo a *precaver* e *prevenir* a ocorrência de quaisquer vicissitudes (PADILHA, 2010, p. 396-399).

O conteúdo institucional do princípio da *prevenção* em seus aspectos laborambientais se encontra consolidado, em grande medida, na Convenção n. 155 da OIT que, segundo o entendimento consagrado pelo Supremo Tribunal Federal à luz do art. 5º, §§ 2º e 3º da Constituição Federal, possui hierarquia supralegal e condiciona, consequentemente, a interpretação dos demais diplomas integrantes do ordenamento jurídico, dentre eles, por evidente, a NR-1 (BRASIL, 2009).

O texto da Convenção n. 155 da OIT adota uma fórmula baseada no *planejamento* em dois níveis de ação, a saber, (i) no âmbito do *Estado* e (ii) no âmbito da *empresa*, e que transcende muito a singela formulação taxativa de condutas operacionais e de limites de tolerância, por parte das autoridades públicas, e o consequente dever de observância a tais parâmetros por parte dos empresários.

No que pertine à *ação em nível de empresa*, a Convenção n. 155 se vale amplamente dos princípios reitores do Direito Ambiental (especialmente os da *prevenção*, da *precaução* e do *poluidor-pagador*) para assentar a premissa de que o empresário, na condição de gestor dos meios de produção e dos aspectos materiais e imateriais inerentes à organização do trabalho, é detentor do dever objetivo de antecipar todos os possíveis riscos a permearem sua atividade econômica e de preveni-los concretamente (SARLET, 2014, p. 85-87).

Dito de modo mais objetivo, os arts. 16 a 19 da Convenção n. 155 da OIT imputam aos empresários a obrigação de garantir a segurança de seus processos operacionais com relação à integridade psicofísica de seus trabalhadores, bem como de implementar todas as medidas cabíveis, segundo a melhor técnica disponível, para elidir ou minimizar os riscos existentes em seus ambientes de trabalho.

É justamente sob o enfoque imposto pelos arts. 6º, 7º, XXII, 170, III e VI, 193, 196, 200, VIII e 225, da Constituição Federal c/c os arts. 16 a 19 da Convenção n. 155 da OIT que a NR-1 deve ser interpretada, especialmente nas partes em que elenca, entre os deveres impostos ao empregador, (i) a implementação de medidas de prevenção e (ii) a minimização e o controle dos fatores de risco (item 1.4.1) e que estabelece, para as organizações, as obrigações de "*implementar, por estabelecimento, o gerenciamento de riscos ocupacionais em suas atividades*" (item 1.5.3.1) e de realizar o *inventário de riscos*, com as devidas atualizações (itens 1.7.5.3.2 e 1.7.5.3.3).

Assim, de acordo com a interpretação extraída da análise conjunta dos sobreditos dispositivos, os empresários deverão elaborar os *Planos de Gerenciamento de Riscos* previstos na NR-1 de modo a *mapear*, *antecipar*, *reconhecer*, *prevenir* e *combater* de modo periódico, regular e efetivo, segundo as melhores técnicas disponíveis, todos os perigos e os riscos ocupacionais existentes em seus respectivos estabelecimentos.

Nesse sentido, os *Planos de Gerenciamento de Riscos* previstos na NR-1, antes de representarem meras obrigações *de meio*, constituem inequívocas obrigações de *resultado* a exigir dos empresários não a singela elaboração formal daqueles instrumentos, mas sim a efetiva aptidão das medidas ali elencadas para antecipar e combater a totalidade dos riscos ocupacionais existentes nos estabelecimentos (DOMÈNECH, 2018, p. 534).

Portanto — e seguindo a linha a preconizar a coerência e a unidade de sentido emanadas do direito objetivo — a omissão dos empresários quanto ao reconhecimento, à catalogação e à prevenção dos *perigos* e dos *riscos ocupacionais* em seus respectivos *Planos de Gerenciamento de Riscos* redundará, invariavelmente, na classificação de tal postura como suposto de *poluição* — que, no ordenamento jurídico pátrio configura um risco proibido — e no enquadramento dos respectivos gestores laborambientais na figura jurídica do *poluidor*, por força do art. 3º, III e IV da Lei n. 6.938, de 1º.8.1981 (FELICIANO, 2021, p. 255-256).

Na condição jurídica de *poluidores*, serão os empresários em questão — também por imposição legal expressa (arts. 927, parágrafo único, do Código Civil e 14, § 1º, da Lei n. 6.938/81) e conforme respaldado pelo Supremo Tribunal Federal no Tema n. 932 de Repercussão Geral — objetivamente responsáveis pela reparação dos danos patrimoniais e extrapatrimoniais experimentados pelos trabalhadores em decorrência da inobservância aos deveres de prevenção e de antecipação efetiva dos riscos ocupacionais em seus *Planos de Gerenciamento de Riscos*.[6]

Diante da estrutura assumida pelo ordenamento jurídico pátrio e das interconexões de sentido que permeiam os dispositivos hierarquicamente dispostos na Constituição Federal, na Convenção n. 155 da OIT, na Lei n. 6.938/81 e na própria NR-1, não há como prosperar a interpretação ventilada por certa parcela do setor empresarial, a enxergar nessa última normativa um salvo-conduto para a elaboração de *Planos de Gerenciamento de Riscos* em desconsideração aos *perigos* e *riscos ocupacionais* efetivamente existentes nos respectivos estabelecimentos.

No plano da *normatividade*, portanto, a NR-1 opera em alinhamento às diretrizes emanadas do ordenamento jurídico que apontam, de forma abstrata, para o reconhecimento e prevenção dos riscos efetivamente existentes nos estabelecimentos empresariais, vedando-se aos respectivos gestores a elaboração de *Planos de Gerenciamento de Riscos* em desacordo total ou parcial com a realidade, sob pena de enquadramento no conceito legal de *poluidor*, com a materialização de todas as consequências jurídicas daí decorrentes.

3. A *realidade*: os riscos laborambientais na dimensão da existência concreta

O desvelamento do sentido e do alcance dos dispositivos da NR-1 não se basta com a sua análise à luz dos princípios positivados na Constituição Federal e das diretrizes emanadas dos demais dispositivos do ordenamento jurídico, notadamente a Convenção n. 155 da OIT, o art. 927, parágrafo único, do Código Civil e a Lei n. 6.938/81.

(6) "O art. 927, parágrafo único, do Código Civil é compatível com o art. 7º, XXVIII, da Constituição Federal, sendo constitucional a responsabilização objetiva do empregador pelos danos decorrentes de acidentes de trabalho, nos casos especificados em lei, ou quando a atividade normalmente desenvolvida, por sua natureza, apresentar exposição habitual a risco especial, com potencialidade lesiva e implicar ao trabalhador ônus maior do que aos demais membros da coletividade."

De fato, o cotejo sistemático referenciado no tópico anterior entre os enunciados da NR-1 e os dispositivos correlatos do ordenamento jurídico permite ao intérprete constatar, *de forma abstrata*, o sentido que subjaz aos preceitos ali constantes a respeito da prevenção dos *perigos* e dos *riscos ocupacionais* e da elaboração apropriada dos respectivos planos de gerenciamento.

No entanto, a leitura conjunta dos dispositivos em referência não permite, por si só, o desvelamento dos comandos que tais preceitos determinam de forma concreta aos empresários na elaboração de seus *Planos de Gerenciamentos de Risco* e, de modo mais amplo, na implementação das medidas de antecipação e de prevenção em cada situação apresentável na prática. Para tanto, faz-se necessário proceder à análise dos textos normativos à luz dos elementos extraídos da dimensão fática onde o gestor estrutura seu estabelecimento e onde os perigos e os riscos específicos se manifestam, efetivamente. Tem-se, exatamente aí, a dimensão da *realidade*.

Já há muito se sabe que para vivificar o Direito nas situações reais manifestadas sob os mais diversos contextos, não pode ele prescindir da função interpretativa a ser exercida em sua plenitude por seu aplicador. É tal atividade que vai aferir, concretamente, se o dispositivo ou o conjunto de preceitos em questão terão incidência nas hipóteses e, em caso afirmativo, qual seu significado à luz dos traços fáticos e jurídicos que conformam a situação concreta (FERRARA, 1933, p. 80-97).

Os dispositivos legais, em sua literalidade, não passam de textos, e como tal, não têm a capacidade de antecipar todos os significados passíveis de serem desvelados a partir de sua entrada em vigor e a partir do momento em que passam a ser aplicados de forma concreta. O máximo que se pode esperar de textos normativos é a definição de um *programa*, a conter, sob a forma de linguagem, as expectativas do legislador e de um âmbito, a compreender, também em elementos textuais, o recorte da realidade cuja regulamentação é pretendida (MÜLLER, 2005, p. 40-42).

O resultado efetivo da incidência dos dispositivos legais ao caso concreto é um dado que só pode ser extraído a partir da atividade interpretativa, no sentido de perquirir a aplicabilidade do texto legal (do *programa* e do âmbito da norma) às hipóteses sob exame, bem assim o efetivo significado do dispositivo em questão à luz dos dados extraídos da realidade (*norma de decisão)* (MÜLLER, 2005, p. 48-50).

Assim, a NR-1, ao exigir dos empresários em seu item 1.4.1 a antecipação e a prevenção de todo e qualquer risco ocupacional que decorra dos perigos existentes nos locais por eles administrados, configura, justamente, o mandamento jurídico no sentido de que todas as condições potencialmente nocivas ao meio ambiente laboral e à integridade psicofísica dos trabalhadores peculiares a cada estabelecimento sejam levadas efetivamente em consideração por ocasião da elaboração dos respectivos *Planos de Gerenciamento de Riscos*.

De fato, ante a diversidade de condições de trabalho existentes nas mais variadas atividades ocupacionais, afigura-se impossível para o direito objetivo efetuar abstratamente a previsão de todos os potenciais riscos ocupacionais a elas inerentes, bem assim das medidas pertinentes de prevenção, malgrado a existência das outras trinta e seis Normas Regulamentares setoriais. Portanto, caberá aos empresários, na condição de aplicadores da NR-1, promover o enquadramento das situações peculiares inerentes aos seus estabelecimentos no comando genérico do item 1.4.1, de modo que estabeleçam as medidas de antecipação e de combate adequadas ao enfrentamento dos perigos e dos riscos especificamente relacionados às suas atividades e às suas peculiaridades operacionais (NETTO, 1998, p. 233-250).

Imagine-se, nesse sentido, dos exemplos significativamente diferentes tanto no que concerne aos setores econômicos, quanto à natureza das atividades neles desempenhadas, quais sejam, (i) um frigorífico destinado ao abate e ao processamento de bovinos, em que há contato com vísceras e carcaças de animais durante todo o processo produtivo e (ii) uma corretora de valores mobiliários, com atuação no mercado financeiro, dividida em estações particulares de trabalho (baias), onde os trabalhadores permanecem em constante contato com seus colegas e com as chefias e onde são submetidos a intensa cobrança por produtividade (metas de desempenho) com relação às contas que administram.

No primeiro exemplo, um dos riscos mais significativos que perpassam todo o processo produtivo é representado pelo contato com material biológico (vísceras, carcaças, tecidos, sangue, dejetos etc.) contaminado com micro-organismos causadores de doenças (p. ex.: brucelose, tuberculose e afecções cutâneas), ainda que o respectivo frigorífico possua em suas dependências um serviço dedicado à inspeção macroscópica dos animais abatidos. Na hipótese concreta, os dispsoitivos da NR-1 impõem aos empresários, em primeiro lugar, o reconhecimento efetivo da presença de tais riscos em todos os setores operacionais e, em segundo lugar, a implementação de medidas de administração e organização, bem assim de proteção coletiva e individual destinadas a elidir ou ao menos minimizar tais ameaças à saúde humana.

No segundo exemplo, pode-se imaginar os possíveis riscos de ordem psicossomática representados pela cobrança excessiva de metas, aliada à sobrecarga de trabalho exigida para o alcance de tais resultados, à privação do lazer e do convívio sociofamiliar, bem como à instauração de situações associadas à figura do assédio moral organizacional, em razão da institucionalização das pressões por resultados e de relações interpessoais nocivas (BARRETO, 2013, p. 18-19).

Em tal hipótese, a empresa se encontra imbuída, por força dos itens 1.4.1, 1.5.4.3, 1.5.4.4 e 1.5.3 da NR-1, do dever de reconhecer tais fatores relacionados à organização de seus fatores de produção como efetivos *perigos*, capazes de gerar, como *riscos ocupacionais*, o aparecimento de doenças psicossomáticas (p. ex.: depressão, síndrome de *Burnout*, transtornos de ansiedade etc.) nos trabalhadores a eles expostos e de implementar medidas de ordem administrativa e organizacional no ensejo de preveni-los e combatê-los, sempre em atenção aos avanços provenientes da psicologia e da sociologia do trabalho (EHRENBERG, 2000, p. 233-235).

Como exemplos das medidas impostas concretamente pelos referidos itens da NR-1, destaca-se o dever de abstenção, imposto aos empresários, quanto à utilização de metodologias destinadas ao incremento do desempenho dos trabalhadores potencialmente lesivas à integridade psicofísica destes últimos, tais como aquelas que integram o elenco da *gestão gerencialista* (GAULEJAC, 2014, p. 101-113), e que propagam, dentre outras, (i) a publicização de *rankings* de desempenho; (ii) o estímulo à competição entre indivíduos e equipes; (iii) a aplicação de penalidades e de punições vexatórias; (iv) a imposição de metas abusivas; (v) o estímulo à supressão dos tempos de repouso, lazer e convívio sociofamiliar e (vi) o incentivo à *hiperconectividade* e à confusão entre os períodos de trabalho e de vida privada.

Tanto no primeiro exemplo, quanto no segundo, não há no ordenamento jurídico pátrio quaisquer dispositivos que estabeleçam de modo literal e abstrato para os empresários os deveres de inserir em seus respectivos Planos de Gerenciamento de Riscos as situações hipotéticas ora narradas e as medidas a elas correlatas. O que há é o *programa* da NR-1 e de seus dispositivos que, contrastado com as situações fáticas de aplicabilidade — isto é, seu âmbito — indicam aos aplicadores as soluções a serem implementadas no ensejo de antecipar e prevenir os riscos concretos que se apresentam. O produto final desse cotejo entre o *programa* e o *âmbito* do dispositivo em referência é, exatamente, a *norma* dele emanada para o caso concreto (MÜLLER, 2005, p. 40-51).

Eis aí, portanto, o plano da *realidade* que exige dos aplicadores da NR-1 a consideração plena dos elementos fáticos presentes em seus respectivos estabelecimentos na formulação dos Programas de Gerenciamento de Riscos e na inventariança dos *perigos* e dos *riscos ocupacionais*, para além da formulação de soluções adequadas para a antecipação e a prevenção destes últimos em função das peculiaridades que caracterizam, de modo concreto, os ambientes laborais por eles geridos.

4. Conclusão

A inserção da NR-1 em um sistema legal dotado de coerência, resultante da organização em torno de princípios, bem assim a imprescindibilidade dos dados emanados das situações concretas para a configuração final da *norma* de regência demonstram que a formulação de *Planos de Gerenciamento de Riscos* em desalinho com as diretrizes de prevenção aos riscos laborambientais positivadas em dispositivos de hierarquia superior (arts. 6º, 7º, XXII, 170, III e VI, 193, 196, 200, VIII e 225, da Constituição Federal; arts. 16 a 19 da Convenção n. 155 da OIT e arts. 3º e 14, § 1º da Lei n. 6.938/81) e em desconsideração à própria realidade a permear os perigos e os riscos nos estabelecimentos empresariais não encontra respaldo no ordenamento jurídico.

De fato, à luz dos elementos integrantes dos planos da *normatividade* e da *realidade* — que permeiam, impreterivelmente, as atividades de interpretação e de aplicação dos preceitos jurídicos — a autorregulação e a autogestão dos *perigos* e dos *riscos* laborambientais, na forma preconizada pela NR-1, deve ser orientada (i) pelos deveres emanados dos sobreditos dispositivos no sentido de *mapear*, *antecipar*, *reconhecer*, *prevenir* e *combater* de modo periódico, regular e efetivo, segundo as melhores técnicas disponíveis, todas as potenciais ameaças existentes em seus respectivos estabelecimentos e também (ii) pela formulação de soluções adequadas ao enfrentamento efetivo dos riscos ocupacionais que se ali se apresentam de forma concreta.

Portanto, a interpretação a propalar o livre estabelecimento e graduação dos *perigos* e dos *riscos* ocupacionais pelos próprios empresários, com hipotético respaldo nos primados da liberdade econômica e da livre-iniciativa e no próprio texto da NR-1, só pode subsistir no plano da *ficção,* onde se crê, igualmente, que as diretrizes regentes da ordem econômica estabelecem como prioridades para os governos de ocasião, a suprema tarefa de "*retirar o Estado do cangote do cidadão*".

A autorregulação e autogestão das medidas de prevenção aos *perigos* e *riscos*, de fato, permeiam a NR-1, mas não no sentido de facultar aos empresários a elaboração meramente formal de Planos de Gerenciamento de Riscos. São elas, ao revés, mecanismos confiados pelo ordenamento jurídico aos gestores no ensejo de que estes promovam a estruturação das condições de trabalho e a organização dos fatores de produção de acordo com seus princípios reitores e em atenção às peculiaridades inerentes aos seus respectivos estabelecimentos.

Referências

BARRETO. Margarida. "Assédio moral: trabalho, doenças e morte". In: MAENO. Maria *et alii*. *Compreendendo o assédio moral no ambiente de trabalho.* São Paulo: Fundacentro, 2013.

BRASIL. *Exposição de Motivos da Medida Provisória n. 881, de 30.4.2019.* Disponível em: https://www.planalto.gov.br/ccivil_03/_ato2019-2022/2019/Exm/Exm-MP-881-19.pdf.

______. Supremo Tribunal Federal. *Acórdão proferido no Recurso Extraordinário n. 664.335/SC.* Relator: Ministro Luiz Fux. Plenário. *DJ*: 12 fev. 2015.

______. Supremo Tribunal Federal. *Acórdão proferido no Recurso Extraordinário n. 466.343.* Relator: Ministro Cezar Peluso. Plenário. *DJ*: 5 jun. 2009.

CANOTILHO. José Joaquim Gomes. *Constituição dirigente e vinculação do legislador*. 2. ed. Coimbra: Coimbra Editora, 2001. p. 30-38.

CAPRON. Michel; QUAIREL-LANOIZELÉE. Françoise. *La responsabilité sociale d'enterprise.* Paris: La Découverte, 2010. p. 100-102.

DERANI. Cristiane. *Direito ambiental econômico*. 3. ed. São Paulo: Saraiva, 2008.

DOMÈNECH. Carlos Hugo Preciado. *Teoría general de los Derechos Fundamentales en el contrato de trabajo.* Pamplona: Aranzadi, 2018.

EBERT. Paulo Roberto Lemgruber. "A presunção *juris tantum* dos limites de tolerância fixados na NR-15. O caso emblemático do mercúrio". In: FELICIANO. Guilherme Guimarães *et alii. Direito Ambiental do Trabalho.* Apontamentos para uma teoria geral. vol. 2. São Paulo: LTr, 2015.

EHRENBERG. Alain. *La fatigue d'être soi.* Depression et société. Paris: Odile Jacob, 2000.

FELICIANO. Guilherme Guimarães. *Responsabilidade civil no meio ambiente do trabalho.* Nexo causal, nexo normativo e Teoria da Imputação Objetiva. São Paulo: Revista dos Tribunais, 2021.

FERRARA. Francesco. Trad: ANDRADE. Manuel A. D. *Interpretação e aplicação das leis.* Coimbra: Arménio Amado, 1933.

GRAU. Eros Roberto. *Ensaio e discurso sobre a interpretação/aplicação do Direito.* 5. ed. São Paulo: Malheiros, 2006.

KOURILSKY. Philippe; VINEY. Geneviève. *Le príncipe de précaution.* Paris: Odile Jacob, 2000.

LOPES. Ana Frazão de Azevedo. *Empresa e propriedade.* Função social e abuso de poder econômico. São Paulo: Quartier Latin, 2006.

MÜLLER. Friedrich. Trad: NAUMANN. Peter. *Métodos de trabalho do Direito Constitucional.* 3. ed. Rio de Janeiro: Renovar, 2005.

NETTO. Menelick de Carvalho. "A hermenêutica constitucional sob o paradigma do Estado Democrático de Direito". *Notícia do Direito Brasileiro,* Brasília, 6, 1998.

OBERDIEK. John. *Imposing risk.* A normative framework. Oxford: Oxford University Press, 2017.

OLIVEIRA. Sebastião Geraldo. *Proteção jurídica à saúde do trabalhador*, 6. ed. São Paulo: LTr, 2011.

PADILHA. Norma Sueli. *Fundamentos constitucionais do Direito Ambiental brasileiro.* Rio de Janeiro: Elsevier, 2010.

SANTOS. Carlos Maximiliano Pereira dos. *Hermenêutica e aplicação do Direito*, 20. ed. Rio de Janeiro: Forense, 2011.

SARLET. Ingo Wolfgang; FENSTERSEIFER. Tiago. *Princípios de Direito Ambiental.* São Paulo: Saraiva, 2014.

SERVIÇO SOCIAL DA INDÚSTRIA; CONFEDERAÇÃO NACIONAL DA INDÚSTRIA. *NR-1. Comentários ao novo texto.* Brasília: SESI/CNI, 2020.

ZAGREBELSKY. Gustavo. Trad: CARBONELL.Miguel. *Historia y Constitución.* Madri: Trotta, 2005.

2

Embargo e Interdição: A NR-3

Guilherme Camargo de Oliveira

Introdução

O meio ambiente do trabalho é aspecto integrante do conceito mais amplo de meio ambiente (FELICIANO, 2013, p. 12; MELO, 2008, p. 25) e, portanto, a ele se aplicam os princípios da prevenção e da precaução, próprios do Direito Ambiental. Nesse contexto, o simples risco, antes que se concretize em dano, já é fato juridicamente reprovável (EBERT, 2020, p. 285) e deve ser afastado. Considerando essas premissas, o presente trabalho pretende estudar, sob o método analítico dedutivo, o procedimento administrativo normativamente estabelecido para a interdição e o embargo, atos administrativos próprios a afastar um tipo particular de risco laborambiental, o risco grave e iminente.

Para tanto o estudo irá abordar inicialmente as definições normativas de interdição, embargo e de grave e iminente risco, conceitos que permitem abordar, simultaneamente, o campo de aplicação dos referidos institutos. Em seguida, os fundamentos jurídicos e as normas aplicáveis serão abordados. Passa-se então ao debate a respeito do sujeito competente para aplicar as medidas de interdição e embargo, considerando especialmente o art. 161 da Consolidação das Leis do Trabalho (CLT) e a Convenção n. 81 da Organização Internacional do Trabalho (OIT). O olhar se volta, então, ao procedimento em si, buscando detalhar a disciplina normativa dada à matéria pela Norma Regulamentadora n. 3 (NR-3) e pela Portaria n. 672, de 11 de novembro de 2021. Ao longo do trabalho serão apresentadas algumas críticas e ponderações, observando a relação entre as referidas medidas e os direitos fundamentais à vida e a integridade física e psicológica. Lança-se o olhar, outrossim, ao diálogo existente entre as figuras estudadas e certos aspectos e princípios do Direito Ambiental. O tema ganha relevância no contexto atual de incremento do número de acidentes do trabalho no Brasil, em contraste com a Resolução n. 110 da OIT, que incluiu segurança e saúde entre os princípios e direitos fundamentais no trabalho.

1. Definições e campo de aplicação

A Norma Regulamentadora 3, com redação dada pela Portaria n. 1.068, de 23 de setembro de 2019, define embargo e interdição como "*medidas de urgência adotadas a partir da constatação de condição ou situação de trabalho que caracterize grave e iminente risco ao trabalhador*" (item 3.2.2 da NR-3). As medidas implicam paralisação total ou parcial de obra, no caso de embargo, e de atividade, máquina, equipamento, setor de serviço ou estabelecimento, no caso de interdição (itens 3.2.2.1 e 3.2.2.2 da NR-3). A paralisação se dá para cessar, de imediato, a exposição do trabalhador ao grave e iminente risco, e perdura até que nova inspeção constate o afastamento de tal condição (a Portaria n. 672, de 8 de novembro de 2021, a partir do art. 89, disciplina o levantamento do embargo e da interdição, condicionado a uma nova inspeção em que se constate o afastamento do risco).

A urgência é, sem dúvida, um dos aspectos mais importantes do conceito. Ela deriva da iminência do risco, ou seja, da possibilidade de o risco se converter em efetivo dano nos momentos seguintes, ou em um curto espaço de tempo, caso não sejam alteradas as condições do meio ambiente laboral. A premência da situação concreta que se apresenta exige a correspondente urgência para a alteração das condições perigosas.

Ao lado do aspecto de urgência, o caráter preventivo das medidas de embargo e interdição também merece ser destacado. Prevenir é, diante da possibilidade do dano, agir para evitar que essa possibilidade se converta em efetivo dano (SARLET, 2017, p. 359). É exatamente essa a natureza da interdição e do embargo, concreção evidente do princípio da prevenção, um dos mais característicos e antigos do Direito Ambiental (SARLET, 2017, p. 358). Esses dois principais aspectos da interdição e do embargo (urgência e prevenção) foram citados expressamente pelo legislador no art. 78 da Portaria n. 672, de 8 de novembro de 2021.

Para complementar os aspectos da definição normativa de embargo e interdição vale mencionar que são atos administrativos e, portanto, gozam dos atributos pertinentes, como imperatividade, autoexecutoriedade e presunção de legalidade e de veracidade, por exemplo (DI PIETRO, 2008, p. 186). Caracterizam-se como verdadeiro exercício do poder de polícia da administração pública (DI PIETRO, 2008, p. 105), limitando legalmente o exercício do direito individual de atividade econômica em prol do interesse público em preservar a saúde e a vida do trabalhador. Não se revestem de caráter punitivo, pois não estabelecem sanção alguma, importando na mera paralisação das atividades até que sejam cessadas as condições de grave e iminente risco. O legislador fez questão de deixar expresso o caráter não punitivo das medidas no item 3.5.2 da NR-3.

Na própria definição normativa de embargo e interdição há a indicação do motivo de fato que deve se fazer presente para a validade e pertinência das medidas, o grave e iminente risco, conceituado pelo legislador como "*toda condição ou situação de trabalho que possa causar acidente ou doença com lesão grave ao trabalhador*" (item 3.2.1 da NR-3).

Merece destaque a amplitude conferida pelo legislador. Não há restrição quando se faz referência a "toda condição ou situação de trabalho". A possibilidade de causar acidente ou doença com lesão grave ao trabalhador é a única condição exigida para a configuração do grave e iminente risco e, consequentemente, para a aplicação do instituto. Nenhum outro requisito pode ser exigido. Assim, embargo e interdição não se limitam às condições ou situações previamente abordadas pela legislação (especialmente pelas normas regulamentadoras). Uma determinada condição ou situação de trabalho que não tenha sido abordada pelas normas regulamentadoras (nem por qualquer outra norma jurídica) pode se apresentar como geradora de grave e iminente risco, estando, nesse caso, legitimados o embargo e a interdição.

É salutar essa amplitude, pois evita a desatualização da norma diante das inovações tecnológicas nos processos produtivos (SCHWAB, 2016). Essas inovações, voltadas ao aumento da produtividade, muitas vezes alteram a forma de produzir bens e serviços, modificam a maneira de executar tarefas, expõe os trabalhadores a novos métodos de trabalho, novos insumos e produtos e, consequentemente, a novos e, amiúde inesperados riscos. Todas essas alterações ocorrem em uma velocidade cada vez maior, não sendo possível ao ordenamento jurídico acompanhar no mesmo passo tais mudanças. Assim, ao utilizar a expressão "toda condição ou situação de trabalho" o legislador garantiu a aplicação do instituto, inclusive, a contextos futuros, que surgirão a partir de novas realidades, criadas e alteradas pelo incansável andar da tecnologia. Havendo risco grave e iminente haverá a aplicabilidade do instituto do embargo e interdição, ainda que o próprio modo de execução de tarefas não tenha sido regulado, ou sequer conste das normas jurídicas.

Nota-se o viés aberto, outrossim, na utilização da expressão "*acidente ou doença com lesão grave*". Trata-se de qualquer acidente, ou qualquer doença, com a única exigência de que a potencial lesão ao trabalhador seja grave.

Também não há restrição quando o legislador fez referência a "trabalhador", deixando de lado o vocábulo "empregado". Reiterou-se aqui a ideia, já constante na Norma Regulamentadora n. 1 (item 1.2.1.2), da possibilidade de expansão da aplicabilidade das normas regulamentadoras (inclusive a NR-3) para além das relações empregatícias. Naturalmente, as atribuições da inspeção do trabalho também alcançam as demais relações de trabalho (art. 11, inciso I da Lei n. 10.593/02).

Seria inapropriado o instituto de interdição e embargo se voltar apenas aos empregados e não aos demais trabalhadores. Essas medidas são ferramentas conferidas ao Estado para que este possa exercer o seu dever constitucional (art. 196 da Constituição da República) de buscar evitar o dano à saúde (e em caso extremo a perda da vida) de um ser humano em sua atividade laboral. O bem jurídico tutelado é o direito à vida e à saúde (art. 5º da Constituição da República). Evidentemente, não é apenas o empregado que goza desse direito, mas todo e qualquer ser humano. O tipo de contratação, se empregatícia ou não, é condição menor perante o direito fundamental à vida, e não poderia justificar um tratamento jurídico diferenciado que conferisse a apenas alguns (aqueles contratados sob regime de emprego) a aplicabilidade do instituto. Seria flagrante ofensa ao princípio da isonomia.

Ainda sobre o conceito de grave e iminente risco constante da norma, cabe observar as alterações que o legislador de 2019, ao apresentar a redação atual da NR-3 (Portaria n. 1.068/19), promoveu em relação à redação anterior (dada pela revogada Portaria n. 199/11), segundo a qual grave e iminente risco era "*toda condição ou situação de trabalho que possa causar acidente ou doença relacionada ao trabalho com lesão grave à integridade física do trabalhador*" (item 3.1.1 da antiga NR-3).

Como se nota, a atual redação retirou os termos "relacionada ao trabalho" e "integridade física". Parece realmente desnecessária a expressão "relacionada ao trabalho", pois a relação entre a doença e o trabalho está implícita ao se considerar que é exatamente a condição ou situação de trabalho (expressamente já indicada na definição) que se apresenta como potencial causa da doença ou acidente. Parece, portanto, acertada a supressão da expressão, que eliminou o desnecessário, sem prejuízo algum. A segunda alteração assume contornos mais relevantes. A redação atual se refere a "lesão grave ao trabalhador", retirando a limitação que havia, relativa ao aspecto da "integridade física" do trabalhador. A nova redação confere novo e mais amplo sentido à norma, permitindo a configuração de grave e iminente risco ainda que a condição ou situação de trabalho não afete o corpo do trabalhador, mas sim, e apenas, a sua saúde mental. A avaliação do ambiente laboral, portanto, deve ter olhos voltados também para os aspectos psicossociais, atentando para situações ou condições potencialmente causadoras de doenças mentais.

Cabe observar, neste ponto, possível dificuldade para se validar tal ideia diante da redação do art. 78 da Portaria n. 672/21, que menciona expressamente ser o objetivo do embargo e da interdição evitar o dano à "*integridade física do trabalhador*". Entretanto, eventual interpretação que procure restringir a interdição e o embargo ao aspecto físico dos trabalhadores em função da literalidade do referido dispositivo não parece ser a mais adequada. Inicialmente é possível perceber que a própria interpretação literal do dispositivo não leva necessariamente a tal restrição. Ao mencionar que o objetivo das medidas é evitar o dano à integridade física do trabalhador o art. 78 da Portaria n. 672/21 não afirma a exclusividade desse objetivo, ou seja, não afasta nem proíbe outros possíveis escopos dos institutos. Não há sentido em proteger a integridade física e não proteger a integridade psicológica do trabalhador. Não se pode perder de vista a definição normativa de grave e iminente risco, que se refere a *qualquer* condição ou situação de trabalho e se refere, outrossim, a *qualquer* tipo de acidente ou doença. Não há razão para se excluir a doença mental. O bem jurídico tutelado pelo instituto da interdição e embargo é a saúde do trabalhador, ser humano considerado integralmente, com seus aspectos físicos e psicológicos. O conceito de saúde da Organização Mundial de Saúde faz expressa referência ao aspecto mental e não apenas físico (WORLD HEALTH ORGANIZATION, 1946). Nesse diapasão, o art. 6º da Constituição da República estabelece como direito social o direito à saúde, e não meramente à integridade física. Da mesma maneira, o art. 7º, inciso XXII, da Constituição da República, ao garantir aos trabalhadores a redução de riscos por meio de normas de saúde, higiene e segurança, não se limita à integridade física dos trabalhadores. Também o conceito doutrinário de meio ambiente do trabalho engloba aspectos não apenas relacionados à integridade física, mas também psicológica dos trabalhadores, conforme destaca Guilherme Guimarães Feliciano (2013, p. 13). A Convenção n. 155 da Organização Internacional do Trabalho (OIT) é expressa ao definir que saúde relacionada ao trabalho abrange aspectos físicos e mentais dos trabalhadores. O inciso XIII do art. 18 do Regulamento da Inspeção do Trabalho, aprovado pelo Decreto n. 4.552/02, afirma a possibilidade de interdição e embargo quando estiverem em risco a saúde ou a integridade física dos trabalhadores, deixando claro que os institutos não se limitam à proteção do corpo dos trabalhadores.

Destarte, a interpretação que melhor atende à harmonia do sistema normativo é, sem dúvida, aquela que permite a interdição e o embargo também para a proteção da integridade psicológica dos trabalhadores. Verificando-se, portanto, que determinado contexto laboral está a causar risco de lesão grave à saúde mental dos trabalhadores, legítimo será aplicar a interdição e o embargo. Metas demasiadamente difíceis e demais aspectos de assédio moral, por exemplo, são indícios a investigar, bem como eventual número excessivo de afastamentos por acometimentos mentais, como depressão ou *"burnout"*. Nessas hipóteses, em que já há afastamentos em grande número, o risco, mais que iminente, é atual, já se convertendo em dano.

2. Fundamentos jurídicos e normas aplicáveis

A adoção de medidas drásticas que interferem na livre-iniciativa a ponto de paralisar imediatamente uma máquina, um setor, ou uma atividade inteira, não poderia se basear em fundamento pouco expressivo. Nesse diapasão, o que sustenta os institutos da interdição e do embargo é o direito fundamental à saúde e à vida. Assim, todos os diplomas internacionais de direitos humanos que proclamam o direito à vida e à saúde como direito fundamental poderiam ser invocados como alicerce jurídico para as medidas. Cita-se, apenas a título de exemplo, a Declaração Universal de Direitos Humanos da Organização das Nações Unidas (ONU), que menciona o direito à vida (art. 3º) e a condições satisfatórias de trabalho (art. 23). De maneira mais específica, vale citar a Convenção n. 155 da Organização Internacional do Trabalho (OIT), inteiramente dedicada à segurança e saúde do trabalho, e a Convenção n. 81 da OIT, relativa à inspeção do trabalho, que menciona expressamente a possibilidade de se ordenar a adoção imediata de medidas executivas no caso de perigo iminente para a saúde dos trabalhadores.

Merece destaque, ainda, a resolução adotada na 110ª Conferência Internacional do Trabalho da OIT, realizada em junho de 2022, que incluiu o meio ambiente de trabalho seguro e saudável entre os princípios e direitos fundamentais do trabalho.

No âmbito interno, pode ser citada a Constituição da República, que se refere à inviolabilidade do direito à vida em seu art. 5º, garante a saúde como direito social no art. 6º, estabelece aos trabalhadores o direito à redução dos riscos inerentes ao trabalho no art. 7º, determina que a saúde é direito de todos e dever do Estado no art. 196 e, ainda, garante a todos o direito ao meio ambiente equilibrado, sendo dever da coletividade e do Poder Público defendê-lo e preservá-lo, no art. 225.

O art. 161 da Consolidação das Leis do Trabalho (CLT) prevê a possibilidade de interdição de estabelecimento, setor de serviço, máquina ou equipamento, bem como o embargo de obra. No mesmo sentido o inciso XIII do art. 18 do Regulamento da Inspeção do Trabalho, aprovado pelo Decreto n. 4.552/02.

Considerando a Lei n. 6.938/81, pode-se afirmar o risco grave e iminente como poluição laborambiental, representando severo desequilíbrio e degradação da qualidade do meio ambiente do trabalho (art. 3º, inciso III da referida lei), com prejuízo potencial à saúde e prejuízo atual à segurança e ao bem-estar dos trabalhadores (alínea *"a"* do referido inciso) e criação de condições adversas à atividade laboral, naturalmente atividade social e econômica (alínea "b" do referido inciso). Poluidor é o agente responsável não apenas diretamente pela atividade causadora da degradação ambiental, mas também o responsável indiretamente (art. 3º, inciso IV da mencionada Lei n. 6.938/81). Assim, em um contexto de terceirização, considerando ainda a expressa determinação legal que responsabiliza não apenas o empregador, mas também o contratante pela garantia das condições de segurança, higiene e salubridade dos trabalhadores (art. 5º-A da Lei n. 6.019/74), há que se reconhecer não apenas o empregador direto como poluidor, mas também o tomador dos serviços. Já em um contexto de grupo econômico, considerando a solidariedade prevista no § 2º do art. 2º da CLT, todos os integrantes do grupo poderão ser considerados poluidores.

A Norma Regulamentadora n. 3 (NR-3), aprovada pela Portaria n. 3.214/78 e atualmente com redação dada pela Portaria n. 1.068/19, traz os detalhes do procedimento da interdição e do embargo, assim como o capítulo V (arts. 77 a 113) da Portaria n. 672/21.

Faz-se necessário pontuar que a nova redação da NR-3 mereceu severas críticas. Ilan Fonseca de Souza e Italvar Filipe de Paiva Medina (2023, p. 336 e seguintes) ressaltam que a alteração normativa representou verdadeiro empecilho à atividade da auditoria-fiscal do trabalho, criando dificuldades para a prática do ato de interditar e embargar. Os autores indicam que o objetivo do legislador foi exatamente o de diminuir a quantidade de embargos e interdições, sem preocupação com a efetiva redução dos riscos laborambientais. Tecem também críticas ao processo de elaboração da norma e apontam a criação inadequada de complexidade exagerada para a adoção das medidas, um "procedimento formal esvaziado de sentido". Antes de se abordar tal procedimento, analisa-se a competência para o ato.

3. Competência

Faz-se necessário apresentar alguns apontamentos a respeito da definição do agente público competente para lavrar a interdição e o embargo. O art. 161 da CLT atribui tal competência ao delegado regional do trabalho, atualmente denominado superintendente regional do trabalho. A norma confere ao referido agente o poder de, mediante laudo técnico que demonstre grave e iminente risco ao trabalhador, interditar ou embargar, a partir de requerimento do serviço competente da delegacia regional do trabalho (atualmente superintendência regional do trabalho), agente da inspeção do trabalho ou sindicato. Tal procedimento envolveria, portanto, dois momentos, um primeiro com a constatação do risco grave e iminente e um segundo com o requerimento burocrático ao superintendente, para decisão deste. A necessidade de passar pelo crivo de dois sujeitos traz evidente morosidade, o que é incompatível com a natureza urgente das medidas de interdição e embargo.

Em verdade, a competência atribuída ao superintendente não mais se adequa ao sistema normativo de preservação da saúde e da vida do trabalhador, considerando especialmente a lógica determinada pela Convenção n. 81 da OIT, ratificada pelo Brasil em 1957, denunciada em 1977 e novamente ratificada em 1987. A norma internacional, dedicada ao sistema de inspeção do trabalho, impõe algumas características ao referido sistema, determinando requisitos e prerrogativas que, ao final, tornam o cargo de superintendente regional do trabalho incompatível com a figura do agente competente para interditar ou embargar. O art. 6º da Convenção n. 81 da OIT determina que o pessoal da inspeção seja servidor público dotado de estabilidade e independente de mudanças de governo e de interferência externa indevida. Mais à frente, o art. 13 da Convenção atribui ao inspetor do trabalho o direito de ordenar que sejam tomadas medidas imediatas no caso de perigo iminente à saúde e segurança dos trabalhadores.

Ocorre que o superintendente não goza de estabilidade, nem está imune a mudanças de governo. Trata-se de cargo comissionado com função de confiança, conforme Decreto n. 11.359, de 1º de janeiro de 2023, que aprovou a nova estrutura e quadro de cargos em comissão e funções de confiança do atual Ministério do Trabalho e Emprego. Esse ministério tem passado por significativas transformações, mas o cargo de superintendente regional do trabalho sempre esteve entre aqueles de livre nomeação e exoneração. É inegável, portanto, que o superintendente regional do trabalho ostenta qualidade oposta ao que determina a Convenção n. 81 da OIT, pois a nomeação para o cargo depende do governante da vez.

Vale também destacar que o superintendente regional do trabalho não exerce qualquer tarefa com relação à inspeção do trabalho. Ele não participa do planejamento das ações fiscais, o que compete às chefias de fiscalização do trabalho, de segurança e saúde no trabalho e de multas e recursos das unidades descentralizadas da inspeção do trabalho (art. 4º da Portaria n. 547, de 22.10.2021); não participa de designação de auditor-fiscal do trabalho para atendimento de demanda externa (art. 4º, § 8º da Portaria n. 547/21); não monitora o atingimento ou não das metas da inspeção do trabalho, nem o desempenho individual dos auditores (arts. 6º e 7º da Portaria n. 547/21); não emite ordem de serviço para a realização da ação fiscal (art. 10, § 3º, da Portaria n. 547/21); não é considerado chefia técnica imediata, nem autoridade em matéria de inspeção do trabalho (arts. 17 da Portaria n. 547/21). Conforme Regimento Interno das Superintendências Regionais do Trabalho, aprovado pela Portaria n. 1.151, de 30 de outubro de 2017, as atribuições do superintendente estão relacionadas à gestão da própria superintendência, licitações, contratos entre outras. Não interferem nas atividades de fiscalização do trabalho em nenhum aspecto. Ainda conforme o referido regimento, compete ao chefe da seção de multas e recursos, e não ao superintendente regional do trabalho, decidir os processos de autos de infração e de notificações de débito de FGTS e de Contribuição Social de que trata a Lei Complementar n. 110/01.

Nesse cenário, o ato de interditar ou embargar seria algo totalmente estranho às funções e tarefas cotidianas do superintendente regional do trabalho. Seria permitir a alguém alheio ao sistema de inspeção do trabalho decidir e agir exatamente num dos momentos mais agudos da inspeção, com impacto significativo tanto para a saúde dos trabalhadores quanto para a atividade econômica.

A Convenção n. 81 da OIT é clara ao determinar que compete ao inspetor do trabalho, membro do sistema de inspeção do trabalho, ordenar a adoção de medidas imediatas no caso de perigo iminente para a saúde dos trabalhadores, corroborando a noção de inadequação da redação do art. 161 da CLT.

O legislador nacional deixou passar algumas oportunidades para deixar expressa a opção por um dos dois caminhos, seguir pela trilha da CLT e negar expressamente a competência dos auditores-fiscais do trabalho, ou caminhar pela senda da Convenção n. 81 da OIT e confirmar a sua competência. A Lei n. 10.593/02 traz, no art. 11, as atribuições do auditor-fiscal do trabalho. Afirma a competência para "*assegurar o cumprimento de disposições legais e regulamentares, inclusive com relação à segurança e à medicina do trabalho*", mas não menciona expressamente os termos "interditar" e "embargar". A referida lei prevê a regulamentação pelo Poder Executivo de outras atribuições compatíveis com esse cenário. O Regulamento da Inspeção do Trabalho, aprovado pelo Decreto n. 4.552/02, prevê a competência do auditor-fiscal do trabalho para averiguar e analisar situações com risco potencial de gerar doenças ocupacionais e acidentes de trabalho, determinando "*medidas preventivas necessárias*". Afirma também a competência para notificar as pessoas sujeitas à inspeção para a adoção de medidas que eliminem os riscos à saúde e segurança dos trabalhadores e, quando constatado grave e iminente risco, a competência para determinar a adoção de medidas de "*aplicação imediata*".

Apesar de não mencionados expressamente, a interdição e o embargo estão incluídos entre tais competências previstas no Regulamento da Inspeção do Trabalho, pois são exatamente medidas de aplicação imediata, a serem adotadas em caso de grave e iminente risco.

Apesar disso, a Portaria MTE n. 40, de 14 de janeiro de 2011, prestigiava a visão celetista sobre o tema, reiterando a competência do superintendente regional do trabalho e prevendo apenas a possibilidade de delegação de tal competência aos auditores-fiscais do trabalho. Em muitos estados da federação havia tal delegação. Ocorre que, diante de revogações dessas delegações por alguns superintendentes, tornou-se claro o problema da intervenção indevida dos superintendentes nos atos de interdição e embargo. Guilherme Feliciano, Ney Maranhão e Flavio Leme Gonçalves (2013) alertaram sobre a indevida ingerência, especialmente no caso da superintendência de Rondônia, ressaltando que a revogação da delegação representava desvirtuamento do modelo já estabelecido.

O cenário motivou o Ministério Público do Trabalho da 14ª Região a ajuizar ação civil pública de natureza declaratória e mandamental, requerendo a prevalência da Convenção n. 81 da OIT sobre o art. 161 da CLT e o reconhecimento da competência privativa dos auditores-fiscais do trabalho para interditar e embargar. O processo recebeu o número 0010450-12.2013.5.14.0008 e tramitou pela 8ª Vara do Trabalho de Porto Velho – RO.

Em sua inicial, o MPT ressaltou que as medidas possuem viés técnico e que os superintendentes, por serem livremente nomeados e não concursados para o cargo, eram "dependentes das forças políticas e econômicas dominantes". Afirmou também que, diante da urgência da situação de grave e iminente risco, deve caber ao servidor público que flagrou a situação a adoção de medidas imediatas, sem que se perca tempo com requerimentos a outras autoridades. Após mencionar outros casos de revogação da delegação para interditar e embargar, (Rio de Janeiro, Paraná, Rondônia, Paraíba), pleiteou a prevalência da Convenção n. 81 da OIT e que os auditores-fiscais do trabalho fossem autorizados a ordenar medidas imediatas, inclusive interdição e embargo, bem como levantar tais medidas, sem necessidade de prévia autorização ou posterior confirmação de autoridade diversa, não envolvida na fiscalização.

O juízo de primeiro grau indeferiu a antecipação de tutela e julgou improcedente o pedido do Ministério Público do Trabalho. Após o pertinente recurso a segunda turma do Tribunal Regional do Trabalho da 14ª Região, por unanimidade, reformou a sentença e deu provimento ao pedido inicial, decidindo: declarar a autorização aos auditores-fiscais do trabalho para interditar e embargar, bem como para levantar tais medidas, sem necessidade de autorização ou confirmação, ressalvado o recurso ao órgão superior; condenar a União a adaptar regulamentos, portarias e demais atos infralegais aos termos da declaração, bem como a deixar de promover, por intermédio de superintendentes ou de quaisquer chefias, ingerências nos atos de interdição e embargo.

Diante de tal decisão, a União recorreu, mas publicou a Portaria n. 1.719, de 5 de novembro de 2011, que citava expressamente a decisão na ação civil pública 0010450-12.2013.5.14.0008, suspendia temporariamente a vigência da Portaria n. 40/11 e autorizava os auditores-fiscais do trabalho a interditar e embargar, reiterando os termos do acórdão do TRT da 14ª Região. Atualmente o processo encontra-se no Tribunal Superior do Trabalho concluso para voto da relatora ministra Maria Helena Mallmann.

Durante a tramitação da referida ação civil pública, o Poder Executivo decidiu legislar novamente sobre a matéria, mas emitindo infelizmente sinais contraditórios. A Portaria n. 1.069, de 23 de setembro de 2019, revogou as Portarias ns. 40/11 e 1.719/11. Mencionando expressamente a decisão do TRT da 14ª Região, reiterou autorização aos auditores-fiscais do trabalho para interditar e embargar.

A referida Portaria n. 1.069, publicada em 24 de setembro de 2019, entraria em vigor após 120 dias da publicação, conforme seu art. 40. Antes disso o Poder Executivo publicou a Medida Provisória n. 905, de 11 de novembro de 2019. Tal medida alterou o art. 161 da CLT para prever que, conforme regulamento da Secretaria Especial de Previdência e Trabalho do Ministério da Economia, a "*autoridade máxima regional em matéria de inspeção do trabalho*" poderia interditar ou embargar. Assim, a princípio, o Poder Executivo resolveu conferir a duas autoridades a possibilidade de adotar as referidas medidas. Obedecendo à ordem judicial, autorizou os auditores-fiscais do trabalho por meio da citada Portaria n. 1.069/19. Por outro lado, pela MP n. 905/19, autorizou também a "autoridade máxima regional em matéria de inspeção do trabalho", a ser definida em regulamento da secretaria pertinente.

O referido regulamento surgiu tardiamente. Somente a Portaria n. 547, de 22 de outubro de 2021, veio a definir quem seria tal autoridade máxima — são os auditores-fiscais do trabalho chefes da seção de segurança e saúde do trabalho, da seção de fiscalização do trabalho, da seção de inspeção do trabalho e da seção de multas e recursos, nas respectivas áreas de competência. Ocorre que a MP n. 905/19 foi revogada pelo próprio Poder Executivo por meio da MP n. 955, de 20 de abril de 2020. Ou seja, quando o Poder Executivo resolveu definir quem seria a autoridade máxima regional em matéria de inspeção do trabalho, em 2021, ele próprio, Poder Executivo, já havia revogado em 2020 a norma que conferia a tal autoridade a possibilidade de embargar e interditar.

Com a revogação da MP n. 905/19 pela MP n. 955/20, o art. 161 da CLT voltou a ter a antiga redação que conferia ao superintendente a competência para interditar e embargar. Apesar disso, a norma não prevalecia, considerando a decisão do TRT da 14ª Região na ação civil pública 0010450-12.2013.5.14.0008, cujos efeitos ainda estavam (e estão) em pleno vigor. Além disso, a Portaria n. 1.069/19, que reiterava o comando judicial autorizando os auditores-fiscais do trabalho a interditar e embargar, permanecia vigente.

Mais recentemente o Poder Executivo publicou a Portaria n. 672, de 8 de novembro de 2021 (atualmente vigente), que revoga a Portaria n. 1.069/19 e reitera a citação expressa da decisão judicial, autorizando os auditores-fiscais do trabalho a interditar e embargar.

Como se nota, a definição a respeito da competência para interditar e embargar passou por momentos de turbulência e, hoje em dia, ainda aguarda o desfecho final, a decisão do TST na ação civil pública mencionada. Por enquanto permanece a competência dos auditores-fiscais do trabalho.

4. Procedimento

A Norma Regulamentadora 3 traz as regras sobre o procedimento para embargar e interditar. A redação anterior da norma, dada pela Portaria n. 199, de 17 de janeiro de 2011, se limitava a: definir embargo e interdição (item 3.1) e grave e iminente risco (item 3.1.1); diferenciar interdição e embargo (itens 3.2 e 3.3); definir o que deveria ser considerado como "obra" (item 3.3.1); determinar que durante a paralisação poderiam ser exercidas atividades para o afastamento das condições de grave e iminente risco (item 3.4) e afirmar, por fim, que durante a paralisação os empregados deveriam receber os salários (item 3.5).

A norma não apresentava nenhuma regra ou disciplina a respeito da maneira pela qual a autoridade deveria concluir pela existência do grave e iminente risco. A decisão se dava a partir dos conhecimentos técnicos, treinamento e experiência do agente público, ou em função de regras expressas em outras normas regulamentadoras. A título de exemplo, a Norma Regulamentadora n. 13 (redação dada pela Portaria n. 57, de 19 de junho de 2008), que trata de caldeiras e vasos de pressão, afirmava que estaria caracterizado grave e iminente risco caso estivessem ausentes itens como a válvula de segurança com pressão de abertura ajustada em valor igual ou inferior à pressão máxima de trabalho admissível. Nesse caso não haveria qualquer discussão a respeito e não seria necessário nem mesmo maior conhecimento técnico. O risco grave e iminente estava configurado por determinação normativa e, portanto, era pertinente a interdição.

A nova redação da NR-3 dada pela Portaria n. 1.068, de 23 de setembro de 2019, tratou de disciplinar de maneira detalhada o caminho a ser percorrido até a conclusão pela configuração do grave e iminente risco e, portanto, pela aplicação da interdição e embargo. Cabe observar, antes de se trilhar tal caminho, que está expresso na norma (item 3.5.1.1) que a metodologia prevista para tal aplicação é dispensada quando se estiver diante de condição ou situação definida nas demais normas regulamentadoras como grave e iminente risco, reiterando a ideia constante da antiga NR-3.

Segundo a redação atual da NR-3, a conclusão a respeito da necessidade ou não da interdição ou do embargo deverá resultar de um exercício comparativo que deverá confrontar duas situações de risco. A primeira situação é a encontrada durante a ação fiscal, ou seja, o risco presente no contexto fático verificado pelo agente público, denominado pela norma como risco atual, com todas as circunstâncias e peculiaridades do caso concreto. A segunda situação é aquela hipotética que apresenta o chamado "risco de referência", ou seja, o risco esperado (e tolerado) com a adoção das medidas preventivas pertinentes.

A NR-3 prevê duas possibilidades de configuração para o risco de referência. A primeira, mais evidente, diz respeito às situações contempladas com aplicação das providências determinadas pelas normas regulamentadoras. A segunda se refere a situações não previstas nas normas regulamentadoras. Para esses casos, permite-se a indicação do risco de referência a partir de critérios técnicos, que deverão ser devidamente relatados de maneira fundamentada.

Trata-se de importante abertura que ecoa o aspecto anteriormente indicado na norma, segundo o qual a interdição e o embargo são aplicáveis a qualquer situação ou condição de trabalho que exponha o trabalhador a grave e iminente risco, ou seja, ainda que tal contexto não esteja positivado em norma regulamentadora. Evidentemente, a definição do risco de referência não poderá ser aleatória, havendo a devida exigência normativa de adoção de critérios técnicos a serem utilizados de maneira fundamentada.

Como se nota, a norma admite a existência do risco nas atividades laborais, tolerado desde que dentro de certos limites. A interdição e o embargo são aplicáveis quando o risco extrapolar tais limites de maneira relevante (excesso de risco substancial e extremo, conforme se verá adiante), contexto abordado pela ideia de "*risco permitido*" e do "*risco desaprovado*", conforme Feliciano (2021, p. 329).

A distância entre o risco atual e o risco de referência recebe a denominação de "excesso de risco", a ser classificado como extremo, substancial, moderado, pequeno ou nenhum (itens 3.3.7 e 3.3.10 da NR-3). A depender dessa classificação é que será possível concluir pela aplicação ou não da interdição e embargo. Explica-se o procedimento a seguir.

O conjunto de análises deverá ser feito conforme as regras e tabelas da própria NR-3. Primeiro é preciso analisar os riscos, o atual e o de referência. Para ambos o agente público deve levar em consideração dois aspectos: primeiro, a consequência do possível evento e, em seguida, a probabilidade de o evento ocorrer. A tabela 3.1 da norma classifica as consequências em: a) morte — "*pode levar a óbito imediato ou que venha a ocorrer posteriormente*"; b) severa — "*pode prejudicar a integridade física e/ou a saúde, provocando lesão ou sequela permanentes*"; c) significativa — "*pode prejudicar a integridade física e/ou a saúde, provocando lesão que implique em incapacidade temporária por prazo superior a 15 (quinze) dias*"; d) leve — "*pode prejudicar a integridade física e/ou a saúde, provocando lesão que implique incapacidade temporária por prazo igual ou inferior a 15 (quinze) dias*" e e) nenhuma — "*nenhuma lesão ou efeito à saúde*".

Apesar de a norma ter sido elaborada com o objetivo expresso de definir critérios objetivos, logo neste primeiro passo (avaliar a consequência do possível evento) se revela a dificuldade para se eliminarem por completo a incerteza e a subjetividade. Ocorre que é impossível prever, de maneira objetiva e inequívoca, a possível consequência de um possível evento futuro. Tome-se o exemplo da queda de própria altura, que pode ter como consequência tanto a ausência de qualquer efeito à saúde, quanto a fratura de ossos da mão ou do braço, a depender de como o corpo se projeta e atinge o solo, e a depender das condições fisiológicas do ser humano que sofreu a queda. Ou seja, a classificação da consequência poderia ser, conforme a tabela 3.1, nenhuma, leve, significativa e até mesmo severa, a depender das circunstâncias da queda no caso concreto. Parecem, assim, pertinentes as críticas de Ilan Fonseca de Souza e Italvar Filipe de Paiva Medina (2023), pois a norma, apesar de propalar maior objetividade, acaba demandando do agente público um verdadeiro exercício imaginativo de tentar prever eventuais consequências de um acontecimento futuro, com o requinte detalhista de determinar se haverá afastamento do trabalho e se esse possível afastamento irá durar mais ou menos de 15 dias, sem levar em conta, por exemplo, as diferentes condições de resiliência, resistência, fragilidade, adaptação e recuperação de cada ser humano.

Apesar do esforço do legislador, permanece impossível reduzir o procedimento a aspectos exclusivamente objetivos. As circunstâncias que permeiam as atividades laborais são diversas e imprevisíveis, ainda mais em se tratando de determinar possíveis consequências de um eventual acidente futuro, sendo sempre necessário o olhar treinado e técnico da autoridade pública experiente e devidamente capacitada.

Após analisar e classificar a possível consequência conforme a tabela 3.1, a autoridade pública deverá verificar a probabilidade, conforme tabela 3.2, que determina a seguinte classificação: a) provável — "*medidas de prevenção inexistentes ou reconhecidamente inadequadas*". Ou seja, "*uma consequência é esperada, com grande probabilidade de que aconteça ou se realize*"; b) possível — "*medidas de prevenção apresentam desvios ou problemas significativos. Não há garantias de que as medidas sejam mantidas*". Ou seja, "*uma consequência talvez aconteça, com possibilidade de que se efetive, concebível*"; c) remota — "*medidas de prevenção adequadas, mas com pequenos desvios. Ainda que em funcionamento, não há garantias de que sejam mantidas sempre ou a longo prazo*". Ou seja, "*uma consequência é pouco provável que aconteça, quase improvável*" e d) rara — "*medidas de prevenção adequadas e com garantia de continuidade desta situação*". Ou seja, "*uma consequência não é esperada, não é comum sua ocorrência, extraordinária*".

Em termos práticos, imagine-se a hipótese de o auditor-fiscal do trabalho constatar atividade laboral junto a uma prensa, que exerce pressão suficiente para deformar chapas de aço, em que o trabalhador exerce suas tarefas com os membros superiores próximos à zona perigosa da máquina sem nenhuma barreira ou sistema de proteção (conforme glossário da NR-12, zona perigosa é "qualquer zona dentro ou ao redor de uma máquina ou equipamento, onde uma pessoa possa ficar exposta a risco de lesão ou danos à saúde"). A verificação do risco atual deverá classificar a consequência como "severa", pois caso o evento aconteça (é dizer, caso a prensa atinja e aprisione os membros superiores do trabalhador) a consequência poderá ser o esmagamento de mãos e braços, com possibilidade de sequelas permanentes. Com relação à probabilidade, a classificação será "provável", ante a total ausência de medidas de proteção. A seguir, o agente público deverá avaliar o risco de referência. Considerando todas as medidas de proteção determinadas pelas normas pertinentes, especialmente a NR-12, a consequência será ainda "severa", pois o efeito da prensa sobre os membros superiores, caso os atinja, será idêntico. As medidas de proteção estabelecidas pela NR-12 não se prestam a arrefecer a força exercida pela prensa, nem promovem a proteção de mãos e braços para que resistam a tal pressão. A probabilidade é que receberá classificação diversa, pois com a adoção das medidas adequadas, conforme tabela 3.2, será considerada "rara".

Com as definições sobre risco atual e risco de referência, o agente público poderá seguir para as próximas tabelas da NR-3: tabela 3.3 para a hipótese de exposição "*individual ou de reduzido número de potenciais vítimas*", ou tabela 3.4, para a hipótese de possível lesão ou adoecimento de "*diversas vítimas simultaneamente*". Será possível então realizar a comparação entre o risco atual e o risco de referência, determinando a "distância" entre esses dois riscos, o que a norma denomina como "excesso de risco". A classificação normativa apresenta as seguintes possibilidades de excesso de risco: "nenhum", "pequeno", "moderado", "substancial" e "extremo".

Não se pode deixar de apontar o tratamento diferenciado que a norma conferiu a duas situações de idêntico risco, dependendo do número de potenciais vítimas. As tabelas 3.3 (exposição individual ou de reduzido número de trabalhadores) e 3.4 (diversas vítimas em potencial) revelam maior tolerância ao risco quando poucos trabalhadores (ou apenas um) estiverem expostos ao risco. Se, por um lado, tragédias com diversas vítimas provocam maior comoção social, a verdade é que o número de potenciais vítimas não é critério legítimo a permitir maior ou menor tolerância à exposição ao risco. Uma potencial vítima, apenas pelo fato de ser só uma, não deveria receber tratamento prejudicial do ordenamento jurídico. O seu direito fundamental à vida e à integridade física e mental é tão defensável quanto o de diversas potenciais vítimas. A diferenciação apresentada pela norma não atende ao princípio isonômico. São, nesse sentido, plenamente pertinentes as críticas de Ilan Fonseca de Souza e Italvar Filipe de Paiva Medina (2023).

Retornando ao exemplo hipotético acima (apenas um empregado exposto ao risco de uma prensa, sendo risco atual com consequência severa e probabilidade provável; risco de referência com consequência severa e probabilidade rara). A partir da tabela 3.3 o excesso de risco, nesse exemplo, seria classificado como extremo, o que levaria à interdição da prensa.

Segundo a norma, não se interdita nem embarga quando o excesso de risco for nenhum, pequeno ou moderado. Já para o excesso de risco extremo e substancial a norma indica a interdição e o embargo, com a observação de que, no caso do excesso de risco subst6ancial, a decisão deverá levar em conta as "*circunstâncias do caso específico*" (itens 3.4.1, 3.4.2 e 3.4.4 da NR-3). Como se nota, ao tratar do excesso de risco substancial a norma se mostrou sensível às peculiaridades das circunstâncias concretas, permitindo ao agente público uma certa margem para a decisão. Não poderia ser diferente, pois a norma, rígida por natureza, não alcança todas as particularidades de cada caso concreto.

Esta é a senda até a conclusão pela aplicação da interdição ou embargo. Atingido este ponto, o agente público deverá seguir os procedimentos previstos ainda na NR-3 e na Portaria n. 672, de 8 de novembro de 2021. Assim, a lavratura do termo de interdição ou embargo deve se restringir à menor unidade em que foi constatado o risco (item 3.2.2.3.1 da NR-3), ou seja, se a condição perigosa se encontra em uma única máquina, não se deve interditar todo o setor, ou todo o estabelecimento, mas apenas aquela máquina. O auditor-fiscal do trabalho deve elaborar relatório técnico com o conteúdo determinado pelo art. 81 da Portaria n. 672/21, indicando clara e objetivamente as medidas de proteção que deverão ser adotadas para o afastamento do risco e consequente levantamento da interdição ou do embargo, após nova inspeção.

Trata-se da concretização do caráter orientador da inspeção do trabalho. Ao interditar e embargar, a fiscalização não se limita a provocar a paralisação da atividade, mas também cumpre o seu dever de indicar ao administrado o caminho para a regularização, orientando como afastar o risco e promover a devida prevenção. Juntamente com a interdição ou o embargo, o auditor-fiscal do trabalho deverá lavrar os autos de infração pertinentes, a NR-3 (item 3.5.3) é expressa no sentido de que as medidas preventivas não afastam as autuações pertinentes. Vale observar, nesse contexto, que a condição de grave e iminente risco é causa de afastamento do critério da dupla visita aplicável a microempresas e empresas de pequeno porte, conforme art. 55 da Lei Complementar n. 123/06 e art. 2º, inciso III da Portaria n. 396, de 11 de janeiro de 2021.

Eis aqui um bom exemplo de convivência harmônica entre os deveres de orientação e de punição, próprios da inspeção do trabalho. A necessária orientação ao administrado, consubstanciada na indicação em relatório das medidas preventivas a serem adotadas, convive simultaneamente com a lavratura do auto de infração. Afasta-se, portanto, a equivocada ideia de que a dupla visita (e com ela a ausência do auto de infração) seria a única forma de concretizar o caráter orientador da inspeção do trabalho. O exemplo acima demonstra que o auto de infração não é a negação do caráter orientador da inspeção, ao contrário, convive com ele simultaneamente, cabendo na mesma circunstância (e de modo concomitante) a orientação e a autuação.

O administrado, após recebido o termo de interdição ou embargo, poderá requerer o levantamento da medida (art. 89 da Portaria n. 672/21), apresentando a descrição das providências que adotou para sanar as irregularidades. Haverá então nova inspeção que poderá decidir pelo levantamento total, parcial ou pela manutenção da interdição ou embargo, a depender do quanto o risco foi efetivamente afastado.

Poderá também o administrado apresentar recurso administrativo contra o ato de interdição ou embargo (também contra o ato de manutenção e de levantamento apenas parcial, caso tenha já tenha requerido o levantamento). Evidentemente, cabe ao administrado também o direito de submeter o assunto à análise do Poder Judiciário.

5. Conclusão

As medidas de interdição e embargo possuem matizes extremados. Por um lado, procuram garantir direitos fundamentais da pessoa humana, como saúde e vida. Por outro, representam aguda interferência do Poder Público sobre a iniciativa privada, podendo provocar imediata e até completa paralisação de determinada atividade. Dialogam intimamente com princípios (prevenção, precaução) e conceitos (poluição, poluidor) próprios do direito ambiental e devem ser aplicadas por agente público independente e capacitado, seguindo os critérios da Convenção n. 81 da OIT. A redação atual da NR-3 traça detalhado roteiro a ser seguido pelo agente público e opera segundo a lógica da distância entre o risco admitido e tolerado (risco de referência) e o risco incrementado, reprovável, a ser imediatamente afastado (risco atual).

A nova redação da NR-3 faz o anúncio de critérios objetivos e, para tanto, traz um sofisticado e complexo procedimento (com tabelas, categorias de risco, de excesso de risco e de distância entre riscos) que aparenta alto grau de segurança e objetividade. Apesar disso, permanecem subjetividades e imprecisões, como o exercício imaginativo de suposição a respeito da consequência de um eventual acidente, com o preciosismo de se aventar se haverá afastamento do trabalho e se este será superior ou inferior a quinze dias. A norma, ao final, tornou mais trabalhoso o ato administrativo de embargar e interditar, trazendo consigo, ainda, alguns aspectos de difícil (ou impossível) compatibilização com o princípio da isonomia, como a tolerância maior aos riscos laborambientais caso a exposição seja individual ou de poucos trabalhadores, em comparação à exposição de diversos trabalhadores.

Apesar das críticas a que o texto normativo se expõe, trata-se de fundamental ferramenta no universo das medidas de prevenção dos riscos laborambientais. As medidas de interdição e embargo são importantes instrumentos a serem corretamente operacionalizados, em benefício da vida, integridade física e psicológica dos trabalhadores, sejam estes subordinados ou não.

Referências

BRASIL. *Constituição Federal*. Brasília: Senado Federal, 1988. Disponível em: http://www.planalto.gov.br/ccivil_03/constituicao/constituicaocompilado.htm. Acesso em: 20 mar. 2023.

______. *Decreto n. 4.552/02*. Diário Oficial da República Federativa do Brasil, Brasília, DF, 30 dez. 2002. Disponível em: http://www.planalto.gov.br/ccivil_03/decreto/2002/d4552.htm. Acesso em: 20 mar. 2023.

______. *Decreto n. 11.359/23*. Diário Oficial da República Federativa do Brasil, Brasília, DF, 1º jan. 2023. Disponível em: http://www.planalto.gov.br/ccivil_03/_ato2023-2026/2023/decreto/D11359.htm. Acesso em: 20 mar. 2023.

______. *Decreto-lei n. 5.452/43*. Consolidação das Leis do Trabalho. Diário Oficial da República Federativa do Brasil, Brasília, DF, 9 ago. 1943. Disponível em: https://www.planalto.gov.br/ccivil_03/decreto-lei/del5452.htm. Acesso em: 20 mar. 2023.

______. *Lei n. 6.938/81*. Diário Oficial da República Federativa do Brasil, Brasília, DF, 2 set. 1981. Disponível em: https://www.planalto.gov.br/ccivil_03/leis/L6938compilada.htm. Acesso em: 20 mar. 2023.

______. *Lei n. 10.593/02*. Diário Oficial da República Federativa do Brasil, Brasília, DF, 9 dez. 2012. Disponível em: http://www.planalto.gov.br/ccivil_03/leis/2002/l10593.htm. Acesso em: 20 mar. 2023.

______. *Lei Complementar n. 123/06*. Diário Oficial da República Federativa do Brasil, Brasília, DF, 15 dez. 2006. Disponível em: https://www.planalto.gov.br/ccivil_03/leis/lcp/lcp123.htm. Acesso em: 20 mar. 2023.

______. *Medida Provisória n. 905/19*. Diário Oficial da República Federativa do Brasil, Brasília, DF, 12 nov. 2019. Disponível em: https://www.planalto.gov.br/ccivil_03/_ato2019-2022/2019/mpv/mpv905.htm. Acesso em: 20 mar. 2023.

______. *Medida Provisória n. 955/20*. Diário Oficial da República Federativa do Brasil, Brasília, DF, 20 abr. 2020. Disponível em: https://www.planalto.gov.br/ccivil_03/_ato2019-2022/2020/Mpv/mpv955.htm.. Acesso em: 20 mar. 2023.

______. *Norma Regulamentadora n. 3*. Diário Oficial da República Federativa do Brasil, Brasília, DF, 24 set. 2019. Disponível em: https://www.gov.br/trabalho-e-previdencia/pt-br/acesso-a-informacao/participacao-social/conselhos-e-orgaos-colegiados/ctpp/arquivos/normas-regulamentadoras/nr-03_atualizada_2019.pdf. Acesso em: 20 mar. 2023.

______. *Portaria n. 40/2011*. Diário Oficial da República Federativa do Brasil, Brasília, DF, 17 jan. 2011.

______. *Portaria n. 199/2019*. Diário Oficial da República Federativa do Brasil, Brasília, DF, 19 jan. 2011.

______. *Portaria n. 396/21.* Diário Oficial da República Federativa do Brasil, Brasília, DF, 13 nov. 2021. Disponível em: https://www.in.gov.br/en/web/dou/-/portaria-n-396-de-11-de-janeiro-de-2021-298858915. Acesso em: 20 mar. 2023.

______. *Portaria n. 547/21.* Diário Oficial da República Federativa do Brasil, Brasília, DF, 11 nov. 2021. Disponível em: https://www.in.gov.br/web/dou/-/portaria-n-547-de-22-de-outubro-de-2021-359093937. Acesso em: 20 mar. 2023.

______. *Portaria n. 672/21.* Diário Oficial da República Federativa do Brasil, Brasília, DF, 11 nov. 2021. Disponível em: https://in.gov.br/en/web/dou/-/portaria-n-672-de-8-de-novembro-de-2021-359091010. Acesso em: 20 mar. 2023.

______. *Portaria n. 1.069/19.* Diário Oficial da República Federativa do Brasil, Brasília, DF, 24 set. 2019. Disponível em: https://www.in.gov.br/en/web/dou/-/portaria-n-1.069-de-23-de-setembro-de-2019-217774898. Acesso em: 20 mar. 2023.

______. *Portaria n. 1.151/17.* Diário Oficial da República Federativa do Brasil, Brasília, DF, 13 fev. 2009.

______. *Portaria n. 1.719/11.* Diário Oficial da República Federativa do Brasil, Brasília, DF, 07 nov. 2014.

______. Superior Tribunal do Trabalho. *Recurso de Revista n. 10450-12.2013.5.14.0008.* Relatora ministra Maria Helena Mallmann. Disponível em: https://consultaprocessual.tst.jus.br/consulta-Processual/consultaTstNumUnica.do?consulta=Consultar&conscsjt=&numeroTst=0010450&-digitoTst=12&anoTst=2013&orgaoTst=5&tribunalTst=14&varaTst=0008&submit=Consultar. Acesso em: 20 mar 2023.

DI PIETRO, Maria Sylvia Zannela. *Direito Administrativo.* 21. ed. São Paulo: Atlas. 2008.

EBERT, Paulo Roberto Lemgruber. "O princípio da precaução no meio ambiente do trabalho: como lidar com os novos riscos labor-ambientais". In: FELICIANO, Guilherme Guimarães, SARLET, Ingo Wolfgang, MARANHÃO, Ney; FENSTERSEIFER, Tiago (Coords.). *Direito Ambiental do Trabalho.* vol. 5 (Apontamentos para uma teoria geral). São Paulo: LTr, 2020. p. 281-299.

FELICIANO, Guilherme Guimarães. "O meio ambiente do trabalho e a responsabilidade civil patronal: reconhecendo a danosidade sistêmica". In: FELICIANO, Guilherme Guimarães; URIAS, João (Coords.). *Direito Ambiental do Trabalho.* vol.1 (Apontamentos para uma teoria geral: saúde ambiente e trabalho: novos rumos da regulamentação jurídica do trabalho). São Paulo: LTr. 2013. p. 11-26.

______. *Responsabilidade civil no meio ambiente do trabalho:* nexo causal, nexo normativo e teoria da imputação objetiva. São Paulo: Thomson Reuters Brasil, 2021.

GONÇALVES, Flavio Leme; MARANHÃO, Ney; FELICIANO, Guilherme Guimarães. "Portaria não pode subverter lógica dos modelos normativos". *Consultor Jurídico*, ago. 2013. Disponível em: https://www.conjur.com.br/2013-ago-14/portaria-administrativa-nao-subverter-logica-modelos-normativos. Acesso em: 20 mar. 2023.

MELO, Raimundo Simão de. *Direito Ambiental do Trabalho e a saúde do trabalhador:* responsabilidades legais, dano material, dano moral, dano estético, indenização pela perda de uma chance, prescrição. 3. ed. São Paulo: LTr, 2008.

ORGANIZAÇÃO DAS NAÇÕES UNIDAS. *Declaração universal de direitos humanos.* 1948. Disponível em: https://www.un.org/en/about-us/universal-declaration-of-human-rights. Acesso em: mar. 2023.

ORGANIZAÇÃO INTERNACIONAL DO TRABALHO. *Convenção n. 81.* 1947. Disponível em: https://www.ilo.org/brasilia/convencoes/WCMS_235131/lang--pt/index.htm. Acesso em: 20 mar. 2023.

______. *Convenção n. 155.* 1981. Disponível em: https://www.ilo.org/brasilia/convencoes/WCMS_236163/lang--pt/index.htm. Acesso em: 20 mar. 2023.

______. *Resolução n. 110.* 2022. Disponível em: https://www.ilo.org/brasilia/noticias/WCMS_848148/lang--pt/index.htm. Acesso em: 20 mar. 2023.

SARLET, Ingo Wolfgang. *Princípios do Direito Ambiental.* 2. ed. São Paulo: Saraiva, 2017. E-book.

SCHWAB Klaus. *A quarta revolução industrial.* Tradução Daniel Moreira Miranda. São Paulo: Edipro, 2016.

SOUZA, Ilan Fonseca de; MEDINA, Italvar Filipe de Paiva. "Nova Norma Regulamentadora n. 03: esvaziamento dos poderes de embargo e interdição". In: DELGADO, Mauricio Godinho; BALAZEIRO, Alberto Bastos; COSTA, Adriene Domingues; RODRIGES, Bruno Alves; FREMPONG, Dickson Ansah Ribeiro (Coords.). *Estudos Enamat:* volume 2 Normas regulamentadoras (NR) relativas à segurança e medicina do trabalho: Percursos para a efetividade do trabalho decente. Brasília-DF: Obra coletiva Enamat, fev. 2023.

WORLD HEALTH ORGANIZATION. *Constitution of the World Health Organization.* 1946. Disponível em: https://apps.who.int/gb/bd/PDF/bd47/EN/constitution-en.pdf?ua=1. Acesso em: 20 mar. 2023.

3

As Recentes Alterações da NR-6: Conceitos, Contextos e Pretextos

Cyntia Santos Ruiz Braga

Pedro Gabriel de Melo Ruiz

Introdução

O art. 7º da Constituição Federal Brasileira prevê, entre tantos outros direitos dos trabalhadores urbanos e rurais, direitos que visam à melhoria da condição social e, especificamente no inciso XXII da Constituição, determina a *redução dos riscos inerentes ao trabalho, por meio de normas de saúde, higiene e segurança* do trabalho para representar o conjunto de normas e procedimentos de prevenção de acidentes e de doenças ocupacionais, como extensão do direito à saúde.

No entanto, diante da previsão do art. 154 da Consolidação das Leis do Trabalho (CLT), a Constituição e as demais normas celetistas não são as únicas fontes legais que regem o assunto. Há, ainda, as legislações municipais e estaduais que eventualmente influenciem a formação e o desenvolvimento dos locais de trabalho. Portanto, além das leis laboristas, também os regramentos municipais e os regulamentos de Corpo de Bombeiros podem compor normas alusivas à saúde e segurança do trabalho, assim como Resoluções Técnicas (RTs), Notas Técnicas do Ministério do Trabalho e Emprego e cláusulas de acordos e convenções coletivas.

Pois bem, em 1977, o Capítulo V "Da Segurança e da Medicina do Trabalho", constante nos arts. 154 a 223 da Consolidação das Leis do Trabalho (CLT), sofreu profundas alterações com a publicação das Normas Regulamentadoras (NR) pelo então Ministério do Trabalho. Muito se evoluiu, mas muito há a ser feito, notadamente, diante de novas tecnologias que alteraram profundamente a realização de atividades remuneradas, tornando possível, por exemplo, o *home-office*.

A todo momento surgem novos riscos aos quais os trabalhadores estão expostos em suas jornadas, sendo necessária a análise dos impactos que tais alterações causam à vida dos trabalhadores e, consequentemente, a obrigação de investigar e implementar novas formas de proteção da saúde do ser humano.

Uma das maneiras mais recorrentes de proteção da saúde e segurança de trabalhadores é por meio dos Equipamentos de Proteção Individuais (EPI), ainda que estes devam ser utilizados em hipóteses restritas e quando as medidas de ordem geral não ofereçam completa proteção contra os riscos de acidentes e danos à saúde dos empregados. A sua previsão legal consta nos arts. 166 e 167 da CLT, e a sua regulamentação específica se dá pela NR-6.

Recentemente, a NR-6 sofreu uma grande reestruturação, cujos fundamentos e efeitos são apresentados no presente artigo, dividido em três partes.

A primeira parte apresenta o objeto da norma e os seus conceitos básicos, considerando que, até 2018, as alterações na NR-6 focaram principalmente em estabelecer os principais atores e suas respectivas atribuições e obrigações: fabricantes, importadores, empregadores. Ainda nesse diapasão, apresenta-se resumidamente a análise de impacto regulatório que fundamentou as alterações na NR-6, sem desmerecer o contexto da sua reedição.

A segunda parte trata das principais alterações da norma, relacionando-as com os argumentos que as fundamentaram, estabelecendo a relação entre os objetivos anunciados e as alterações efetivamente promovidas.

A terceira e última parte trata de efeitos ampliados da nova NR-6 no Direito Previdenciário, indicando possíveis impactos na concessão de benefícios e promoção da proteção do meio ambiente do trabalho.

Por fim, consideramos conclusões quanto ao conjunto de alterações da NR porque a modernização anunciada não contemplou apenas avanços, mas alguns retrocessos quanto à proteção de saúde do trabalhador.

1. Contextos e alterações anteriores a 2022

Preliminarmente, cumpre dizer que a NR-6, editada pela Portaria MTb n. 3.214/1978, é a regulamentação dos arts. 166 e 167 da CLT, os quais trazem obrigações sobre os EPIs, mais especificamente, a obrigatoriedade de fornecê-los gratuitamente sempre que não houver completa proteção contra "*os riscos de acidentes e danos à saúde*", e a necessidade de certificação específica junto ao Ministério do Trabalho.

O objetivo da referida NR é regulamentar a execução do trabalho com uso de EPI, independentemente de setores ou atividades econômicas, constituindo-se como última barreira de proteção da saúde do trabalhador, ou seja, quando todas as alternativas anteriores[1] não conseguiram eliminar ou neutralizar os riscos de forma eficiente, seja na fonte geradora do contaminante, seja no percurso (ambiente) entre a fonte geradora e o trabalhador.

Nessa esteira, conceitua-se EPI como uma das medidas de controle primário[2] (individual) posto que delimitada em torno dos próprios trabalhadores, objetivando evitar ou diminuir lesão, representando verdadeira cápsula de proteção que cada trabalhador utilizará se as intervenções na fonte e na trajetória de riscos ocupacionais (item 6.3.1 da NR-6) forem insuficientes para eliminar ou neutralizar riscos ou quando as medidas de proteção coletiva estiverem sendo implantadas (redação anterior da NR-6, item 6.3).

No processo de criação da NR houve a participação de diferentes atores das relações de trabalho porque a NR-6 tem sido o resultado de alterações propostas por Comissão Tripartite (vide Portaria SIT 11, de 17/5/2002 e SIT 59, de 19/6/2008), ou seja, comissão composta por representantes do governo, dos empregadores e dos trabalhadores.

Seguindo uma linha do tempo quanto às revisões e modificações, inicialmente, coube à comissão tripartite a responsabilidade de avaliar as solicitações de inclusões/exclusões de equipamentos no Anexo I da NR-6 (que classifica os EPI), além de definir quais desses equipamentos seriam passíveis de restauração, lavagem e higienização, conforme o disposto no então item 6.10.1 da redação vigente em 2002.

Em 2008, a comissão visou avaliar o enquadramento de EPI segundo acompanhamento do Programa de Avaliação da Conformidade dos Equipamentos de Proteção Individual no âmbito do Sistema Nacional de Metrologia, Normalização e Qualidade Industrial (SINMETRO); apreciou e sugeriu adequações sobre a harmonização dos regulamentos técnicos com as normas aplicáveis e elaborou propostas para o aperfeiçoamento e atualização, dentre outros.

Em atualização contínua, a NR-6 sofreu alterações por Portarias da Secretaria de Inspeção do Trabalho (SIT), Reuniões Ordinárias da Comissão Tripartite Paritária Permanente (CTPP), Portarias da Secretaria Nacional do Trabalho do Departamento de Segurança e Saúde do Trabalhador (SNT/DSST), Portarias do MTb e Decretos do

(1) Há diferentes medidas que podem ser implementadas a fim de controlar a exposição de riscos nos ambientes de trabalho. Algumas medidas são preferíveis em detrimento de outras e é possível desenvolver uma lista de medidas em ordem prioritária. Tal lista é conhecida como Hierarquia de Controle (HOC). Existem várias versões diferentes do HOC, todos eles são baseados nos mesmos princípios básicos. Na pirâmide invertida do NIOSH (sigla para National Institute for Occupational Safety and Health, ou, em português, Instituto Nacional de Segurança e Saúde Ocupacional), por exemplo, há cinco níveis que fluem da seguinte forma: eliminação, substituição, controles de engenharia, controles e procedimentos organizacionais ou administrativos, e, por fim, EPI.

(2) Citam-se como exemplos de controles administrativos denominados primários: a rotatividade de trabalhadores, limitando o tempo que eles trabalham em um local insalubre e/ou perigoso, o controle de acesso, controles de treinamento e competência para execução do trabalho, entre outros.

Presidente da República, os quais proporcionaram, muitas vezes, mais de duas revisões anuais. Verificou-se que desde sua edição original em 1978, as disposições da NR-6 foram editadas 23 vezes, sendo 8 delas entre 2009 e 2018.

Ademais, todas as alterações a que foi submetida a NR-6, até 2018, se preocuparam com o fornecimento, a comprovação de entrega, o treinamento de manuseio, a lista de obrigações de trabalhadores, assim como de obrigações dos empregadores, os cadastros de EPI, as emissões de Certificados de Aprovação (CA) — atestando qualidade, eficiência e validade dos referidos equipamentos e, por vezes, delimitando lista de fabricantes de equipamentos — mas, sempre, aumentado a quantidade e buscando ampliar obrigações de fabricantes, importadores, inclusive impondo ações visando à permanência de EPI, em perfeito estado, seja por delimitação de regras e formas de substituição, restauração, lavagem e higienização deste, assim como, por sua necessária adaptação ao trabalhador, notadamente, o portador de deficiência (Portaria MTb n. 877 de 24.10.2018).

A recentíssima NR-6, editada pela Portaria MTP n. 2.175, de 5.8.2022, foi precedida de análise de impacto regulatório (BRASIL, 2021) que expôs as motivações do governo para a sua alteração. O principal problema identificado foi a "*exposição de trabalhadores a perigos decorrentes da seleção inadequada do Equipamento de Proteção Individual*" (*ibidem*, p. 35), com três causas fundamentais: a) a falta de harmonização da NR-6 com as demais normas revisadas e outros regulamentos, b) a falha na seleção do EPI, e c) a existência de lacunas de definição e desatualização de termos.

A falta de harmonização se referiu às mudanças empreendidas em outras NRs, a exemplo da retirada das diretrizes gerais para seleção do EPI na NR-9[(3)], e na estrutura administrativa anteriormente prevista, como a extinção da Comissão Nacional Temática da NR-6, que tinha como atribuição avaliar as requisições de inserção de EPI no Anexo I da norma (*ibidem*, p. 35-37).

A falha na seleção do EPI ocorreu quando este não foi adequado ao risco ao qual a pessoa trabalhadora estava exposta, pela falta de orientações sobre como deve ocorrer essa seleção. O relatório indicou que "*a seleção do EPI é realizada de maneira isolada, sendo sua escolha desvinculada de qualquer tipo de avaliação prévia da atividade que identifique as principais características de proteção necessárias*" (*ibidem*, 2021, p. 38).

As lacunas de definição e desatualização de termos trataram tanto da necessidade de definir tecnicamente os conceitos abordados pela NR-6, como também dos atores envolvidos na fabricação e comercialização dos EPIs, determinando as suas responsabilidades de forma explícita (*ibidem*, p. 45-47).

---

(3) Redação antiga da NR-9, item 9.3.5.5: A utilização de EPI no âmbito do programa deverá considerar as Normas Legais e Administrativas em vigor e envolver no mínimo: [...].

Para estabelecer o problema regulatório e suas causas, propondo alterações na NR-6, foram levantadas as 255.879 ações fiscais em saúde e segurança do trabalho do Sistema Federal de Inspeção do Trabalho entre janeiro de 2017 e setembro de 2020. Destas, 89.260 foram referentes à NR-6, verificando-se o seu descumprimento em 17.116 ações fiscais (*ibidem*, p. 29), apresentando as causas mais frequentes nestas ações, conforme quadro a seguir:

Quadro 1 — Não conformidades relativas à NR-6 mais frequentemente detectadas em ações fiscais

Descrição	Quantidade de autuações
Deixar de fornecer aos empregados, gratuitamente, equipamento de proteção individual adequado ao risco, em perfeito estado de conservação e funcionamento.	779
Deixar de exigir o uso dos equipamentos de proteção individual.	574
Deixar de registrar o fornecimento de equipamentos de proteção individual ao trabalhador em livros, e/ou fichas e/ou meio eletrônico.	150
Deixar de substituir imediatamente o equipamento de proteção individual, quando danificado ou extraviado.	102
Deixar de adquirir equipamentos de proteção individual adequados ao risco de cada atividade.	81
Deixar de orientar e treinar o trabalhador sobre o uso adequado, guarda e conservação dos equipamentos de proteção individual.	38
Deixar de providenciar a higienização e manutenção periódica dos equipamentos de proteção individual.	22
Fornecer ao trabalhador equipamento de proteção individual sem Certificado de Aprovação.	18
Colocar à venda equipamento de proteção individual sem Certificado de Aprovação ou permitir a utilização de equipamento de proteção individual sem Certificado de Aprovação.	2
Deixar de fazer constar do equipamento de proteção individual o número do lote de fabricação.	1
Comercializar equipamento de proteção individual sem a apresentação, em caracteres indeléveis e bem visíveis, do nome comercial da empresa fabricante, do lote de fabricação e do número do Certificado de Aprovação ou do nome do importador, do lote de fabricação e do número do Certificado de Aprovação.	1
Total	**1.768**

Fonte: reprodução parcial de BRASIL (2021, p. 32-33).

Apesar das três causas e do problema regulatório apresentado, verificou-se que a maior incidência de autuações fiscais se concentrava na omissão ou não conformidade de atos do empregador. Apenas o não fornecimento de EPI correspondeu a 44% das infrações apuradas, e compreendeu: a) o seu não fornecimento, b) o fornecimento de EPI inadequado ao risco, c) o seu fornecimento mediante cobrança pecuniária, e d) o fornecimento de EPI sem condições de conservação e funcionamento (BRASIL, 2021, p. 32-33). Em que pese não ser discriminado o número específico de cada uma das quatro infrações agrupadas, vê-se que todas foram relacionadas à obrigação do empregador em fornecer o EPI.

As infrações referentes apenas ao fornecimento e manutenção do EPI compreendem o não fornecimento de EPI na forma estabelecida, a não substituição quando danificado ou extraviado, a sua inadequação e a falta de higienização e manutenção periódica compreenderam 984 das 1.768 ocorrências, correspondendo a 55% das autuações relacionadas à NR-6 em 2019.

O relatório apontou que para cumprir o objetivo de "*reduzir a exposição de trabalhadores a perigos decorrentes da seleção inadequada de equipamentos de proteção individual*" (BRASIL, p. 66), um conjunto de ações foi proposta: a) a revisão da NR-6, b) a elaboração de seu manual de aplicação, c) a elaboração de guias ou fichas para seleção de EPI, d) a fiscalização e e) o plano de comunicação (*ibidem*, p. 138-139).

Diante do exposto, analisam-se as últimas alterações.

2. Principais alterações da NR-6 pelas Portarias MTP n. 2.175 de 28.7.2022 e 4.219, de 20.12.2022

Em nova redação vigente desde 20.3.2023, a NR-6 deveria, supostamente, endereçar os problemas levantados na análise de impacto regulatório. Um dos tópicos mais abordados, dentro da estratégia da revisão da NR-6, foi quanto à explicitação dos deveres dos atores na fabricação e comercialização dos EPI.

Nesse direcionamento, o novo texto alterado pela Portaria MTP n. 2.175, de 28.7.2022, definiu que o importador é a pessoa jurídica estabelecida em território nacional que importa sob seu nome ou marca e assume a responsabilidade no que concerne à comercialização, ao desempenho, à garantia e à assistência técnica pós-venda. Além disso, conceitua que o fabricante é a pessoa jurídica estabelecida em território nacional que fabrica o EPI ou o manda projetar ou fabricar, razão pela qual assume a responsabilidade pela fabricação, desempenho, garantia e assistência técnica pós-venda e comercializa o EPI sob seu nome ou marca.

Apesar das definições acima elencadas, lança-se uma primeira crítica: o termo "organização" possui significado que continua genérico porque aliado ao suposto solidarismo de responsabilidades, deixa de especificar qual seria a responsabilidade de cada um dos empregadores, *v.g.* na hipótese de terceirização, e se omite quanto à padronização de EPI diante de ambientes de trabalho compartilhados entre várias empresas prestadoras de serviço e um único tomador. Assim, ao não detalhar a ordem de responsabilidades de cada uma das empresas que se beneficiam da atividade laboral, há uma invisibilização para efeito de tomadas de ações imediatas, assim como um abismo de programas de risco entre empresas, posto que, em nenhuma NR há um estabelecimento de programas compartilhados de segurança e risco.

Felizmente, seguindo um fio condutor de uma redação mais clara, a fim de resolver lacunas pretéritas de termos importantes e respectivas responsabilidades, a nova NR-6 distingue entre o que é limpeza e o que é higienização de EPI. Dessa forma, o seu glossário observa, por um lado, que cabe à organização[(4)] (leia-se empregador/ empresa/tomador de serviço), a higienização — conceituando-a como a remoção de contaminantes que necessitam de cuidados ou procedimentos específicos, contemplando os processos de descontaminação e desinfecção, ou seja, um ato que demanda produtos e cuidados mais complexos. Por outro lado, determina ao trabalhador a responsabilidade pela limpeza, ou seja, a responsabilidade quanto à remoção de sujidades e resíduos de forma manual ou mecânica, a qual demanda a utilização de produtos de uso comum, tais como água, detergente, sabão ou sanitizante.

Destaca-se, no entanto, que a atualização do glossário da norma não alterou a responsabilidade da organização quanto à orientação da forma de limpeza, quanto ao esclarecimento em relação à sua periodicidade, quanto ao ônus financeiro da empresa a respeito do custeio do fornecimento desses produtos de limpeza (detergente, sabão, água ou sanitizante), seja no local de trabalho, seja fora dele, fruto da compreensão e sensibilidade quanto às diversidades regionais, de maior ou menor hipossuficiência financeira, técnica e social do trabalhador brasileiro. Não fosse esse o entendimento, não seria mantida a responsabilidade da organização, conforme item 6.5.1, letra "c", de fornecer ao empregado, gratuitamente, o EPI, *em perfeito estado de conservação e funcionamento* (grifos nossos), nos termos do item 6.5.1, c.[(5)]

Nesse sentido, a atualização viabilizou maior esclarecimento de responsabilidades dos que participam da cadeia de fabricação e fornecimento de EPI, inclusive os que participam dessas obrigações, tais como: as organizações que o selecionam e o próprio órgão Nacional de Saúde e Segurança do Trabalho responsável pela elaboração do formulário de emissão do CA.

Item imprescindível sobre EPI, devidamente atualizado, diz respeito quanto à validade do CA. O CA não estará mais descrito na própria norma, mas em conformidade com

---

(4) Segundo anexo da NR-1, o termo Organização corresponde a pessoa ou grupo de pessoas com suas próprias funções com responsabilidades, autoridades e relações para alcançar seus objetivos. Inclui, mas não é limitado a empregador, a tomador de serviços, a empresa, a empreendedor individual, produtor rural, companhia, corporação, firma, autoridade, parceria, organização de caridade ou instituição, ou parte ou combinação desses, seja incorporada ou não, pública ou privada.

(5) 6.5.1 Cabe à organização, quanto ao EPI: [...] c) fornecer ao empregado, gratuitamente, EPI adequado ao risco, em perfeito estado de conservação e funcionamento, nas situações previstas no subitem 1.5.5.1.2 da Norma Regulamentadora n. 1 (NR-1) – Disposições Gerais e Gerenciamento de Riscos Ocupacionais, observada a hierarquia das medidas de prevenção;

o prazo vinculado à avaliação no âmbito do SINMETRO (Portaria MTP n. 4.389. de 29.12.2022) ou, via de regra, será de 5 anos, se avaliado por meio de relatório laudo de ensaio. Logo, a nova redação prevê que o prazo da avaliação da conformidade (antes denominada RAC) definida em regulamento (Portaria MTP n. 672 de 8.11.2021, alterada pela Portaria n. 549 de 9.3.2022 do MTE) e que o INMETRO não mais avaliará EPI.(6)

Observe-se que a validade do CA e a do EPI (itens 6.9.2.1 e 6.9.2.1.1) precisam atentar para o momento da comercialização, ou seja, se no ato da comercialização estava válido ou não e, posteriormente, se as condições de armazenamento também foram seguidas para que o prazo de validade informado pelo fabricante ou importador possa ser mantido.(7) Houve vedação quanto à cessão de CA (item 6.9.4) de uma empresa para outra (fabricante ou importador) sem que se submeta ao procedimento regular para a obtenção de CA próprio, ressalvados os casos de matriz e filial.

Diante do exposto, é de extrema importância mencionar que a organização deve fornecer o EPI, considerando que a NR-6 ratifica a ordem estabelecida pela NR-1 quanto ao uso do EPI (item 6.5.1, alínea "c"), ou seja, ser gratuito, adequado ao risco, em perfeito estado de conservação e funcionamento; nas situações previstas no subitem 1.5.5.1.2 da NR-1, sempre observando a hierarquia das medidas de prevenção, após levantar e identificar os perigos e avaliar os riscos ocupacionais.

Sobre esse assunto, releva-se que há uma nova forma de registro de entrega do EPI, a partir dos itens 6.2.1.1 e 6.2.1.2, em razão de avanços tecnológicos, quer seja a modalidade de sistema eletrônico de registro, insere o controle biométrico para registro e emissão de relatórios fidedignos, coibindo fraudes de documentos. Tanto em relação à EPI descartáveis — também disciplinados pela NR-32 — como em relação aos cremes de proteção constantes nos itens 6.5.1.2 e 6.5.1.2.1, alguns requisitos foram expressamente previstos, a saber: garantir disponibilidade em embalagem original, em quantidade suficiente para cada trabalhador nos locais de trabalho e com imediato fornecimento ou reposição.

Destaca-se que o emprego de EPI, por si só, não promove evolução de proteções ao trabalhados, por isso a NR-6 também descreve que deve haver um plano de ação e que o plano de ação deve indicar as medidas de prevenção a serem introduzidas, aprimoradas ou mantidas, conforme previsto no item 1.5.4.4.5 e, nas medidas de prevenção, devem ser definidos: o cronograma, as formas de acompanhamento e a aferição de resultados, inclusive observando os EPIs empregados, registrando as implementações feitas (itens 1.5.5.3.1 e 1.5.5.3.2.1).

---

(6) As certificações de conformidade que estiverem vencendo, continuarão sendo realizadas pelo INMETRO valerão apenas até novembro de 2023, a saber: luvas hospitalares (cirúrgicas e de proteção para procedimentos), capacetes de segurança, equipamento de trabalho em altura, luva para risco elétrico, máscaras PFF2.

(7) A validade de um CA (além de outras informações do EPI) pode ser consultada em página da *internet* de livre acesso, a saber: http://caepi.mte.gov.br/internet/ConsultaCAInternet.aspx.

A nova revisão não inverte a ordem de prioridade para adoção das medidas de prevenção segundo a NR-1[8] porque a mais importante prioridade é a eliminação dos fatores de risco, posteriormente a adoção de medidas de proteção coletiva, seguida da adoção de medidas administrativas ou de organização do trabalho para minimizar e controlar os fatores de risco e, apenas ao final, quando as prioridades acima não são suficientes, a adoção de medidas de proteção individual.

Outra novidade que é incluída, diante de novas tecnologias, trata da possibilidade de disponibilização do manual de instruções do EPI em meio eletrônico (6.8.12), se não for vedado pela sua norma técnica de avaliação, que pode obrigar a exclusividade do manual em meio físico. Tais possibilidades não desmerecem que a embalagem do produto deverá conter (ou no próprio EPI), as seguintes informações elementares: a) descrição do EPI, b) materiais de composição, c) instruções de uso, d) indicação da proteção oferecida, e) restrições e as limitações do equipamento, f) meio de acesso eletrônico ao manual completo do equipamento.

Entretanto, como segunda crítica, quanto mais distante for o contato das orientações do fabricante, do distribuidor, do importador, dos técnicos de segurança e os trabalhadores, que utilizam o EPI, maiores as chances de dúvidas, adaptações e fraquezas serem identificadas, e a consequente ineficácia dos protetores sobre a saúde do trabalhador. O teletreinamento, o treinamento a distância, por mais repleto de efeitos audiovisuais que possa ter, não promove a desinibição do trabalhador e não apura os graus de deficiência cognitiva e intelectiva que são identificadas na presencialidade de aulas, notadamente, com o contato efetivo de equipamentos, máquinas e toda a complexa estrutura de um chão de fábrica.

Quantos aos treinamentos e informações em segurança e saúde no trabalho, urge relembrar que a NR-1 traz as diretrizes gerais acerca de orientações e treinamentos (tipos de treinamentos, emissão de certificados, material didático) e foram revisados. No que tange à NR-6, no entanto, observam-se as especificidades, ou seja, as orientações a serem prestadas, quando do fornecimento de EPI (6.7.2) e a realização dos treinamentos (6.7.2.1) condicionada à avaliação das características do EPI, atividades realizadas e exigências legais ou aquelas determinadas nas demais NRs.

Assim, seguindo para a terceira causa do problema regulatório identificado, falha na seleção do EPI, foi trabalhada em alguns aspectos na nova redação. O critério de seleção não poderia ser outro que não o de adequação, tal como a redação anterior. Entretanto, desta vez, o legislador pontuou que a adequação deveria considerar a atividade exercida,

(8) 1.4.1 Cabe ao empregador: [...] g) implementar medidas de prevenção, ouvidos os trabalhadores, de acordo com a seguinte ordem de prioridade: I. eliminação dos fatores de risco; II. minimização e controle dos fatores de risco, com a adoção de medidas de proteção coletiva; III. minimização e controle dos fatores de risco, com a adoção de medidas administrativas ou de organização do trabalho; e IV. adoção de medidas de proteção individual.

as medidas de prevenção em função dos peritos identificados e dos riscos ocupacionais avaliados, o disposto no ANEXO I, a eficácia necessária para o controle de exposição ao risco, as exigências estabelecidas em outras normas regulamentadoras e nos dispositivos legais afins, o conforto oferecido (segundo a avaliação do conjunto de empregados) e a compatibilidade em casos que exijam a utilização simultânea de vários EPIs, de maneira a assegurar as respectivas eficácias para proteção contra os riscos existentes.

Ainda, sob a análise de conexão entre as situações que podem ensejar o uso de EPI conforme PGR (NR-1 – item 1.5.5.1.2) merecem destaque as quatro situações exemplificadas, a saber: a) inviabilidade técnica da adoção de medidas de proteção coletiva, b) quando as medidas de proteção coletiva não forem suficientes, c) quando as medidas de proteção coletiva se encontrem em fase de estudo, planejamento ou implantação e d) quando em caráter complementar ou emergencial.

Mister relembrar que se considera eficaz o EPI que seja apto a minimizar ou controlar a exposição do trabalhador ao risco ocupacional existente em seu meio laborambiental, para níveis dentro dos parâmetros legalmente estabelecidos. Para tanto, a sua seleção deve considerar uma série de fatores, agora explicitados no item 6.5.2: i. a adequação do EPI aos riscos ocupacionais e à atividade exercida, com participação dos trabalhadores na sua escolha; ii. a adequação do tipo de EPI ao tipo de proteção propiciada, nos termos do Anexo I da norma; iii. a adaptação do EPI às condições pessoais da pessoa trabalhadora no que for possível (itens 6.5.4, 6.8.1 alínea e);(9) iv. o conforto durante o seu uso; v. a eficácia necessária para o controle da exposição; vi. a compatibilidade entre todos os equipamentos, em caso de uso simultâneo de mais de um EPI.

Portanto, a seleção do EPI deve ocorrer ainda com a participação do Serviço Especializado em Engenharia de Segurança e em Medicina do Trabalho (SESMT) e da CIPA quando existentes, sempre sendo garantida a escuta do conjunto de trabalhadores usuários do equipamento.(10) Somado à obrigatoriedade de registro da seleção do EPI, entende-se que a discreta mudança redacional, mantendo à organização (empregador) o poder de selecioná-lo, deve fazer constar as opiniões obreiras sobre o EPI.

Ainda, a seleção deve ser reavaliada nos termos do item 1.5.4.4.6 da NR-1, que trata da revisão da avaliação periódica de riscos a cada dois anos ou quando da implementação de medidas de prevenção, inovações e modificações no meio ambiente do trabalho, identificação de inconsistências das medidas de prevenção, ocorrência de acidentes ou doenças relacionadas ao trabalho, e os sistemas de gestão empregados pela organização.

---

(9) 6.5.4 A seleção do EPI deve considerar o uso de óculos de segurança de sobrepor em conjunto com lentes corretivas ou a adaptação do EPI, sem ônus para o empregado, quando for necessária a utilização de correção visual pelo empregado no desempenho de suas funções.

6.8.1 Cabe ao fabricante e ao importador de EPI: [...] e) promover, quando solicitado e se tecnicamente possível, a adaptação do EPI detentor de CA para pessoas com deficiência, preservando a sua eficácia.

(10) *Vide* item 6.5.2.2.

Nesse direcionamento, a última e recentíssima mudança promovida nesse âmbito na NR-6 veio pela Portaria MTP n. 4.219, de 20.12.2022. A Portaria tem caráter transversal, alterando dispositivos para refletir novas competências e nome da Comissão Interna de Prevenção de Acidentes e de Assédio (CIPA). Na NR-6 foram alterados os itens 6.5 e 6.5.2.2, para determinar a participação da CIPA, quando houver, na seleção do EPI pelo empregador.

Portanto, as mudanças empreendidas na NR-6, apesar das críticas expostas, parecem estar coerentes com os objetivos estabelecidos pela análise de impacto regulatório e as autuações fiscais levantadas. A harmonização entre a nova redação e as demais normas revisadas e regulamentos foi incorporada na própria estrutura da norma, que passou a organizar-se de acordo com o novo paradigma do PGR. O estabelecimento de conceitos e definição de termos firmou o padrão técnico a ser utilizado ao se tratar de EPIs, bem como explicitou as obrigações dos diversos atores envolvidos em sua produção e comercialização. Destaca-se que a proposta de harmonização da NR-6 com as demais normas revisadas e outros regulamentos esparsos[(11)] surge visando compatibilizar a utilização de EPI com o novo Programa de Gerenciamento de Riscos (PGR).

O principal problema regulatório, ratificado também pelo número de infrações fiscais apuradas, tratava da falha na seleção do EPI. Foram verificados avanços, como na explicitação dos critérios para seleção do EPI, participação da CIPA, obrigatoriedade de adaptação à pessoa trabalhadora e revisão periódica. Contudo, viram-se também pontos duvidosos, como a obrigação de limpeza do EPI pelo trabalhador sem respeitar as particularidades regionais e pessoais.

Em suma, não apenas ao campo dos EPIs se restringe o segmento das novas disposições da NR-6 que poderiam ser mais sensíveis à diminuição progressiva de riscos, por sua particular ligação com o Direito Previdenciário, especialmente quanto à aposentadoria especial e ao tempo especial, os impactos das alterações junto à Previdência Social serão abordados em seguida e mostrarão também algumas fragilidades.

3. Outros aspectos da NR-6: relações com a Previdência Social

A aplicação correta da NR-6 impacta não apenas a pessoa trabalhadora no âmbito da realização de suas atividades, mas também gera efeitos previdenciários, na medida em que a existência de riscos laborambientais no trabalho pode ser gerar condições especiais para concessão de benefícios previdenciários, através do reconhecimento do chamado tempo especial, cujo fundamento se encontra na regulamentação da aposentadoria especial.

---

(11) Como exemplo, temos: Programa de Proteção Respiratória (PPR) da FUNDACENTRO, recomendado pela Portaria n. 672 do MTPS, de 8 de novembro de 2021 e o Guia de diretrizes e parâmetros mínimos para a elaboração e a gestão do Programa de Conservação Auditiva (PCA) também elaborado pela FUNDACENTRO.

Nesse benefício, o tempo de contribuição mínimo à aposentação é reduzido, em razão da presença de agentes nocivos à saúde ou riscos à integridade física no trabalho. A regra previa a aposentação após 15, 20 ou 25 anos de tempo de contribuição em trabalhos "*em condições especiais*", enquanto a aposentadoria por tempo de contribuição exigia tempo de contribuição mínimo de 30 anos às mulheres, e 35 anos aos homens.

Entretanto, nem todos os segurados trabalhadores atingem o tempo de contribuição mínimo exclusivamente em atividades em condições especiais. Portanto, foi autorizada a conversão do tempo especial em tempo de contribuição comum, através da multiplicação daquele por um fator, resultando em maior tempo de contribuição para aqueles que tenham sido expostos a agentes nocivos em sua vida laboral.

A partir da vigência da Lei n. 9.032/1995, publicada em 29.4.1995, os EPIs tomam uma nova relevância ao Direito Previdenciário. Até então, para o reconhecimento do tempo especial era suficiente o enquadramento por categoria, no qual a função ou atividade do trabalhador deveria apenas constar em relação oficial. A redação atualizada consta na Lei n. 8.213/1991 — Plano de Benefícios da Previdência Social (PBPS), dispondo:

> Art. 57. A aposentadoria especial será devida, uma vez cumprida a carência exigida nesta Lei, ao segurado que tiver trabalhado sujeito a condições especiais que prejudiquem a saúde ou a integridade física, durante 15 (quinze), 20 (vinte) ou 25 (vinte e cinco) anos, conforme dispuser a lei.
>
> § 3º A concessão da aposentadoria especial dependerá de comprovação pelo segurado, perante o Instituto Nacional do Seguro Social–INSS, do tempo de trabalho permanente, não ocasional nem intermitente, em condições especiais que prejudiquem a saúde ou a integridade física, durante o período mínimo fixado.
>
> § 4º O segurado deverá comprovar, além do tempo de trabalho, exposição aos agentes nocivos químicos, físicos, biológicos ou associação de agentes prejudiciais à saúde ou à integridade física, pelo período equivalente ao exigido para a concessão do benefício.
>
> Art. 58. A relação dos agentes nocivos [...] será definida pelo Poder Executivo.
>
> § 1º A comprovação da efetiva exposição do segurado aos agentes nocivos será feita mediante formulário, [...] com base em laudo técnico de condições ambientais do trabalho [...].
>
> § 2º Do laudo técnico referido no parágrafo anterior deverão constar informação sobre a existência de tecnologia de proteção coletiva ou individual que diminua a intensidade do agente agressivo a limites de tolerância e recomendação sobre a sua adoção pelo estabelecimento respectivo.

A comprovação da exposição aos agentes nocivos é realizada por meio de formulários expedidos pelo empregador ou equiparado, nos quais declara o histórico laboral da pessoa trabalhadora durante a vigência de seu contrato de trabalho. Diversos elementos devem constar nesses formulários, inclusive os riscos aos quais estão apresentados e a efetividade das tecnologias de proteção utilizadas.

Atualmente, os EPIs têm um papel central nas lides sobre benefícios previdenciários, com a lógica de que, se eficazes, neutralizando a nocividade que o risco apresenta à pessoa trabalhadora, não haveria "*efetiva exposição a agente nocivo*", pois não haveria nocividade na exposição controlada. A sua relevância é tamanha que o tema é reconhecido como maior fator na judicialização das aposentadorias por tempo de contribuição (INSPER, 2020, p. 67, 103).

Para fins previdenciários, a discussão sobre a eficácia dos EPIs foi pacificada pelo Supremo Tribunal Federal no Tema com Repercussão Geral 555, no Agravo em Recurso Extraordinário 664.335, para responder sobre "*a possibilidade, ou não de o fornecimento de Equipamento de Proteção Individual – EPI, informado no Perfil Profissiográfico Previdenciário (PPP), descaracterizar o tempo de serviço especial para aposentadoria*". Duas teses foram fixadas ao final de 2014:

> I – O direito à aposentadoria especial pressupõe a efetiva exposição do trabalhador a agente nocivo à sua saúde, de modo que, se o EPI for realmente capaz de neutralizar a nocividade não haverá respaldo constitucional à aposentadoria especial;
>
> II – Na hipótese de exposição do trabalhador a ruído acima dos limites legais de tolerância, a declaração do empregador, no âmbito do Perfil Profissiográfico Previdenciário (PPP), no sentido da eficácia do Equipamento de Proteção Individual — EPI, não descaracteriza o tempo de serviço especial para aposentadoria.

A primeira tese referenda a expressão "*efetiva exposição do segurado a agentes nocivos*", indicando-a como pressuposto à concessão de aposentadoria especial e sob a lógica de que o fato gerador da aposentadoria especial não é apenas a existência do risco, mas a sua existência com potencialidade danosa, admitindo-se a possibilidade de neutralização das suas consequências pelo uso de EPIs. Portanto, o risco social cuja proteção é objeto da aposentadoria especial seria apenas o risco laboral com potencial lesivo à saúde do trabalhador.

A segunda tese cria uma exceção à regra geral de elisão do risco pelo uso de EPI para o agente nocivo ruído, pelo reconhecimento de inexistir maneira a contornar os efeitos prejudiciais do ruído no organismo. Além de ser captado pela via auditiva, o esqueleto craniano também absorve as vibrações: estresse leve e desconforto podem ser ocasionados por ruídos em níveis a partir de 55dB, e considera-se que a partir de 70dB há o início do desgaste do organismo — risco aumentado de infarto, derrame cerebral, infecções, hipertensão arterial e outras (BRASIL, 2014, p. 47).

Primeiramente, é preciso estabelecer que uma neutralização da nocividade, entendida como a redução da intensidade, concentração ou dose do agente nocivo para abaixo do limite de tolerância legal,[(12)] não substitui a sua eliminação dos processos produtivos, que é a meta prioritária (OLIVEIRA, 2011, p. 423-424).

Ademais, em termos técnicos, não é adequado se discutir a eliminação ou a neutralização de riscos ocupacionais no meio ambiente de trabalho através do uso de EPIs, visto que seus efeitos são exclusivamente na redução das consequências do acidente ou doença laboral, caso ocorra (BRASIL, 2021, p. 27-28). Portanto, a chamada "*neutralização da nocividade*" presente na decisão do STF e no Decreto n. 3.048/1999 podem ser lidos como a mitigação das consequências do evento na pessoa trabalhadora, ou ainda como o controle da exposição ao risco ocupacional.

É fundamental resgatar novamente o disposto nos itens 1.4.1, alínea g, e 1.5.5.1.2, ambos da NR-1, que estabelecem que o uso de EPI é autorizado apenas após a tentativa de eliminação e de outras medidas de proteção, condicionado ainda à impossibilidade de adotar as demais medidas preventivas ou em necessidade emergencial.

A primeira tese fixada pelo STF no Tema 555 exige a comprovação da eficácia do EPI, que deve levar em consideração todos os quesitos citados para averiguar se o EPI é "*realmente capaz de neutralizar a nocividade*", respaldando a posição doutrinária de que a mera indicação da eficácia do EPI no PPP não é suficiente para comprovar a elisão do agente nocivo (CASTRO, LAZZARI; 2021, p. 643).

A declaração de eficácia dos EPIs perdeu sua credibilidade, em razão do descumprimento reiterado dos mesmos critérios acima elencados: desde a inobservância da ordem de enfrentamento dos riscos laborais, na qual a proteção individual é a última linha de defesa, até a escolha de EPIs completamente ineficazes (OLIVEIRA, 2011, p. 424).

A nova avaliação sobre a eficácia do EPI deve recair não apenas nos critérios já existentes (adequação ao risco, à pessoa trabalhadora etc.), mas também aos novos critérios de seleção estabelecidos no item 6.5.2 da NR-6, notadamente quanto à participação dos trabalhadores, da compatibilidade entre múltiplos EPIs e a sua revisão após a ocorrência de qualquer causa que leve à reavaliação dos riscos laborambientais.

Há ainda deveres da organização sobre o EPI no item 6.5.1, como a aquisição de produtos com CA regular, orientação e treinamentos, registro de entrega, exigir o seu uso, manutenção e higienização, e a sua substituição quando danificado e extraviado. A principal alteração nesse sentido foi em reforçar que seu uso é autorizado apenas nas excepcionalidades já explicitadas, e a manutenção em perfeito estado de conservação e funcionamento.

---

(12) Decreto n. 3.048/1999, art. 64, § 1º-A, II: neutralização – a adoção de medidas de controle que reduzam a intensidade, a concentração ou a dose do agente prejudicial à saúde ao limite de tolerância previsto neste Regulamento ou, na sua ausência, na legislação trabalhista.

Nesse sentido, abre-se a possibilidade de repercutir positivamente na proteção da saúde e segurança da pessoa trabalhadora quando ocorre o reconhecimento de direitos previdenciários, na medida em que permitem explicitar as inadequações das medidas individuais de proteção ao trabalhador: pois em cada aposentação na qual houve a declaração de eficácia do EPI e ficou comprovada a exposição efetiva a riscos laborais, temos uma forte evidência que deveria retornar à empresa, levando à reavaliação dos riscos laborambientais.(13)

Mas, além da possibilidade de comprovação de sua ineficácia, o STF, em sua segunda tese, determinou que atualmente não há exposição segura a ruído em níveis superiores ao limite de tolerância, garantindo o reconhecimento da especialidade da atividade quando comprovada a mera exposição a níveis acima do patamar legal.

A decisão, nas palavras do ministro relator Luiz Fux, é provisória: "*no futuro, [...], podem ser desenvolvidos equipamentos, treinamentos e sistemas de fiscalização que garantam a eliminação dos riscos à saúde do trabalhador, de sorte que o benefício da aposentadoria especial não será devido*" (BRASIL, 2014, p. 46).

Portanto, após fixada a regra geral da necessidade de o EPI controlar a exposição ao risco ocupacional, foi aberta uma única exceção para o agente nocivo ruído, por ser este o objeto do caso concreto. A pergunta que não quer calar é: e quanto aos demais riscos ocupacionais e agentes nocivos?

Os desdobramentos da decisão do STF estão em desenvolvimento na doutrina e no judiciário, com destaque para o Incidente de Resolução de Demandas Repetitivas (IRDR) n. 15 do Tribunal Regional Federal da 4ª Região (TR-4), que visa pacificar sobre o rito probatório da eficácia dos EPI em processos judiciais. A tese vencedora do voto-vista firmou que a "*mera juntada do PPP referindo a eficácia do EPI não elide o direito do interessado em produzir prova em sentido contrário*", constituindo o PPP como uma prova relativa, devendo ser analisada a capacidade probatória dos segurados sobre a ineficácia do EPI.

No voto, o relator para o acórdão, desembargador Jorge Antônio Maurique, prevê hipóteses de desconsideração apriorística da declaração de eficácia do EPI, nos seguintes termos:

> Cumpre ainda observar que existem situações que dispensam a produção da eficácia da prova do EPI, pois mesmo que o PPP indique a adoção de EPI eficaz, essa informação deverá ser desconsiderada e o tempo considerado como especial (independentemente da produção da prova da falta de eficácia) nas seguintes hipóteses:

(13) NR-1, 1.5.4.4.6 A avaliação de riscos deve constituir um processo contínuo e ser revista a cada dois anos ou quando da ocorrência das seguintes situações: [...] c) quando identificadas inadequações, insuficiências ou ineficácias das medidas de prevenção;

a) Períodos anteriores a 3 de dezembro de 1998:

Pela ausência de exigência de controle de fornecimento e uso de EPI em período anterior a essa data, conforme se observa da IN INSS 77/2015 – Art. 279, § 6º: [...]

b) Pela reconhecida ineficácia do EPI:

b.1) Enquadramento por categoria profissional: devido à presunção da nocividade (ex. TRF/4 5004577-85.2014.4.04.7116/RS, 6ª Turma, Rel. Des. Fed. João Batista Pinto Silveira, em 13/9/2017)

b.2) Ruído: Repercussão Geral 555 (ARE 664335 / SC)

b.3) Agentes Biológicos: Item 3.1.5 do Manual da Aposentadoria Especial editado pelo INSS, 2017.

b.4) Agentes nocivos reconhecidamente cancerígenos: Memorando-Circular Conjunto n° 2/DIRSAT/DIRBEN/INSS/2015:

Exemplos: Asbesto (amianto): Item 1.9.5 do Manual da Aposentadoria Especial editado pelo INSS, 2017; Benzeno: Item 1.9.3 do Manual da Aposentadoria Especial editado pelo INSS, 2017.

b.5) Periculosidade: Tratando-se de periculosidade, tal qual a eletricidade e vigilante, não se cogita de afastamento da especialidade pelo uso de EPI.

A exceção inicial do STF em relação ao ruído foi baseada na constatação de que inexiste exposição segura se acima do limite de tolerância, não sendo possível elidir os seus efeitos nocivos. A análise detalhada de cada um desses agentes nocivos no âmbito previdenciário deve repercutir na seara laborambiental da mesma maneira destacada anteriormente: reconhecer que não há neutralização da nocividade de determinados riscos através de EPI, e exigir maior proteção das pessoas trabalhadores na empresa ou atividade econômica onde há exposição ao agente nocivo.

O debate do IRDR foi ao Superior Tribunal de Justiça através do Recurso Especial 1.828.606/RS, admitido sob o rito dos repetitivos no Tema 1.090, atual foco da discussão sobre a eficácia dos EPIs. A mais recente decisão desconheceu do Recurso Especial, por entender que, como o IRDR do TRF-4 firmou tese jurídica abstrata, não é cabível o recurso. Portanto, até o momento, mantém-se em vigência a decisão reproduzida.

A NR-6, portanto, possui profundos efeitos na seara previdenciária, com destaque não apenas durante a prestação de serviços, mas também no afastamento antecipado da pessoa trabalhadora de meios laborambientais nocivos, visando à garantia de sua saúde e segurança.

4. Conclusão

A NR-6 é frequentemente alterada, desde a sua edição original em 1978. A sua mudança estrutural de 2022 veio a cabo para, supostamente, melhor explicitar as obrigações dos envolvidos na fabricação e comercialização de EPIs, resolver falhas na sua seleção, e harmonizá-la com as revisões de outras normas e regulamentos — tudo isso com o objetivo final de aumentar o patamar protetivo das pessoas trabalhadoras.

As alterações empreendidas têm pontos positivos, como o reforço a participação dos trabalhadores na seleção do EPI e estabelecer a sua reavaliação periódica. Dois grandes destaques foram as alterações no tocante às responsabilidades do fabricante, importador e empregador quanto aos EPI, e a criação de critérios para a sua seleção, trazendo parâmetros objetivos para orientação do empregador e trabalhadores.

Entretanto, não foram explicitadas as responsabilidades específicas dos possíveis empregadores envolvidos na proteção do meio ambiente do trabalho: atrás da figura geral da "organização", na qual não há delimitação específica das obrigações de empregadores e equiparados, abre-se espaço para a sonegação da prevenção devida.

Para além dos efeitos apenas na seara laborambiental, as alterações na nova NR-6 possuem impacto nos direitos previdenciários do trabalhador, na medida em que o seu descumprimento pode levar à concessão de aposentadoria especial ou reconhecimento de tempo especial. Esse reconhecimento, por sua vez, pode servir como um "gatilho" para a reavaliação periódica dos EPIs utilizados, visto que restou comprovada a sua ineficácia para o controle da exposição ao risco.

Dessa forma, conclui-se que os sistemas de gestão de trabalho não são integralmente protegidos e observados como um todo, a partir das alterações da NR-6, afinal, como um integral espectro de observação, análise, melhoria e implantação de pleno cuidado, quanto menos EPIs forem necessários ao trabalhador, mais eficaz terá sido a redução dos riscos laborais e mais concreta será a proteção do direito à saúde do trabalhador.

Referências

BRASIL. Supremo Tribunal Federal. *Acórdão do Tema com Repercussão Geral n 555*. Agravo em Recurso Extraordinário 664.335. Instituto Nacional do Seguro Social e Antônio Fagundes. Relator: Ministro Luiz Fux. 4 de dezembro de 2014. Disponível em: https://portal.stf.jus.br/processos/detalhe.asp?incidente=4170732. Acesso em: 2 mar. 2023.

______. Tribunal Regional Federal da 4ª Região. *Acórdão de decisão que discute a eficácia dos EPIs para neutralizar agentes nocivos e não computar o período como atividade especial*. Incidente de Resolução de Demandas Repetitivas 5054341-77.2016.4.04.0000/SC. Silvionei Stahnke e Instituto Nacional do Seguro Social. Relator para o acórdão: Desembargador Federal Jorge Antônio Maurique. 22 de novembro de 2017. Disponível em: https://eproc.trf4.jus.br/eproc2trf4/controlador.php?acao=processo_selecionar&num_processo=50543417720164040000&hash=75223ec7274d4e730f5b9cbe1146ebca. Acesso em: 6 mar. 2023.

______. Ministério do Trabalho e Previdência. Secretaria de Trabalho. Subsecretaria de Inspeção do Trabalho. *Relatório da Análise de Impacto Regulatório: Norma Regulamentadora n. 6* — Equipamento de Proteção Individual. Brasília: 2021. Disponível em: https://www.gov.br/trabalho-e-previdencia/pt-br/assuntos/analise-de-impacto-regulatorio-air/relatorios-de-air. Acesso em: 4 mar. 2023.

CASTRO, Carlos Alberto Pereira de, LAZZARI, João Batista. *Manual de Direito Previdenciário*. 24. ed. Rio de Janeiro: Forense, 2021.

INSPER — INSTITUTO DE ENSINO E PESQUISA. *A judicialização de benefícios previdenciários e assistenciais*. Brasília: CNJ, 2020. Disponível em: https://www.cnj.jus.br/wp-content/uploads/2020/12/Relatorio-Final-INSPER_2020-12-01.pdf. Acesso em: 6 mar. 2023.

OLIVEIRA, Sebastião Geraldo de. *Proteção jurídica à saúde do trabalhador*. 6. ed. São Paulo: LTr, 2011.

4

Meio Ambiente Laboral e Setor Elétrico: Análise Intertemporal, Técnico-Jurídica e Estudo dos Principais Desafios Presentes no Setor

Francisco Meton Marques de Lima
Zoraíma Meneses Brandão

Introdução

O presente artigo busca traçar um panorama sobre o meio ambiente do trabalho nas atividades realizadas no setor de energia elétrica no Brasil. Trata-se de um tema complexo, pois o labor no setor elétrico é sabidamente periculoso e carece de atenção especial dos legisladores sobre a temática, sobretudo quanto à abrangência e regulamentação de medidas preventivas de acidentes no setor, bem como dos empregadores e dos empregados que atuam no ramo, que devem observar as normas que regem a matéria.

Ademais, a fiscalização quanto à correta execução das atividades também constitui fator crucial, que requer a atenção do Poder Público, no sentido de reduzir o cenário drástico de ocorrências de acidentes do trabalho no ramo, que muitas vezes culminam com a morte do trabalhador ou na sua incapacidade laboral permanente, destacando-se como causas mais comuns dos sinistros, as quedas de elevadas alturas e queimaduras que variam de grau de acordo com a quantidade de exposição à tensão elétrica.

Para tanto, o trabalho se dividirá em três etapas, das quais, a primeira discorre sobre a conceituação do meio ambiente laboral, de forma geral; a segunda trata do tema de forma específica, demonstrando o contexto histórico da atividade laboral no ramo da energia elétrica, o problema da intensa terceirização e precarização presente no setor, além de demonstrar os principais pontos técnicos da NR-10. Em seguida, apresenta-se o tema da responsabilidade civil nas atividades de risco, na qual se inserem os trabalhadores do setor. Por fim, as considerações finais buscam mapear de forma sucinta os temas apresentados, bem como os principais desafios acerca da temática apresentada.

1. Meio ambiente laboral

Ao se falar em meio ambiente do trabalho, é comum que se faça remissão ao direito ambiental, cuja base parte de questões ecológicas, com aquilo que se denominou de direitos de terceira geração, ou dimensão (para a doutrina moderna), o qual ganhou feições e características próprias com mais de um século após a Revolução Industrial, cenário em que se escancararam a debilidade e a ausência de condições minimamente dignas de labor.

Embora a Declaração Universal dos Direitos Humanos, de 1948, em seu § 1º do art. 23 já dispusesse que "*toda pessoa tem direito ao trabalho, à livre escolha de emprego, a condições justas e favoráveis de trabalho e à proteção contra o desemprego*", a consciência ambiental foi ganhando força apenas em meado do século XX, passando a ter uma maior relevância a partir da década de 1950, em virtude dos efeitos deletérios do processo desenfreado de industrialização nos países mais desenvolvidos economicamente.

Após a ocorrência de graves acidentes ambientais, como vazamentos de petróleo, explosões nucleares,[(1)] dentre outros, os Estados passaram a buscar soluções para os problemas que impactavam as nações com reflexos globais, com o entendimento de que o homem é reflexo e, ao mesmo tempo, agente das condições que o cercam, reforçando-se a questão da saúde como um direito de natureza transindividual e essencial para a manutenção dos povos.

A Declaração de Estocolmo, em 1972, representou um marco na corroboração do direito ambiental como direito fundamental, ao assinalar a seguinte convicção em seu art.1º: "*Os dois aspectos do meio ambiente humano, o natural e o artificial, são essenciais para o bem-estar do homem e para o gozo dos direitos humanos fundamentais, inclusive o direito à vida mesma*" (tradução livre).

De forma similar, no âmbito nacional, o princípio de n. 1 da Declaração do Rio de Janeiro sobre Meio Ambiente e Desenvolvimento de 1992 (ECO-92), realizada pela ONU, estabeleceu que "*Os seres humanos estão no centro das preocupações com o desenvolvimento sustentável. Têm direito a uma vida saudável e produtiva, em harmonia com a natureza*".

---

(1) A explosão do reator pertencente à usina nuclear de Chernobyl, na Ucrânia, em 1986, provocou a morte de 4 mil pessoas segundo dados da ONU, podendo ter chegado a 500.000 mil óbitos por doenças cancerígenas (ABLAS; MISAILIDIS, 2011, p. 1).

Logo, os direitos relacionados ao meio ambiente emergem como direitos de solidariedade, que têm por destinatários o próprio gênero humano, na medida em que objetivam a compreensão da necessária preservação e conservação desse meio e seus recursos naturais.

Por conseguinte, tais direitos não pretendem a imediata garantia ou segurança individual, sequer a coletiva própria dos direitos sociais, mas vão além, ao perseguirem a sobrevivência das espécies, da manutenção de patrimônios comuns à humanidade e do direito ao desenvolvimento progressivo, como extensão dos direitos humanos.

Dentre os citados, destaca-se o direito de viver em um meio ambiente sadio e ecologicamente equilibrado, cujo conteúdo é genérico e possui como destinatário o gênero humano, inserindo-o numa dimensão comunitária e solidária (SCHONARDIE, 2011, p. 21).

Tal conceito de meio ambiente ecologicamente equilibrado foi incorporado à Constituição de 1988, por meio do art. 225, de forma ampla e difusa, ao mesmo tempo em que se fixou como uma das atribuições do Sistema Único de Saúde (SUS) a proteção ao meio ambiente, nele compreendido o do trabalho (art. 200, inciso VIII).

Nas palavras do professor José Afonso da Silva, o termo ambiente indica esfera, círculo, com referência ao âmbito que nos rodeia. De certa forma, portanto, já estaria inserido o sentido do termo "meio", o qual, à primeira vista, implicaria redundância. Sem embargo, explica o doutrinador que a expressão "meio ambiente" se manifesta mais rica de sentido (como expressão de valores), do que a simples palavra "ambiente", visto que esta exprime apenas os elementos, ao passo que aquela, a real interação e confluência dos elementos que compõem um meio ambiente, de forma globalizante (2011, p. 20).

Embora o meio ambiente se trate de uma unidade, os doutrinadores clássicos, para fins meramente didáticos, classificaram-no em quatro esferas: natural, artificial, cultural e do trabalho. A primeira (natural) se relaciona diretamente com a intervenção em elementos físicos naturais (água, ar, solo, flora, fauna), a segunda (artificial) com as edificações e espaço urbano, a terceira (cultural) com o patrimônio material e imaterial da identidade cultural, histórico e afetivo de determinado local, ao passo que o último, o do trabalho, possui enfoque na saúde e segurança do trabalhador.

Dito isso, privilegiou-se o meio ambiente laboral com uma dimensão e um significado próprio, que possui um espectro antrópico correlacionado intrinsecamente à esfera particular da saúde do trabalhador, a qual merece tratamento especial, tendo em vista que o trabalho humano é o elo das condições socioeconômicas do país. Essa união de aspectos é voltada à qualidade de vida do trabalhador, levando-se em consideração a relação laboral, sem distinção ou nenhuma restrição da condição individual, ou seja, se são celetistas, prestadores de serviços, servidores públicos (FIORILLO, 2003, p. 21).

Em outras palavras, coaduna-se com o entendimento de que o meio ambiente laboral dá proteção a todo indivíduo inserido em uma cadeia produtiva, sujeito a riscos profissionais, independentemente de subordinação jurídica ou não, nos termos do art. 7º, inciso XXIII da CF/88.

Contudo, sob o ponto de vista legal, segundo a Política Nacional do Meio Ambiente (PNMA), de forma simplista, o meio ambiente é "o conjunto de condições, leis, influências e interações de ordem física, química e biológica, que permite, abriga e rege a vida em todas as suas formas" (Lei n. 6.938/81, art. 3º, I).

Guilherme Guimarães Feliciano (2013, p. 17) traz um conceito inovador e gestáltico (sistêmico) sobre o meio ambiente laboral, caracterizando-o como "conjunto de condições, leis, influências e interações de ordem física, química, biológica e psicológica que incidem sobre o homem em sua atividade laboral, esteja ou não submetido ao poder hierárquico de outrem". Segundo o jurista, tal conceito abrange duas concepções: a acepção filosófica (significando que a interpretação do objeto modifica ou condiciona a própria experiência com o objeto e acepção fenomênica (o meio ambiente não deve ser tomado como soma de elementos a isolar, analisar e dissecar, mas como sistema constituído por "unidades autônomas, manifestando uma solidariedade interna e possuindo leis próprias, donde resulta que o modo de ser de cada elemento depende da estrutura do conjunto e das leis que o regem, não podendo nenhum dos elementos preexistir ao conjunto".

O termo "trabalho decente", que por certo abrange um meio ambiente laboral sadio, está presente no objetivo de n. 8 da Agenda 2030 da ONU,[(2)] firmado em Nova York no ano de 2015, em que se constata também uma preocupação internacional constante com as condições em que o trabalho é desenvolvido e suas respectivas influências nos seres humanos e na economia, constituindo tema primordial para o desenvolvimento sustentável dos povos e nações.

Portanto, o meio ambiente do trabalho está intimamente conectado ao meio ambiente geral, razão pela qual se conclui que inexiste a possibilidade de haver qualidade de vida, sem que haja a qualidade no trabalho, tampouco se pode alcançar o meio ambiente equilibrado, previsto na Constituição (art. 225), ignorando-se ou minimizando o meio ambiente de trabalho, com natureza de direito fundamental.

Porém, registra-se que o meio ambiente do trabalho, em si, ainda se trata de produção científica recente, a qual está ganhando contornos jurídicos, definições e princípios próprios. Esse novo paradigma, por certo, indicará que, em um tempo breve, estaremos a lidar com a disciplina do Direito Ambiental do Trabalho, marcada por uma

(2) Objetivo 8. "Promover o crescimento econômico sustentado, inclusivo e sustentável, emprego pleno e produtivo e trabalho decente para todos" (ORGANIZAÇÃO DAS NAÇÕES UNIDAS. *Agenda 2030*. Nova York, 2015).

interdisciplinaridade com questões ambientais e trabalhistas, além de diversas áreas que dialogam com a matéria, que possui normatização abrangente, com normas de caráter internacional, infraconstitucional e infralegal.

Marques de Lima (2007, p. 688) destaca que há flagrante interdependência entre o meio ambiente do trabalho, a segurança e saúde no trabalho, o Direito do Trabalho, os direitos sociais, os direitos fundamentais e o próprio Direito Constitucional. Acrescenta o jurista, de forma precisa, que o "Direito Ambiental (aqui incluído o do trabalho) enquadra-se nos direitos fundamentais de terceira geração, mas de primeira preocupação".

E o Poder Judiciário, diante do caráter multifacetário e interdependente das questões ambientais, deve ficar atento para a correta solução dos conflitos, que vai além do direito tradicional (LEITE, AYALA E SILVEIRA, 2016, p. 237).

O estudo sistêmico do meio ambiente do trabalho abandona a noção de homem como apenas um organismo vivo, capaz de atuar como se máquina fosse, tal como visto nos idos da Revolução Industrial, para alcançar a dimensão holística do trabalhador, um ser humano dotado de sentimentos, inspirações, aptidões, que se encontra em constante simbiose do meio físico com o mental.

Além das balizas constitucionais acerca do meio ambiente do trabalho (arts. 200 e 225 da CF), da Lei n. 6.938/81 (Politica Nacional do Meio Ambiente), do capítulo de Segurança e Medicina do Trabalho na CLT (arts. 154 a 200), há no Brasil uma extensa e complexa legislação ambiental de proteção ao trabalhador, configurada nas NRs (Normas Regulamentadoras) que visam estabelecer padrões de segurança mínima de saúde e segurança do trabalho, as quais são construídas em comissões tripartites, com representantes do governo, de empregados e empregadores, estando-as sob processo contínuo de atualização, sob direção do atual Ministério do Trabalho e Previdência.

No entanto, essas Normas também sucumbiram ao movimento de flexibilização decorrente da onda neoliberal que vem ganhando força nas duas últimas décadas, no intuito de "afrouxar" os requisitos de segurança e diminuir os custos dos empresários, com a tentativa de aumento dos postos de trabalho e aceleração da economia, ainda não concretizados.

Partindo desses pressupostos, deveriam ser considerados, bem como efetivados, diversos aspectos que colaboram para a saúde e dignidade do trabalhador (principiologia, conceituação, fiscalização, cumprimento de normas), além de um hígido ambiente que o cerca, que seria o ponto de partida mínimo para o início de toda e qualquer relação laboral.

Todavia, a realidade ainda demonstra que estamos engatinhando no aspecto, pois além do número alarmante de acidentes de trabalho, a cultura organizacional das empresas, apesar de usarem atualmente o termo "colaborador" para criar a sensação (utópica) de pertencimento na empresa e ocultar a subordinação existente na relação de emprego, cada vez mais exige esforços inalcançáveis, que acabam por minar a identidade individual e social do trabalhador.

Destarte, quando o acidente do trabalho acontece, é sinal de que toda a proteção legal falhou, visto que a simples existência da legislação não é capaz de assegurar a prevenção, pois depende de fatores outros, especialmente a fiscalização de cumprimento das regras de higiene e segurança do trabalho, constituindo-se em uma área que está em constante interdisciplinaridade com a medicina, com a engenharia e outros campos conexos.

Portanto, a eficácia irradiante do direito fundamental ao meio ambiente equilibrado deve ser linha mestra de todas as normas sobre saúde, segurança, higiene e medicina do trabalho. A proteção constitucional ambiental exige a aplicação de um regime de normas amplo, de forma sistemática, mediante diálogo entre os diferentes ramos do direito e áreas interdisciplinares, por meio do qual o direito à saúde do trabalhador signifique verdadeiramente um direito de não ser exposto ao risco, não o direito de ser indenizado.

Destarte, deve ser sempre relembrada a noção de que o trabalho é uma forma de prosperidade, de emancipação e de ampliação dos horizontes daqueles que o exercem, o qual só é plenamente alcançado mediante um meio ambiente laboral em que se privilegia a dignidade humana, pensamento que deve permear a diretriz de uma sociedade melhor, à luz dos conceitos ora estudados.

2. NR-10

2.1. Considerações intertemporais e dados estatísticos de acidentalidade no setor elétrico

Em razão do passado colonialista e de uma economia predominantemente agrícola, baseada no cultivo do café e da cana-de-açúcar, o desenvolvimento do setor elétrico no Brasil ganhou força somente com a sua industrialização tardia, no início dos anos 50 até meados da década de 70, sendo parte de um plano ambicioso de desenvolvimento econômico do governo federal, com altos fluxos de investimentos na área de infraestrutura do país.[3]

(3) Entre 1952 e 1962, aprovaram-se 141 operações de crédito (financiamentos e avais) para projetos do setor elétrico; elas representaram, em média, 32% das aprovações totais em moeda. Nesse período, a capacidade instalada de geração no país atingia 5.729,3 MW, dos quais 1.475,1 MW (25,7%) haviam contado com apoio do BNDES. Dentre os principais projetos contratados até o final de 1962, destacavam-se as hidrelétricas de Rio Bonito (ES), Funil (BA), Salto Grande do Santo Antônio (MG), Paulo Afonso II (AL/BA), Lavrinhas (GO), Maurício (MG), Tronqueiras (MG), Euclides da Cunha (SP), Três Marias (MG), Cachoeira Dourada (GO), Peixoto (MG), Jacuí I (RS), Jurumirim (SP) e Cubatão Subterrânea (SP); as termelétricas de Sobral (CE), Charqueadas (RS) e Piratininga (SP); as redes de distribuição nos municípios de Lagoa Santa (MG), Mossoró (RN), Itabaiana (SE), Estância (BA),

A ausência de uma legislação ambiental possibilitou que grandes áreas fossem inundadas para a criação de barragens para as usinas hidrelétricas, ajudando a fomentar a expansão do setor elétrico. A patente ausência de fiscalização das obras suntuosas do referido período, denominado historicamente de "milagre econômico", produziram a falsa sensação de que tal liberalidade se constituía como fator imprescindível para o crescimento da economia do país, com o aparente aumento da eficiência no setor.

Contudo, na década de 70, a questão relativa aos acidentes de trabalho assumiu grande importância, política, social, econômica e administrativa, na medida em que muitos esforços tiveram de ser envidados no sentido de proporcionar melhor segurança e qualidade de vida aos trabalhadores, inclusive do setor elétrico, através da conscientização e da adoção de medidas legislativas e punitivas, além da criação das Comissões Internas de Prevenção de Acidentes do Trabalho – CIPA de maneira legal e obrigatória.

Nesse contexto, a NR-10, que trata da segurança em instalações e serviços em eletricidade, foi elaborada juntamente com outras Normas Regulamentadoras(4), no ano de 1978 (Portaria MTb n. 3.214), momento no qual o país vivenciava as consequências iniciais de um forte processo de industrialização, em meio a um regime ditatorial, recebendo o título nada honroso de país "campeão mundial de acidente do trabalho".(5) Desde a sua publicação, a NR-10 passou por quatro processos de alteração, sendo duas amplas revisões e duas alterações pontuais, datando-se a última no ano de 2019 (Portaria SEPRT n. 915, de 30.7.2019).

Como visto, a finalidade precípua das Normas Regulamentadoras consiste em oferecer suporte e direcionamento geral no resguardo de um meio ambiente laboral seguro, por meio de disposições técnicas para, a partir daí, pormenorizar as especificidades nas diversas áreas que demandam uma atenção maior quanto aos riscos da respectiva atividade exercida.

Em razão da sua própria natureza, as atividades no setor de geração e transmissão de energias elétricas são consideradas potencialmente perigosas, uma vez que há a presença constante do risco, em estado latente, capaz de prejudicar tanto a vida do indivíduo que nele labora, mas também provocando grandes calamidades. Nesse sentido,

---

Massapé (CE), Aracaju (SE) e São Joaquim (SC); e diversas linhas de transmissão, em várias tensões, com extensão total de 6.363,5 quilômetros, em vários municípios. Em síntese, o período que se estendeu de 1946 (pós-guerra) a 1962 (criação da Eletrobrás) foi marcado por uma alteração profunda no modelo brasileiro de desenvolvimento econômico, modelo que passou a privilegiar a participação do Estado em funções produtivas. (BNDES, 2002).

(4) 6 Art. 1º Aprovar as Normas Regulamentadoras — NR — do Capítulo V, Título II, da Consolidação das Leis do Trabalho, relativas à Segurança e Medicina do Trabalho.

(5) No Brasil podemos fixar por volta de 1930 a nossa revolução industrial e, embora tivéssemos já a experiência de outros países, em menor escala, é bem verdade, atravessamos os mesmos percalços, o que fez com que se falasse, em 1970, que o Brasil era o campeão mundial de acidente do trabalho (MICHEL, 2000, p. 27).

grande parte dos trabalhadores que atuam no setor recebe o adicional de periculosidade,[6] inicialmente previsto na Lei n. 7.369/85, atualmente em vigor com a redação da Lei n. 12.740/12.[7]

Para a percepção do adicional de periculosidade, a lei exige exposição permanente às condições de risco. Por exposição permanente, entenda-se a rotineira ou intermitente, não necessariamente durante toda a jornada ou todo dia, mas que faça parte da rotina do trabalhador.

A Súmula n. 361/TST, que trata de eletricitários, contrariando o Decreto n. 93.422, entende que é devido adicional de periculosidade integral, ainda que o trabalho seja intermitente, porque a própria Lei n. 7.369/85 não previu inicialmente de se estabelecer proporcionalidade, até porque a intermitência, embora implique uma diminuição da probabilidade do sinistro, de forma alguma implica diminuição da gravidade do risco, sobretudo, o de morte (MARQUES DE LIMA, 2019, p. 289).

Consoante a Constituição de 1988, que implementou de vez a ordem democrática no país, o Estado, em todas as suas esferas, está obrigado a propor políticas públicas, as quais devem ser articuladas com os incisos do art. 170, especialmente a redução das desigualdades regionais e a busca do pleno emprego, garantindo a livre-iniciativa de uma forma sadia e dirigente. Isso porque cabe ao Estado orientar o processo econômico nacional e conformar novas estruturas micro e macroeconômicas regionais e nacionais, com o fito de induzir o desenvolvimento, além de assegurar a efetiva execução de processos administrativos que aperfeiçoem e facilitem o funcionamento econômico, reduzindo as desigualdades e garantido a justiça social preconizada na Constituição.[8]

Nesse cenário, o trabalho ocupa uma posição de centralidade de toda a vida social. Constitui o caule de toda a árvore social, uma das duas colunas da Ordem Econômica, fundamento dos direitos humanos, fonte de sobrevivência e equilíbrio espiritual dos humanos.

---

(6) De acordo com o Anexo IV da NR 16 possuem direito ao adicional de periculosidade os seguintes trabalhadores: a) que executam atividades ou operações em instalações ou equipamentos elétricos energizados em alta tensão; b) que realizam atividades ou operações com trabalho em proximidade, conforme estabelece a NR-10; c) que realizam atividades ou operações em instalações ou equipamentos elétricos energizados em baixa tensão no Sistema Elétrico de Consumo — SEC, no caso de descumprimento do item 10.2.8 e seus subitens da NR-10 — Segurança em Instalações e Serviços em Eletricidade; d) das empresas que operam em instalações ou equipamentos integrantes do sistema elétrico de potência – SEP, bem como suas contratadas, em conformidade com as atividades e respectivas áreas de risco descritas no quadro I deste anexo.

(7) Art. 193 da CLT. São consideradas atividades ou operações perigosas, na forma da regulamentação aprovada pelo Ministério do Trabalho e Emprego, aquelas que, por sua natureza ou métodos de trabalho, impliquem risco acentuado em virtude de exposição permanente do trabalhador: (I – inflamáveis, explosivos ou *energia elétrica*).

(8) Art. 170. A ordem econômica, fundada na valorização do trabalho humano e na livre iniciativa, tem por fim assegurar a todos existência digna, conforme os ditames da justiça social (...).

Ademais, ao consagrar a dignidade da pessoa humana, como fundamento do Estado Democrático de Direito (CR/1988, art. 1º, IV), a Constituição imputou ao Estado a função de promover a proteção do ser humano como um fim em si mesmo e centro convergente de direitos, razão pela qual, a dignidade da pessoa humana do trabalhador constitui o eixo nuclear do direito fundamental ao trabalho, de modo que valorize e tutele a pessoa do trabalhador, e não apenas o trabalho como elemento acessório e inerente ao campo econômico.

Sob tal perspectiva, o direito fundamental ao trabalho pressupõe um direito ao trabalho digno, afetado pelo conjunto e garantias indisponíveis que lhe resguardam o valor social e a dignidade da pessoa humana, condição indispensável para a construção da identidade social do trabalhador (AMORIM, 2023, p. 30).

Entretanto, em que pesem tais mandamentos constitucionais, o setor elétrico foi um dos mais afetados pela onda de privatizações, influenciada pelo avanço do movimento que a doutrina denominou de neoliberalismo, iniciada com a era Reagan-Thatcher, que pregava como norte o absenteísmo estatal no campo social e a autonomia do mercado na regulação das relações econômicas.

Esse movimento neoliberal, que ganhou força no final da década de 1980 e início dos anos 90, culminou com a crise do Estado de Bem-estar Social e intensificou as reformas quanto ao enxugamento da máquina pública e, por via de consequência, das privatizações de setores estratégicos e de grande interesse público, como o elétrico.

Nesse toar, Camisassa (2022, p. 241) pontua que a referida privatização nas atividades de energia elétrica foi acompanhada não somente da introdução de avanços tecnológicos e de novos materiais na execução dos serviços, mas também de intensas alterações nos processos e na forma de organização do trabalho nesse ramo, com a terceirização dos serviços[9] e a consecutiva precarização das condições de segurança e saúde do trabalho, que ocasionou o aumento significativo dos índices de acidentes no setor energético.

A terceirização, que antes se restringia à atividade-meio, foi amplamente legalizada por meio da Lei n. 13.429/17, alterando o cenário também para as atividades-fim da empresa, de forma irrestrita. Um meio ambiente laboral terceirizado é bem mais suscetível a abusos de poder pelos gestores, por meio de cobrança de produtividades abusivas, além do enfraquecimento dos suportes técnicos necessários para a consecução das atividades laborais, em virtude da redução dos custos operacionais. Ou seja, a liberação irrestrita da terceirização implica a legitimação do uso predatório da força de trabalho,

(9) Segundo o Instituto Acende Brasil (2012), a terceirização tem sido adotada há muito tempo no Setor Elétrico Brasileiro. Atualmente, cerca de metade da força de trabalho no setor é empregada por empresas prestadoras de serviços. A terceirização intensificou-se a partir da segunda metade da década de noventa até meados da década passada, quando passou a apresentar uma tendência de estabilização.

desrespeitando os limites físicos e psíquicos dos trabalhadores e, por consequência o seu direito à vida em plenitude.

E, em que pese não sermos mais o líder mundial como na década de 1970, o Brasil continua a registrar números alarmantes de acidentes de trabalho, com impactos deletérios para a toda a sociedade, como bem destacado por Feliciano e Moraes (2021, p. 79):

> Vê-se, pois, diante dos dados notificados, que convivemos com a média de *um acidente de trabalho a cada 49 segundos*. Dentre estes, 17.315 (dezessete mil, trezentos e quinze) acidentes resultaram em óbito, configurando *uma morte decorrente de acidente de trabalho a cada 3 horas, 43m e 42s*. Vê-se, ainda, o quão falaciosos são os argumentos de redução dos custos de produção como justificativa para a redução do arcabouço normativo de proteção da saúde e da segurança do trabalhador: as externalidades econômicas negativas, em função de acidentes de trabalho e doenças ocupacionais que não foram oportunamente impedidos, giram na monta de R$ 83.126.000,00 com pagamento de benefícios acidentários. A Organização Internacional do Trabalho estima que acidentes e doenças de trabalho consomem cerca de 4% do Produto Interno Bruto de cada país anualmente, o que significa, no Brasil, algo em torno de 272.000.000.000 (duzentos e setenta e dois bilhões de reais), considerando o PIB de 2018 (cerca de 6,8 trilhões). Se a empresa não paga, o Estado paga. Isso sinaliza para um ciclo econômico virtuoso? (grifos originais)

Sebastião Geraldo de Oliveira (2021, p. 35) destaca que é provável existir ainda uma grande subnotificação no aspecto, aqui incluído o setor elétrico, alvo de preocupação das entidades de classe, já que o número de acidentes do trabalho e de doenças ocupacionais reconhecidas aumentou bastante nos últimos anos, especialmente em razão do aperfeiçoamento da análise dos fatores causais da relação trabalho-doença.

A esse respeito, Raimundo Simão de Melo (2013, p. 73), muito antes da edição da Reforma Trabalhista, relatava que entre as causas da inadequação do meio ambiente do trabalho e do alto índice da ocorrência de acidentes no país, destacam-se a falta de investimentos pelas empresas na prevenção de acidentes, além da própria cultura de não priorizar a saúde e segurança do trabalhador; a ineficiência de políticas públicas que assegurem a efetiva fiscalização e controle dos ambientes de trabalho e; por derradeiro e essencial; a precariedade das condições de trabalho por conta de práticas equivocadas de flexibilização do Direito do Trabalho.

Sem adentrar em pormenores quanto a questões econômicas, técnicas e administrativas que envolvem o processo de privatização no setor elétrico, comandado por investimentos prioritariamente estrangeiros, que fogem ao objeto do presente estudo, no que tange ao campo do meio ambiente do trabalho e dos trabalhadores que atuam em tal atividade, em Nota Técnica elaborada em maio 2017, estudos do DIEESE (Departamento Intersindical de Estatística e Estudos Socioeconômicos) já apontavam sobre as consequências nefastas da terceirização no referido setor, já sabidamente de alto risco e periculosidade, acentuando o incremento de tais riscos para os trabalhadores (2017):

> A terceirização da mão de obra, praticamente inexistente no setor até a primeira metade da década de 1990, é a principal marca do processo de privatização. Algumas empresas do setor chegam a operar com cerca de 80% da força de trabalho terceirizada. A terceirização no setor tem como principal característica a precarização das condições de trabalho. A incidência, bem como o número de acidentes graves e fatais com terceirizados, é muito superior aos do quadro próprio.
>
> O crescimento da terceirização no setor ocorreu numa trajetória de redução do emprego formal. De acordo com os dados da Rais (Relação Anual de Informações Sociais), antes da privatização (1994), o setor empregava 185 mil trabalhadores. Este número foi sendo reduzido ao longo da segunda metade da década de 1990, estabilizando-se somente em 2001, quando o total de trabalhadores empregados atingiu um efetivo de 98 mil. Isto é, num intervalo de apenas sete anos, foram eliminados perto de 90 mil empregos formais no setor elétrico (-47%). A partir de 2002, começou uma inversão desta tendência, com o crescimento contínuo do emprego no segmento, porém, em ritmo lento, o que não foi suficiente para repor os postos fechados entre 1994 e 2001. Consequentemente, observou-se queda de 31% do emprego entre 1994 e 2015. No mesmo período, o emprego total no país registrou avanço de 103%.

A terceirização estabeleceu diferenças de vínculo de emprego e diferente representação sindical para a mesma categoria, já que é uma atividade tradicional do setor elétrico, de manutenção de rede de distribuição, que teve como consequência a desigualdade de direitos para o trabalhador, sobretudo para o acidentado, sem a devida proteção social no aspecto, além dos já conhecidos prejuízos dos terceirizados em relação às questões salariais e demais benefícios concedidos aos trabalhadores do quadro próprio, diretamente contratados pelos empregradores no setor.

Segundo Silva (2003), os cenários que apresentam acidentes mais comuns em atividades do ramo elétrico são aqueles em que há contato direto do trabalhador com linha energizada ou com equipamentos energizados (não só profissionais eletricistas, como também trabalhadores de telecomunicações, cortadores de árvore etc.); contato de veículos com linha energizada; equipamentos instalados de forma incorreta ou danificado e contato com equipamento condutor energizado.

E, de acordo com o anuário estatístico mais recente da Associação Brasileira de Conscientização para os Perigos da Eletricidade (Abracopel) (2023, p. 15), ao se analisarem os riscos da atividade elétrica em si, sobressaem-se três principais causas de acidentes de origem elétrica no país: choques elétricos; incêndios por sobrecargas da instalação elétricas e acidentes com raios (descargas atmosféricas).

A Região Nordeste continua liderando o *ranking* de acidentes fatais com choque elétrico, tendo como prováveis hipóteses a precariedade da contratação de empresas especializadas e profissionais com pouca capacidade e qualificação, consoante gráfico abaixo (ABRACOPEL, 2023, p. 20):

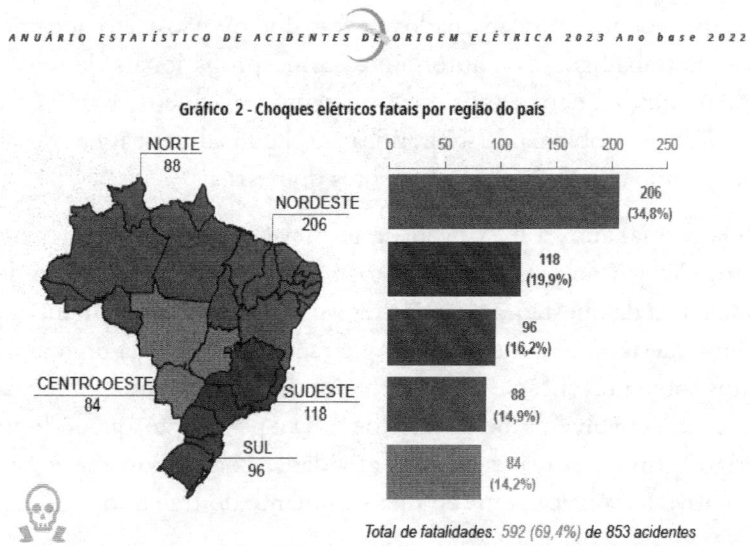

Ademais, ao se estabelecer a acidentalidade com energia elétrica à profissão exercida, no ano de 2022, o referido levantamento destaca que o problema alcança todos os estratos da população, independentemente da profissão, porém chama a atenção o número significativo de acidentes com profissionais da área de eletricidade. Foram registrados 69 acidentes com 40 mortes de profissionais que, na teoria, deveriam conhecer os riscos elétricos, nos termos da Norma Regulamentadora 10 (NR-10) e que, portanto, deveriam seguir as regras de análise prévia do risco, procedimentos de segurança, uso de equipamentos e produtos adequados e de qualidade, bem como as boas práticas da segurança, escancarando-se assim a periculosidade que permeia o labor dos serviços realizados no setor, com o iminente risco de perigo à vida na consecução das atividades (ABRACOPEL, 2023, p. 34).

O referido anuário destaca ainda o fato de que os acidentes com eletricidade atingem não apenas aqueles trabalhadores que laboram diretamente no setor elétrico, como também, principalmente, os da construção civil, por se tratar de atividade intrinsecamente ligada, realizada conjuntamente com a instalação de redes elétricas.

Ademais, o levantamento estatístico revela que os acidentes vêm crescendo sobremaneira com a categoria dos motoristas de caminhões, sobretudo dos que trabalham em veículos com caçamba elevatória e, ao levantarem esta, por vezes, acabam tocando na rede elétrica, com a consequente energização de todo o caminhão e aumentos dos riscos por choques elétricos (ABRACOPEL, 2023, p. 34).

Por sua vez, dados da Agência Nacional de Energia Elétrica (ANEEL) revelam que, no período de 2019 a 2022, ocorreram 3.332 mortes em atividades próximas à rede elétrica, sendo 24 casos de Acidentes do Trabalho (AT) de funcionários próprios (empregados), 95 casos de funcionários de prestadora de serviço (terceirizados), um percentual praticamente quadruplicado em relação ao primeiro, e 806 acidentes em geral com evento morte, que podem ser relacionados ao trabalho ou não, visto que envolvem vários outros grupos de trabalhadores e autônomos, como profissionais de telecomunicações, operadores de máquinas, nem sempre se catalogando o acidente como de trabalho, nos termos da lei, além do problema da subnotificação citado alhures, agravado pela pandemia Covid-19, bem como a ocorrência de acidentes domésticos.

De toda forma, após a exposição deste breve panorama da cadeia de acidentalidade do setor elétrico no país, ainda que os números pesquisados não demonstrem a total realidade fática da questão, a situação registrada já é suficientemente alarmante e se configura como questão de saúde pública, que requer a demanda de maior expansão de conhecimentos sobre prevenção e gerenciamento dos riscos, tanto em relação aos profissionais diretamente envolvidos, bem como de toda a população, que indiretamente pode estar em perigo quando da realização das atividades correlacionadas à energia elétrica, que urge de efetiva fiscalização em seu meio ambiente do trabalho.

Assim, passa-se a avaliar os principais comandos técnicos da NR-10, com o estudo dos pontos cruciais que possam favorecer a prevenção dos riscos no setor elétrico, em meio a um cenário de acelerado movimento de precarização das condições dos trabalhadores que atuam em tal setor ou em atividades a ele correlatas.

2.2. Principais notas técnicas e políticas de prevenção

As primeiras disposições da NR-10 faziam referência à regulamentação dos arts. 179 a 181 da CLT, integrantes do Capítulo V, destinado à Segurança e Medicina do Trabalho, que tratam de forma sucinta sobre a matéria, esclarecendo que a norma se aplica às fases de geração, transmissão, distribuição e consumo da energia elétrica, com enfoque na imprescindibilidade da qualificação do empregado que manuseia instalações elétricas, seja por meio de instalações, reparos ou inspeções, além de usar a expressão branda "familiarizado"[10] quanto à necessidade de conhecimentos de primeiros socorros, em caso de primeiros socorros.

---

(10) Art. 181, CLT – Os que trabalharem em serviços de eletricidade ou instalações elétricas devem estar familiarizados com os métodos de socorro a acidentados por choque elétrico.

Ora, um dos princípios básicos em matéria laborambiental diz respeito ao princípio da informação e capacitação do trabalhador, relacionado à obrigatoriedade do empregador em fornecer um treinamento adequado e eficaz em matérias acerca dos riscos inerentes à função desempenhada, de forma a minimizar o evento e as consequências de um possível acidente do trabalho. Tal princípio educativo possui como fonte de origem previsões em Convenções Internacionais da OIT, ratificadas pelo Brasil, além constar expressamente no § 3º do art. 19 da Lei n. 8.213/91.(11)

Assim, após as profundas modificações de aparelhamento do setor elétrico no país, alvo de privatizações e do fenômeno da terceirização, no final da década de 1990 e início dos anos 2000, como visto no tópico anterior, restou necessário um maior detalhamento e regulamentação da matéria, iniciado no ano de 2004 (Portaria MTb n. 598).

De início, destaca-se que o item 10.1.2 da NR-10 estabelece que a norma se aplica também aos trabalhos realizados nas proximidades das instalações elétricas, evidenciando que o risco pode ser maior ou menor ao se averiguar a distância do trabalhador em relação ao ponto energizado, de forma que, quanto maior a tensão nominal (quantidade de kv), maior é o raio de delimitação da zona de risco e da zona controlada(12) (CAMISASSA, 2022, p. 245).

> O labor com eletricidade, mesmo que de natureza não elétrica (construção civil e trabalhadores de telefonia nos termos da OJ n. 347 da SDI-I/TST, por exemplo), mas em proximidade ao Sistema Elétrico de Potência, deve ser realizado com Análise Prévia de Riscos (APR), incluindo os elétricos. Tal recomendação consta na NR-10 e em normas técnicas da ABNT NBR, tais como a 16384:2020, que trata de Segurança em Eletricidade (recomendações e orientações para trabalho seguro em eletricidade) e NBR 5419 (proteção contra descargas atmosféricas).

Nesse toar, o item 10.2 da NR-10 evidencia a importância de outro princípio basilar ambiental, o da prevenção, ao estabelecer que "devem ser adotadas medidas preventivas de controle do risco elétrico e de outros riscos adicionais, mediante técnicas de análise de risco, de forma a garantir a segurança e a saúde no trabalho", em clara interseção com a NR-9, que trata do Programa de Prevenção de Riscos Ambientais (PPRA).

(11) Art. 19, § 3º, Lei n. 8.8213/91 – É dever da empresa prestar informações pormenorizadas sobre os riscos da operação a executar e do produto a manipular.

(12) Segundo o Glossário da NR-10, a Zona de Risco é o entorno de parte condutora energizada, não segregada, acessível inclusive acidentalmente, de dimensões estabelecidas de acordo com o nível de tensão, cuja aproximação só é permitida a profissionais autorizados e com a adoção de técnicas e instrumentos apropriados de trabalho. A Zona Controlada constitui o entorno de parte condutora energizada, não segregada, acessível, de dimensões estabelecidas de acordo com o nível de tensão, cuja aproximação só é permitida a profissionais autorizados. Disponível em :https://www.gov.br/trabalho-e-previdencia/pt-br/acesso-a-informacao/participacao-social/conselhos-e-orgaos-colegiados/ctpp/arquivos/normas-regulamentadoras/nr-10.pdf. Acesso em: 27abr. 2023.

Para tanto, no referido item, a NR estabelece uma série de medidas de segurança e de controles de risco,(13) entendendo-se este como a capacidade de uma grandeza com potencial para causar lesões ou danos à saúde e a segurança das pessoas.

Dentre tais medidas, destacam-se a obrigação de manutenção de esquemas unifilares (demonstrações gráficas simplificadas) das instalações elétricas dos estabelecimentos (item 10.2.3), de modo a permitir a realização de um trabalho seguro e identificar locais potencialmente perigosos, bem como a obrigação do Prontuário de Instalações Elétricas para estabelecimento com carga instalada superior a 75 kW (itens 12.2.4 a 10.2.7). Tal Prontuário é um documento mais complexo do que o esquema unifilar, a ser elaborado por profissional legalmente habilitado, em razão da média-alta tensão presente em tais locais, o que requer um maior detalhamento da documentação de segurança do trabalho, com o enfoque na qualidade/certificação dos EPI's e treinamentos realizados pelos trabalhadores.

Outros pontos relevantes da norma técnica dizem respeito às medidas de proteção coletiva, em que se prioriza a desenergização elétrica do ambiente em caso de risco potencial e, na impossibilidade, a utilização de medidas de proteção (exemplos: isolação das partes vivas, obstáculos, barreiras, sinalização), inferindo-se ainda do texto normativo que os Equipamentos de Proteção Individual (EPI's) encontram-se em posição terciária de proteção e segurança ao trabalhador na atividade elétrica, já que o risco pode causar a acidentalidade, mesmo com o uso de tais equipamentos.(14)

Sem pretender esgotar todas as especificações técnicas estabelecidas pela NR, por fim, pontua-se a importância (e obrigatoriedade) de o empregador realizar treinamentos específicos de capacitação e reciclagem na área, para manter atualizado o conhecimento dos trabalhadores em relação aos riscos decorrentes do uso da energia elétrica e as respectivas medidas de prevenção e proteção, além do domínio do uso da técnica dos primeiros socorros(15) e interseção com as disposições estabelecidas em NRs conexas a tal atividade, tal como a NR-35, que regula o trabalho em altura.

Contudo, a realidade demonstra que, na maioria das vezes, o meio ambiente laboral desses trabalhadores não atende a requisitos básicos de segurança, com falhas que já

(13) Nos termos do Manual de Auxílio na Interpretação e Aplicação da NR-10, a análise de risco é um método sistemático de exame e avaliação de todas as etapas e elementos de um determinado trabalho para desenvolver e racionalizar toda a sequencia de operações que o trabalhador executa; identificar os riscos potenciais de acidentes físicos e materiais; identificar e corrigir problemas operacionais e implementar a maneira correta para execução de cada etapa do trabalho com segurança (PEREIRA; SOUSA, 2010, p. 14).

(14) NR-10, item 10.2.9.1. Nos trabalhos em instalações elétricas, quando as medidas de proteção coletiva forem tecnicamente inviáveis ou insuficientes para controlar os riscos, devem ser adotados equipamentos de proteção individual específicos e adequados às atividades desenvolvidas, em atendimento ao disposto na NR-6.

(15) NR-10, item 10.12.2. Os trabalhadores autorizados devem estar aptos a executar o resgate e prestar primeiros socorros a acidentados, especialmente por meio de reanimação cardiorrespiratória.

se iniciam no gerenciamento organizacional, sequer constando no PPRA das maiorias das empresas o risco potencial de acidente com eletricidade, artifício utilizado como forma dos responsáveis se eximirem de sua responsabilidade legal.

Não se pode esquecer ainda que, na última gestão presidencial (2018-2022), as NRs passaram por profundas modificações, com o intuito de mudar a essência da proteção ao meio ambiente do trabalho e enfraquecer as normas de segurança e higiene ocupacional, numa tentativa de repassar ao empregador a aferição dos riscos no ambiente laboral, tendo como base normas internacionais, que não se aplicam à trágica situação fática do Brasil, em matéria de acidentalidade no trabalho.

Sobre tal questão Feliciano e Lumbert (2023, p. 411), apontam que a NR-1 pressupõe, em seu âmago, que o próprio gestor efetue de forma autônoma o enquadramento das condições existentes em seu estabelecimento, perigo ou risco ocupacional, segundo a lógica que permeia a Norma ISO 45.001. Assim, parte dos empregadores passou a elaborar seus Planos de Gerenciamento de Riscos de modo a desconsiderar a nocividade de certas situações, como se as informações lançadas no documento em referência tivessem o condão de eliminar, no plano fático, a natureza potencialmente lesiva a elas inerentes, risco que se eleva em atividades potencialmente perigosas, como a do setor de energia elétrica.

3. Da responsabilidade civil objetiva e teoria do risco em acidentes do trabalho no setor elétrico

O ordenamento jurídico brasileiro, ao tratar da responsabilidade civil, possui como regra geral a teoria da subjetividade (arts. 186 e 927, *caput*, CC), com base em três elementos para a devida configuração (nexo causal, dolo, culpa), enfatizada também, quanto à infortunística no campo trabalhista, pela própria Constituição (art. 7º, XXVIII).

Esse dispositivo não pode ser interpretado de forma isolada e literal, sob pena de ensejar a conclusão de que a responsabilidade do empregador em caso de acidente de trabalho seria de natureza subjetiva e limitada, em todos os casos, às hipóteses em que restassem comprovadas a culpa ou dolo do empregador, tendo em vista que a Constituição também incorpora, no campo justrabalhista, o princípio da norma mais favorável, conforme clara disposição no *caput* de seu art. 7º ("*... além de outros que visem à melhoria de sua condição social*"). Logo, é compatível com o texto constitucional a regra excepcional do parágrafo único do art. 927 do CCB, que estipula a objetivação da responsabilidade nos casos em que a "atividade exercida pelo autor do dano implicar, por sua natureza, riscos para os direitos de outrem", sendo essa a situação dos autos.

E não se diga que dito preceptivo legal seria inconstitucional, pois não só se mostra perfeitamente compatível com os dispositivos mencionados alhures (*caput* e inciso XXVIII do art. 7º da CF), como também com o § 3º do art. 225 da Constituição, que assegura a responsabilidade objetiva por danos causados ao meio ambiente, incluído o do trabalho, a teor do art. 200, inciso VIII, também da Carta Magna, e, ainda assim, com outros princípios e prescrições constitucionais, como o respeito à vida, a dignidade da pessoa humana, os valores sociais do trabalho e a valorização do trabalho humano (arts. 1º e 170 da CF/88).

Nesse toar, o Supremo Tribunal Federal (STF), no julgamento do RE N. 828.040 (julgado em 5.9.2019), processo paradigma do Tema n. 932 de repercussão geral, reconheceu ser possível a responsabilização objetiva do empregador por danos decorrentes de acidente de trabalho, em atividade de risco.(16)

Após a fixação da tese supracitada, Feliciano (2021, livro eletrônico) assinala que todas as atividades de risco inerente superlativo se inserem na hipótese do art. 927, parágrafo único, do Código Civil, o que importa em reconhecimento direto da responsabilidade civil objetiva. E, sendo assim, uma vez aferido o nexo causal entre a atividade de risco especial e o dano, disso derivará, "*ipso facto*", tanto o nexo de imputação normativa quanto a própria responsabilidade civil objetiva.

E, como extensivamente demonstrado nos tópicos anteriores, a atividade com eletricidade enquadra-se nesse tipo de risco, ante a possibilidade de um sinistro instantâneo e fulminante, independentemente do tempo de exposição.

A propósito, o TST assim vem decidindo em tais casos:

> AGRAVO DE INSTRUMENTO DA RECLAMADA. RECURSO DE REVISTA SOB A ÉGIDE DA LEI N. 13.467/2017. (...). RECURSO DE REVISTA DA RECLAMADA. APELO SOB A ÉGIDE DA LEI N. 13.467/2017. IN N. 40 DO TST. RESPONSABILIDADE CIVIL DA EMPREGADORA. ACIDENTE DE TRABALHO. ELETRICISTA. TEORIA DO RISCO PROFISSIONAL. NÃO EVIDENCIADA CULPA EXCLUSIVA DA VÍTIMA. TRANSCENDÊNCIA NÃO RECONHECIDA . O Regional deu provimento ao recurso ordinário do reclamante para condenar a reclamada ao pagamento de indenização por danos morais e materiais em decorrência do acidente sofrido quando estava consertando maquinário da empresa. Asseverou que incide a responsabilidade objetiva, pois o obreiro, *no exercício da função de eletricista de manutenção de máquinas e equipamentos, trabalhava sob condições de perigo, inclusive recebia adicional de periculosidade*. Destacou não se tratar de culpa exclusiva da vítima, como pretendido pela reclamada, ante a necessidade de manter a área energizada para reparo do equipamento, o fato de ter havido religação por colega de trabalho que negligenciou a exposição do *reclamante à descarga de eletricidade e, ainda, pela ausência de treinamento para que o reclamante e seu colega agissem de modo a impedir o sinistro que gerou o evento danoso. O Regional fez constar expressamente que a chave geral devia estar ligada para que fosse possível checar se a máquina foi consertada e um colega negligentemente*

(16) Tese n. 932/STF. O art. 927, parágrafo único, do Código Civil é compatível com o art. 7º, XXVIII, da Constituição Federal, sendo constitucional a responsabilização objetiva do empregador por danos decorrentes de acidentes de trabalho, nos casos especificados em lei, ou quando a atividade normalmente desenvolvida, por sua natureza, apresentar exposição habitual a risco especial, com potencialidade lesiva e implicar ao trabalhador ônus maior do que aos demais membros da coletividade.

> *acionou a máquina sem antes avisar ao reclamante que se encontrava na parte interna do maquinário.* O TRT também afirmou que a reclamada não comprovou que o reclamante e seu colega receberam treinamento quanto ao correto procedimento no conserto do equipamento envolvido. O exame prévio dos critérios de transcendência revela a inexistência dos indicadores aptos a autorizar o exame do apelo nesta Corte. Recurso de revista não conhecido. (RRAg-507-67.2016.5.17.0012, 6ª Turma, relator Ministro Augusto Cesar Leite de Carvalho, *DEJT* 16.9.2022)

Assim, o intérprete julgador deverá observar todas essas nuances de indenidade laborambiental quando da ocorrência de acidentes em atividades de risco acentuado, de modo a efetivar os princípios de proteção à segurança e saúde do trabalhador, bem como do direito ao meio ambiente laboral adequado para o exercício das atividades funcionais.

4. Considerações finais

> A saúde se apresenta como um direito social, de acesso universal e igualitário, ao passo que o art. 225 da Constituição estabelece que todos têm direito a um meio ambiente ecologicamente equilibrado, de uso comum do povo e essencial à sadia qualidade de vida, impondo-se ao poder público e à coletividade o dever de defendê-lo e preservá-lo para as presentes e futuras gerações, proteção esta que se estende ao meio ambiente do trabalho, como instrumento de plenitude da saúde do trabalhador (de forma holística), garantindo um trabalho digno.

Contudo, no setor elétrico, há predomínio de altos índices de acidentes de trabalho, sobretudo em razão da precarização estrutural que vem acometendo o setor, em razão, sobretudo, do avanço desenfreado da terceirização. O que se constata é que grande parte dos empregadores na área (empresas multinacionais e de grande porte) tem sido inflexível com o cumprimento rigoroso nas normas de meio ambiente do trabalho, tanto para os empregados do quadro, quanto para os terceirizados.

É insuficiente reduzir a questão ao pagamento do adicional de periculosidade, já que o risco nas atividades do setor de energia elétrica é latente e substancialmente danoso.

> Outrossim, quando da ocorrência de sinistros, destaca-se a importância da teoria da responsabilidade objetiva aos empregadores, uma vez que o risco a que está submetido o trabalhador na área é substancialmente superior ao que ordinariamente se expõe a maioria dos trabalhadores, especialmente quando tal atividade é exercida para fins de fornecimento, distribuição, corte e religação de energia elétrica.

A consciência de que o direito à saúde e ao meio ambiente saudável se apresenta como direito fundamental, como visto alhures, assim como a compreensão de que o dano à saúde e ao ambiente, uma vez ocasionado, dificilmente poderá ser recomposto, perdendo-se a vida, ou diminuindo-se consideravelmente a qualidade de vida do trabalhador, com danos irreversíveis, leva a crer que somente a reparação pecuniária seria insuficiente, despontando-se a necessidade urgente de efetivação das ações concretas de prevenção e precaução, com o cumprimento integral de legislação já existente e sua ampliação (e não retrocesso), o que constitui mudança de paradigma juslaboral mais amplo, a abarcar as concepções ambientais mais amplas, para que se adote uma nova postura dos entes que diretamente lidam com a referida questão (Estado, sociedade, empregadores, trabalhadores em geral).

Referências

ABLAS, Rosa Eneide dos Santos; MISAILIDIS, Mirta Gladys Lerena Manzo. "Meio ambiente de trabalho como direito fundamental". *9º Simpósio de Ensino* — Unimep, 2011.

AGÊNCIA NACIONAL DE ENERGIA ELÉTRICA — ANEEL (2022). *Indicadores de Segurança do Trabalho*. Disponível em: https://www2.aneel.gov.br/aplicacoes_liferay/IndicadoresSegurancaTrabalho/pesquisaGeral.cfm#. Acesso em: 24. abr. 2023.

AMORIM, Helder Santos. *Terceirização externa:* A responsabilidade da cadeia produtiva pelo direito fundamental ao trabalho digno. São Paulo: LTr, 2023.

CAMISASSA, Mara Queiroga. *Segurança e saúde no trabalho*: NRs 1 a 37 comentadas e descomplicadas. 8. ed. Rio de Janeiro: Método, 2022.

DEPARTAMENTO INTERSINDICAL DE ESTATÍSTICA E ESTUDOS SOCIOECONÔMICOS — DIEESE, 2017. "Privatização, desnacionalização e terceirização no setor elétrico brasileiro". São Paulo: p. 13. Disponível em: < https://www.dieese.org.br/notatecnica/2017/notaTec173PrivatizacaoSetorEletrico.pdf >. Acesso em: 01. maio. 2023.

FELICIANO Guilherme Guimarães. "O meio ambiente do trabalho e a responsabilidade civil patronal: reconhecendo a danosidade sistêmica". *Direito Ambiental do Trabalho*. 2013, pp.11-25.

FELICIANO, Guilherme Guimarães. *Responsabilidade civil no meio ambiente do trabalho:* nexo causal, nexonormativo e teoria da imputação objetiva . São Paulo: ThomsonReuters Brasil, 2021. [Livro eletrônico]

______; MORAES, Paulo Douglas de Almeida. "Normas de saúde e segurança do trabalho na era Bolsonaro: veleidades, possibilidades, constitucionalidade. *Direitos Humanos e Relações Trabalhistas:* Estudos em Homenagem à Professora Rosita de Nazaré Sidrim Nassar. v. 1, p. 79, 2021.

______; EBERT, Paulo Roberto Lemgruber. "Normas Regulamentadoras (NR) relativas à segurança e medicina do trabalho: Percursos para a efetividade do trabalho decente". *Estudos Enamat*, vol. 2. Coordenação, organização e revisão técnica: Mauricio Godinho Delgado, Alberto Bastos Balazeiro, Adriene Domingues Costa, Bruno Alves Rodrigues e Dickson Ansah Ribeiro Frempong. Brasília-DF: Obra coletiva Enamat, fev. 2023. p. 403-425.

FIORILLO, Celso Antonio Pacheco; RODRIGUES, Marcelo Abelha; NERY, Rosa Maria Andrade. *Direito Processual Ambiental brasileiro*. Belo Horizonte: Del Rey, 1996.

GOMES, Antonio Claret Silva *et al. O setor elétrico*. Rio de Janeiro: Dba, 2002.

INSTITUTO ACENDE BRASIL. "Terceirização no setor elétrico e o interesse público". *White Paper 8*, São Paulo, 28, p. 2.012.

LEITE, José Rubens Morato; AYALA, Patryck de Araújo; SILVEIRA, Paula Galbiatti. "Estado de direito ambiental e sensibilidade ecológica: os novos desafios à proteção da natureza em um direito ambiental de segunda geração". In: WOLKMER, Antônio Carlos; MORATO LEITE, José Rubens (Orgs.). *Os "novos" direitos no Brasil:* natureza e perspectivas: uma visão básica das novas conflituosidades jurídicas. 3. ed. São Paulo: Saraiva, 2016.

LIMA, Francisco Meton Marques de. "As implicações recíprocas entre o meio ambiente e o custo social do trabalho". *Revista LTr*, vol. 71, n. 3, mar. 2007, São Paulo, 2007.

______; LIMA, Francisco Péricles R. M. de. *Elementos de Direito do Trabalho e processo trabalhista*. 17. ed. São Paulo: LTr, 2019.

______; BRANDÃO, Zoraíma Meneses. "A amplitude da reforma trabalhista: a tentativa de implementação de um novo paradigma juslaboral". *Revista do Direito do Trabalho e Meio Ambiente do Trabalho*, v. 8, n. 2, 2023.

MARTINHO, Meire Biudes; MARTINHO, Edson; SOUZA, D. F. de. *Anuário estatístico de acidentes de origem elétrica 2022* — Ano base 2021. ABRACOPEL, vol. 1, p. 108, 2022.

MELO, Raimundo Simão de. *Direito ambiental do trabalho e a saúde do trabalhador:* Responsabilidades legais, dano material, dano moral, dano estético, indenização pela perda de uma chance, prescrição. 5. ed. São Paulo: LTr, 2013.

OLIVEIRA, Sebastião Geraldo de. *Indenizações por acidente do trabalho ou doença ocupacional*. 12. ed. rev. ampl. e atual. Salvador: JusPodivm, 2021.

SILVA, E. N. *Proposta de modelo de avaliação dos custos dos acidentes do trabalho e doenças relacionadas com o trabalho baseado no método por atividades*. Dissertação. Mestrado. Universidade Federal do Rio Grande do Sul, Porto Alegre, Rio Grande do Sul. 2003.

SILVA, José Afonso da. *Aplicabilidade das normas constitucionais*. São Paulo: Revista dos Tribunais, 1982.

TEIXEIRA, Ronaldo Esteves Borgerth. *Privatização no Setor Elétrico:* Um estudo dos ganhos de produtividade. Rio de Janeiro: PUC RIO, 2011.

5

NR-15 e a Efetiva Saúde e Segurança do Trabalhador

Larissa Matos

Introdução

A vida, a saúde e a segurança do trabalhador são bens fundamentais protegidos pelo ordenamento jurídico, seja por Tratado, seja pela Constituição de 1988.

Em consonância com a dignidade da pessoa humana (art. 1º, III, CF/88), princípio vetor da interpretação do ordenamento jurídico, o legislador estabeleceu normas relacionadas ao meio ambiente do trabalho que estão no plano da indisponibilidade absoluta.(1)

Dentro desse padrão, a Norma Regulamentadora n. 15 (NR-15) traz diversas regras para tutelar as atividades e operações insalubres, que são formuladas com base em dados científicos e leis da química, física e biologia, a fim de resguardar a integridade das pessoas e, assim, prevenir acidentes de trabalho ou doenças laborais. Não havendo a eliminação do risco, a norma prevê o pagamento do adicional de insalubridade.

Apesar de o ordenamento jurídico ser repleto de normas que tutelam o meio ambiente do trabalho, o número de acidentes de trabalho no Brasil é alarmante,(2)

(1) "Sobre a extensão da indisponibilidade, Delgado (2019) a subdivide em absoluta e relativa: a primeira é necessária para resguardar o patamar civilizatório mínimo, compreendido como aquele que abrange a assinatura da CTPS, a observância do salário mínimo e a incidência de proteção das normas de saúde e segurança do trabalhador; e a segunda é aquela que envolve a possibilidade de negociar sobre parcelas que não estejam inseridas na noção de patamar civilizatório mínimo." (MATOS, 2022, p. 105).

(2) "Gastos com doenças e acidentes do trabalho chegam a R$ 100 bi desde 2012. Dados do Observatório de Segurança e Saúde no Trabalho mostram que mais de 21 mil óbitos acidentários foram registrados desde 2012. Em 2020, ano de início da pandemia da COVID-19, os acidentes de trabalho graves, notificados ao Ministério

inclusive os acidentes de trabalho e mortes acidentárias aumentaram no Brasil, em 2021.(3)

Isso demonstra que, na prática, as normas são negligenciadas, inclusive as normas que tratam da neutralização ou minimização da insalubridade. Um dado que caminha nesse sentido é o fato de o pagamento do adicional de insalubridade ter sido pleiteado judicialmente em 15.003 processos que tramitaram no Tribunal Superior do Trabalho (TST). No *ranking* de 20 assuntos mais recorrentes no TST, até dezembro de 2022, o pedido de pagamento desse adicional aparece na décima posição (TST, 2022).

A inadimplência em relação ao pagamento do adicional de insalubridade demonstra que o empregador não só negligencia a norma de proteção, mas também não arca com o ônus financeiro dessa inobservância, que tem repercussão em bens considerados fundamentais: saúde, segurança e vida do trabalhador.

Nesse sentido, pergunta-se: A norma está cumprindo seu papel fundamental de tutelar o trabalhador?

Para responder à pergunta, o trabalho, cuja pesquisa será feita em livros, artigos, normas jurídicas e relatórios, está dividido em três partes centrais, que vão tratar do panorama geral em torno da NR-15, da prevenção e precaução no meio ambiente do trabalho e dos problemas decorrentes dos agentes insalubres e formas de combate.

1. Entendendo a NR-15

A referida Norma Regulamentadora, que estabelece as atividades que devem ser consideradas insalubres,(4) foi inicialmente editada pela Portaria MTb n. 3.214/78 para regulamentar(5) os arts. 189 a 196 da Consolidação das Leis do Trabalho (CLT), mas ao longo dos anos sofreu diversas alterações(6) (MINISTÉRIO DO TRABALHO E EMPREGO).

---

da Saúde, subiram 40%. Auxílios-doença por depressão, ansiedade, estresse e outros transtornos mentais e comportamentais cresceram 30%." (OIT, 2021).

(3) "Nos últimos dez anos (2012-2021), 22.954 mortes no mercado de trabalho formal foram registradas no Brasil. Apenas em 2021, foram comunicados 571,8 mil acidentes e 2.487 óbitos associados ao trabalho, com aumento de 30% em relação a 2020." (NAÇÕES UNIDAS BRASIL).

(4) Art. 189, CLT. Serão consideradas atividades ou operações insalubres aquelas que, por sua natureza, condições ou métodos de trabalho, exponham os empregados a agentes nocivos à saúde, acima dos limites de tolerância fixados em razão da natureza e da intensidade do agente e do tempo de exposição aos seus efeitos.

(5) Art. 190, CLT. O Ministério do Trabalho aprovará o quadro das atividades e operações insalubres e adotará normas sobre os critérios de caracterização da insalubridade, os limites de tolerância aos agentes agressivos, meios de proteção e o tempo máximo de exposição do empregado a esses agentes.

(6) As alterações ocorreram por meio das seguintes normas: Portaria SSMT n. 12, de 12 de novembro de 1979, publicada no *DOU* de 23.11.79 (alterações no Anexo n. 14 – Agentes Biológicos); Portaria SSMT n. 1, de 17 de abril de 1980, publicada no *DOU* de 25.4.80 (inclusão de trabalho sob vibrações em conveses de navios como atividade insalubre); Portaria SSMT n. 5, de 9 de fevereiro de 1983, publicada no *DOU* de 17.2.83 (detalhamento

Ela é composta de uma parte geral e 13 anexos, que definem os limites de tolerância para agentes físicos, químicos e biológicos, mediante a quantificação da contaminação do ambiente, tendo por base os valores de *Threshold Limits Values* do texto da *American Conference of Governmental Industrial Hygienists* (versão de 1976) (MINISTÉRIO DO TRABALHO E EMPREGO).

A parte geral da norma é caracterizada como Norma Especial (Portaria SIT n. 787/18) e regulamenta a execução do trabalho considerando as atividades, instalações ou equipamentos empregados, sem condicionar a setores ou atividades específicas (MINISTÉRIO DO TRABALHO E EMPREGO).

Já os anexos tratam da exposição dos trabalhadores a inúmeros elementos: ruído, calor, radiações ionizantes e não ionizantes, vibrações, umidade, agentes químicos, poeiras minerais, agentes biológicos, entre outros (MINISTÉRIO DO TRABALHO E EMPREGO).

Especificamente, o Anexo 1 aborda os limites de tolerância para ruído contínuo ou intermitente; o 2 trata dos limites de tolerância para ruídos de impacto; o 3 está relacionado aos limites de tolerância para exposição ao calor; o 4 foi revogado; o 5 aborda as radiações ionizantes; o 6 abrange os trabalhos sob condições hiperbáricas; o 7 versa sobre as radiações não ionizantes; o 8 expõe normas relacionadas à vibração; o 9 refere-se ao frio; o 10 é concernente à umidade; o 11 cuida dos agentes químicos cuja insalubridade é caracterizada por limite de tolerância e inspeção no local de trabalho; o 12 trata dos

---

de trabalhos sob ar comprimido e dos trabalhos submersos); Portaria SSMT n. 12, de 6 de junho de 1983, publicada no *DOU* de 14.6.83 (revogada pela Portaria SEPRT n. 1.067, de 23 de setembro de 2019 (*DOU* de 24.9.19); Portaria SSMT n. 24, de 14 de setembro de 1983, publicada no *DOU* de 15.9.83 (aborda "Trabalho Sob Condições Hiperbáricas"); Portaria MTE n. 3.751, de 23 de novembro de 1990, publicada no *DOU* de 26.11.90 (introdução de alterações na NR-17, especialmente, no caso da NR-15, sobre iluminação no trabalho); Portaria DSST n. 1, de 28 de maio de 1991, publicada no *DOU* de 29.5.91 (altera o Anexo 12 da NR-15, que institui os "limites de tolerância para poeiras minerais" — asbestos); Portaria DNSST n. 8, de 5 de outubro de 1992, publicada no *DOU* de 8.10.92 (inclui no Anexo 2 da NR-15 as operações com manganês e seus compostos e revigora o item sílica livre cristalizada); Portaria DNSST n. 9, de 5 de outubro de 1992, publicada no *DOU* de 14.10.92 (inclui no Anexo 11 da NR-15 o agente químico Negro de Fumo, no quadro 1 – Tabela de Limites de Tolerância); Portaria SSST n. 4, de 11 de abril de 1994, publicada no *DOU* de 14.4.94 (altera o Anexo 5 sobre radiações ionizantes); Portaria SSST n. 22, de 26 de dezembro de 1994, publicada no *DOU* de 27.12.94 (altera a redação do item 12.1 do Anexo n. 12 – Limites de Tolerância para Poeiras Minerais — Asbestos); Portaria SSST n. 14, de 20 de dezembro de 1995, publicada no *DOU* de 22.12.95 (altera o item "Substâncias Cancerígenas" do Anexo 13 e inclui o Anexo 13-A — Benzeno); Portaria SIT n. 99, de 19 de outubro de 2004, publicada no *DOU* de 21.10.04 (inclui no Anexo 12 da NR-15 a proibição do processo de trabalho de jateamento que utilize areia seca ou úmida); Portaria SIT n. 43, de 11 de março de 2008, republicada no *DOU* de 13.3.08 (inclui no Anexo 12 da NR-15 previsão de que nos processos de corte e acabamento de rochas ornamentais devem ser adotados sistemas de umidificação); Portaria SIT n. 203, de 28 de janeiro de 2011, publicada no *DOU* de 1º.2.11 (altera os itens 3, 4 e 5 do Anexo 13-A — Benzeno); Portaria SIT n. 291, de 8 de dezembro de 2011, publicada no *DOU* de 9.12.11 (altera o Anexo 13-A — Benzeno); Portaria MTE n. 1.297, de 13 de agosto de 2014, publicada no *DOU* de 14.8.14 (altera o Anexo 8 — Vibração); Portaria MTb n. 1.084, de 18 de dezembro de 2018, publicada no *DOU* de 19.12.18 (altera o Anexo 5 — Radiações Ionizantes); Portaria SEPRT n. 1.359, de 9 de dezembro de 2019, publicada no *DOU* de 11.12.19 (altera o Anexo 3 — Limites de Tolerância para Exposição ao Calor).

limites de tolerância para poeiras minerais; o 13 versa sobre os agentes químicos; o 13A refere-se ao benzeno; o 14 ocupa-se dos agentes biológicos (MINISTÉRIO DO TRABALHO E EMPREGO).

A parte geral da citada NR, vigente desde 3 de janeiro de 2022, em virtude de ajustes nos anexos 3 (calor) e 8 (vibração), por meio da Portaria MTP n. 426, de 7 de outubro de 2021, em seu item 15.1, estabelece:

> 15.1 São consideradas atividades ou operações insalubres as que se desenvolvem:
>
> 15.1.1 Acima dos limites de tolerância previstos nos Anexos ns. 1, 2, 3, 5, 11 e 12;
>
> 15.1.2 (Revogado pela Portaria MTE n. 3.751, de 23 de novembro de 1990)
>
> 15.1.3 Nas atividades mencionadas nos Anexos ns. 6, 13 e 14;
>
> 15.1.4 Comprovadas através de laudo de inspeção do local de trabalho, constantes dos Anexos ns. 7, 8, 9 e 10.
>
> 15.1.5 Entende-se por "Limite de Tolerância", para os fins desta Norma, a concentração ou intensidade máxima ou mínima, relacionada com a natureza e o tempo de exposição ao agente, que não causará dano à saúde do trabalhador, durante a sua vida laboral.

Já o item 15.2 dispõe sobre o percentual a ser pago ao trabalhador, no caso de exercício da atividade em condições insalubres:

> 15.2 O exercício de trabalho em condições de insalubridade, de acordo com os subitens do item anterior, assegura ao trabalhador a percepção de adicional, incidente sobre o salário mínimo da região, equivalente a:
>
> 15.2.1 40% (quarenta por cento), para insalubridade de grau máximo;
>
> 15.2.2 20% (vinte por cento), para insalubridade de grau médio;
>
> 15.2.3 10% (dez por cento), para insalubridade de grau mínimo;

Ademais, o texto da NR-15 dispõe que, para efeitos de remuneração, se houver mais de um fator de insalubridade, será apenas considerado o de grau mais elevado (item 15.3) e que a eliminação(7) ou neutralização(8) do agente determinará a cessação do pagamento do adicional (item 15.4).

No mesmo sentido, a CLT prevê:

---

(7) Art. 191, CLT. A eliminação ou a neutralização da insalubridade ocorrerá: I – com a adoção de medidas que conservem o ambiente de trabalho dentro dos limites de tolerância; II – com a utilização de equipamentos de proteção individual ao trabalhador, que diminuam a intensidade do agente agressivo a limites de tolerância.

(8) A eliminação ou neutralização da insalubridade deverá ocorrer: a) com a adoção de medidas de ordem geral que conservem o ambiente de trabalho dentro dos limites de tolerância; b) com a utilização de equipamento de proteção individual (item 15.4.1 da NR-15).

> Art. 192 – O exercício de trabalho em condições insalubres, acima dos limites de tolerância estabelecidos pelo Ministério do Trabalho, assegura a percepção de adicional respectivamente de 40% (quarenta por cento), 20% (vinte por cento) e 10% (dez por cento) do salário-mínimo da região, segundo se classifiquem nos graus máximo, médio e mínimo.(9)

O texto da NR-15 também aduz que a eliminação ou neutralização da insalubridade deve ser comprovada por perícia (item 15.4) e será facultada às empresas e aos sindicatos das categorias profissionais que requererem ao Ministério do Trabalho a realização de perícia, com o objetivo de caracterizar e classificar ou determinar atividade insalubre (item 15.5).

Quanto à formulação do texto, percebe-se, pela leitura da NR e seus anexos, que suas normas são elaboradas com base em dados científicos e leis da química, física e biologia, para resguardar a integridade das pessoas e prevenir acidentes de trabalho(10) ou doenças laborais.

2. A prevenção e precaução no meio ambiente do trabalho

O meio ambiente do trabalho(11) (art. 200, VIII, CF/88) está inserido no meio ambiente humano, aplicando-se a ele os princípios da prevenção e precaução.

---

(9) "Em abril de 2008, o STF editou a Súmula Vinculante (SV) n. 4, segundo a qual o salário mínimo não pode ser usado como indexador de base de cálculo de vantagem de servidor público ou de empregado nem ser substituído por decisão judicial. Em julho do mesmo ano, o TST alterou a redação da sua Súmula n. 228 para definir que, a partir da edição da SV n. 4 do STF, o adicional de insalubridade seria calculado sobre o salário básico, salvo critério mais vantajoso fixado em instrumento coletivo. Na RCL 6.275, ajuizada logo em seguida no STF, a Unimed sustentava que o TST, ao alterar a sua jurisprudência, teria violado a SV n. 4, que não fixou o salário básico como base de cálculo do adicional de insalubridade nem declarou inconstitucional o art. 192 da CLT, que prevê o cálculo do adicional sobre o salário mínimo da região. Ainda conforme a cooperativa, o adicional de insalubridade não é uma vantagem, mas uma compensação. Na decisão, o ministro Lewandowski explicou que, no julgamento que deu origem à SV n. 4, o STF entendeu que, até que seja superada a inconstitucionalidade do art. 192 da CLT por meio de lei ou de convenção coletiva, a parcela deve continuar a ser calculada com base no salário mínimo. Por essa razão, concluiu que a decisão do Plenário do TST que deu nova redação à Súmula n. 228 contrariou o entendimento firmado pelo Supremo a respeito da aplicação do enunciado da SV 4. Com esse fundamento, julgou procedente a reclamação para cassar a Súmula n. 228 do TST 'apenas e tão somente na parte em que estipulou o salário básico do trabalhador como base de cálculo do adicional de insalubridade devido'" (TST).

(10) Art. 19 da Lei n. 8.213/91. Acidente do trabalho é o que ocorre pelo exercício do trabalho a serviço de empresa ou de empregador doméstico ou pelo exercício do trabalho dos segurados referidos no inciso VII do art. 11 desta lei, provocando lesão corporal ou perturbação funcional que cause a morte ou a perda ou redução, permanente ou temporária, da capacidade para o trabalho.

§ 1º A empresa é responsável pela adoção e uso das medidas coletivas e individuais de proteção e segurança da saúde do trabalhador.

§ 2º Constitui contravenção penal, punível com multa, deixar a empresa de cumprir as normas de segurança e higiene do trabalho.

(11) Feliciano compreende o meio ambiente do trabalho como uma *gestalt*, ou seja, um conjunto de elementos que interagem numa perspectiva sistêmica, para abarcar, além da dimensão espacial, a dimensão psicológica,

A prevenção está prevista constitucionalmente no art. 225, a saber: "Todos têm direito ao meio ambiente ecologicamente equilibrado, bem de uso comum do povo e essencial à sadia qualidade de vida, impondo-se ao Poder Público e à coletividade o dever de defendê-lo e preservá-lo para as presentes e futuras gerações" (art. 225, *caput,* CF/88).

Já o princípio da precaução aparece na Declaração do Rio sobre Meio Ambiente e Desenvolvimento nos seguintes termos:

> Com o fim de proteger o meio ambiente, o princípio da precaução deverá ser amplamente observado pelos Estados, de acordo com suas capacidades. Quando houver ameaça de danos graves ou irreversíveis, a ausência de certeza científica absoluta não será utilizada como razão para o adiamento de medidas economicamente viáveis para prevenir a degradação ambiental (SENADO, 1992).

Explica Matos (2022, p. 200) que o

> [...] sistema geral de vigilância de saúde para trabalhadores inclui avaliações de saúde individual e coletiva, registro e notificação de lesões e doenças ocupacionais, pesquisas, investigações e inspeções. É um sistema que deve incluir cinco componentes fundamentais: 1) a coleta de informações (de várias fontes), a análise e avaliação da qualidade e do uso pretendido, bem como a ação e o acompanhamento correspondente; 2) um feedback que garanta um bom ajuste entre a coleta e o uso da informação; 3) aconselhamento adequado sobre políticas, políticas e programas de saúde e segurança no trabalho; 4) a capacidade de fornecer informações antecipadas, de modo que a autoridade competente, empregadores, trabalhadores e seus representantes, profissionais de saúde ocupacional e instituições de pesquisa sejam avisados a tempo de problemas relacionados à segurança e saúde no obras existentes ou surgidas no país; e 5) uma avaliação dos resultados de todas as ações e medidas de acompanhamento tomadas para melhorar as condições de trabalho e a saúde dos trabalhadores [...] (ORGANIZAÇÃO INTERNACIONAL DO TRABALHO, 1998).

Desse modo, o sistema de proteção ao trabalhador prima pelo aperfeiçoamento das medidas de tutela da vida, saúde e segurança, de modo a evitar violações a esses direitos fundamentais.

Ademais, a prevenção e a precaução são pilares essenciais à concretização do trabalho decente. Para a OIT, "[...] o conceito de trabalho decente sintetiza a sua missão

---

esteja, ou não, o trabalhador submetido à relação de emprego e, assim, oferta a esse instituto uma amplitude que vai além dos recursos naturais para incorporar padrões de conduta do homem, envolvendo o conjunto de suas ações de modo a abranger a sua vida digital, cultural, profissional e extralaboral. (MATOS, 2022).

histórica de promover oportunidades para que homens e mulheres obtenham um trabalho produtivo e de qualidade, em condições de liberdade, equidade, segurança e dignidade humanas [...]" (ORGANIZAÇÃO INTERNACIONAL DO TRABALHO).

Portanto, as medidas relacionadas à prevenção e precaução necessitam ser implementadas para poder falar em segurança e dignidade – ideias centrais do trabalho decente, que é um dos Objetivos de Desenvolvimento Sustentável (ODS 8)(12) da Agenda 2030.(13)

A própria OIT, por meio da Convenção n. 155, que trata da Segurança e Saúde dos Trabalhadores e foi ratificada pelo Brasil,(14) em seus arts. 11(15) e 12,(16) dispõe sobre

(12) "A ONU e seus parceiros no Brasil estão trabalhando para atingir os Objetivos de Desenvolvimento Sustentável. São 17 objetivos ambiciosos e interconectados que abordam os principais desafios de desenvolvimento enfrentados por pessoas no Brasil e no mundo. [...] Os Objetivos de Desenvolvimento Sustentável são um apelo global à ação para acabar com a pobreza, proteger o meio ambiente e o clima e garantir que as pessoas, em todos os lugares, possam desfrutar de paz e de prosperidade." (NAÇÕES UNIDAS BRASIL)

(13) "A Agenda 2030 da ONU é um plano global para atingirmos em 2030 um mundo melhor para todos os povos e nações. A Assembleia Geral das Nações Unidas, realizada em Nova York, em setembro de 2015, com a participação de 193 estados membros, estabeleceu 17 objetivos de desenvolvimento sustentáveis. O compromisso assumido pelos países com a agenda envolve a adoção de medidas ousadas, abrangentes e essenciais para promover o Estado de Direito, os direitos humanos e a responsividade das instituições políticas." (STF)

(14) A Convenção n. 155 foi aprovada na 67ª reunião da Conferência Internacional do Trabalho (Genebra – 1981) e entrou em vigor no plano internacional em 11.8.83. E, no Brasil, foi aprovada por meio do Decreto Legislativon. 2, de 17.3.92, do Congresso Nacional, com ratificação em 18 de maio de 1992. Foi promulgada por meio do Decreto n. 1.254, de 29.9.94 e entrou em vigência nacional em 18 de maio de 1993 (OIT).

(15) Art. 11 da Convenção n. 155. Com a finalidade de tornar efetiva a política referida no art. 4º da presente Convenção, a autoridade ou as autoridades competentes deverá garantir a realização progressiva das seguintes tarefas: a) a determinação, quando a natureza e o grau de risco assim o requererem, das condições que regem a concepção, a construção e o acondicionamento das empresas, sua colocação em funcionamento, as transformações mais importantes que forem necessárias e toda modificação dos seus fins iniciais, assim como a segurança do equipamento técnico utilizado no trabalho e a aplicação de procedimentos definidos pelas autoridades competentes; b) a determinação das operações e processos que serão proibidos, limitados ou sujeitos à autorização ou ao controle da autoridade ou autoridades competentes, assim como a determinação das substâncias e agentes aos quais estará proibida a exposição no trabalho, ou bem limitada ou sujeita à autorização ou ao controle da autoridade ou autoridades competentes; deverão ser levados em consideração os riscos para a saúde decorrentes da exposição simultânea a diversas substâncias ou agentes; c) o estabelecimento e a aplicação de procedimentos para a declaração de acidentes do trabalho e doenças profissionais por parte dos empregadores e, quando for pertinente, das instituições seguradoras ou outros organismos ou pessoas diretamente interessados, e a elaboração de estatísticas anuais sobre acidentes do trabalho e doenças profissionais; d) a realização de sindicâncias cada vez que um acidente do trabalho, um caso de doença profissional ou qualquer outro dano à saúde ocorrido durante o trabalho ou com relação com o mesmo possa indicar uma situação grave; e) a publicação anual de informações sobre as medidas adotadas para a aplicação da política referida no art. 4º da presente convenção e sobre os acidentes de trabalho, os casos de doenças profissionais ou outros danos à saúde ocorridos durante o trabalho ou com relação com o mesmo; f) levando em consideração as condições e possibilidades nacionais, a introdução ou desenvolvimento de sistemas de pesquisa dos agentes químicos, físicos ou biológicos no que diz respeito aos riscos que eles representaram para a saúde dos trabalhadores.

(16) Art. 12 da Convenção n. 155. Deverão ser adotadas medidas em conformidade com a legislação e a prática nacionais, a fim de cuidar de que aquelas pessoas que projetam, fabricam, importam, fornecem ou cedem, sob qualquer título, maquinário, equipamentos ou substâncias para uso profissional: a) tenham certeza, na

uma série de medidas com base na prevenção e precaução, que deverão ser adotadas para a manutenção da saúde e segurança do trabalhador.

Da mesma forma, a Convenção n. 148 da OIT, que trata da contaminação do ar, ruído e vibrações e foi ratificada pelo Brasil,(17) em seu art. 7º, item 1,(18) traz o princípio da prevenção em seu corpo, ao prever a obrigação, por parte dos trabalhadores, e observar as normas de saúde e segurança.

Além disso, a parte III da referida Convenção tem um capítulo especial que trata das medidas de prevenção e de proteção, prevendo a obrigação de a autoridade competente estabelecer critérios que permitam definir os riscos da exposição à contaminação do ar, ao ruído e às vibrações no local de trabalho, e a fixar, quando cabível, com base em tais critérios, os limites de exposição (art. 8º, item 1). E, ainda, por exemplo, prevê que, na medida do possível, o risco deve ser eliminado com medidas técnicas e novos métodos, no momento de sua elaboração ou de sua instalação (art. 9º, a).

São normas que se coadunam com a previsão constitucional de redução dos riscos inerentes ao trabalho, por meio de normas de saúde, higiene e segurança (art. 7º, XXII, CF/88), ainda que a própria Constituição traga a previsão de pagamento de adicional, caso o risco não seja eliminado (art. 7º, XXXIII, CF/88).(19)

3. Problemas decorrentes dos agentes insalubres e formas de combate

O ambiente insalubre é adverso à vida e à saúde do trabalhador. Ele torna o ambiente inseguro e propício a adoecimentos ou incapacidades, seja pelo agente biológico, físico ou químico, a exemplo da umidade, seja por ruído e substâncias como arsênico, chumbo e benzeno.

---

medida do razoável e possível, de que o maquinário, os equipamentos ou as substâncias em questão não implicarão perigo algum para a segurança e a saúde das pessoas que fizerem uso correto deles; b) facilitem informações sobre a instalação e utilização corretas do maquinário e dos equipamentos e sobre o uso correto de substâncias, sobre os riscos apresentados pelas máquinas e os materiais, e sobre as características perigosas das substâncias químicas, dos agentes ou dos produtos físicos ou biológicos, assim como instruções sobre a forma de prevenir os riscos conhecidos; c) façam estudos e pesquisas, ou se mantenham a par de qualquer outra forma, da evolução dos conhecimentos científicos e técnicos necessários para cumprir com as obrigações expostas nos itens a e b do presente artigo.

(17) A Convenção foi aprovada na 63ª reunião da Conferência Internacional do Trabalho (Genebra – 1977) e entrou em vigor no plano internacional em 11.7.79. No Brasil, foi aprovada por meio do Decreto Legislativo n. 56, de 9.10.81, do Congresso Nacional. Foi ratificada em 14 de janeiro de 1982 e promulgada por meio do Decreto n. 93.413, de 15-10-86, com vigência nacional em 14 de janeiro de 1983.

(18) Art. 7º, item 1 da Convenção n. 148. Deverá obrigar-se aos trabalhadores a observância das normas de segurança destinadas a prevenir e a limitar os riscos profissionais devidos à contaminação do ar, ao ruído e às vibrações no local de trabalho, a assegurar a proteção contra tais riscos.

(19) Art. 7º, XXIII da CF/88 – Adicional de remuneração para as atividades penosas, insalubres ou perigosas, na forma da lei;

Por exemplo, de acordo com o Instituto Nacional de Câncer (INCA) (2022): "*O benzeno*[20] *está entre os dez maiores problemas químicos para a saúde pública global, demandando medidas de prevenção à exposição a esse agente químico*".

Outros agentes nocivos, regulados no Anexo 5 da NR-15, são as radiações ionizantes, cujos principais efeitos à saúde são "náuseas, fraqueza, perda de cabelo, queimaduras na pele ou diminuição da função orgânica. Pacientes tratados com radiação frequentemente experimentam os efeitos agudos, devido à exposição em altas doses" (INCA, 2022). Além do mais, podem causar alterações no DNA e câncer (INCA, 2022).

Outro agente nocivo é o amianto,[21] que causa os seguintes problemas:

> Asbestose: A doença é causada pela deposição de fibras de asbesto nos alvéolos pulmonares, o que reduz a capacidade de realizar trocas gasosas, além de promover a perda da elasticidade pulmonar e da capacidade respiratória.
>
> Câncer de pulmão: O câncer de pulmão pode estar associado a outros tipos de adoecimento, como a asbestose. Estima-se que 50% dos indivíduos que tenham asbestose venham a desenvolver câncer de pulmão.
>
> Mesotelioma: O mesotelioma é uma forma rara de tumor maligno, que afeta a pleura, peritônio, pericárdio e *tunica vaginalis testis*, podendo produzir metástases por via linfática em aproximadamente 25% dos casos (INCA, 2020).

Em relação aos agentes biológicos, o INCA (2021, p. 189) assim informa:

> Existem evidências suficientes de que infecções crônicas estão associadas ao processo de desenvolvimento de alguns cânceres. Em 2008, análises apontaram que os agentes infecciosos foram responsáveis por causar cerca de dois milhões de casos novos de câncer no mundo, o que representou 16,1% de todos os cânceres. Estima-se que as infecções sejam responsáveis por cerca de 30% dos casos de câncer em países em desenvolvimento (PLUMMER *et al.*, 2016; MORALEZ-SÁNCHEZ, FUENTES-PANANÁ, 2014).

Os exemplos acima bem expõem a essencialidade das normas de proteção e segurança. No Brasil, elas são diversas, o que não demonstra a ausência de regulação, e sim a eficácia prática dessa regulação.

Um dos instrumentos de garantia da aplicação da norma é a fiscalização por parte dos órgãos públicos. No caso das questões relacionadas ao meio ambiente do trabalho, essa tarefa fica majoritariamente a cargo dos auditores-fiscais do trabalho.[22]

---

(20) Regulado no Anexo 13-A da NR-15.

(21) Regulado no Anexo 12 da NR-15, que trata dos limites de tolerância para poeiras minerais.

(22) Nesse sentido, o art. 11, I, da Lei n. 10.593/02, prevê:

"Os ocupantes do cargo de Auditor-Fiscal do Trabalho têm por atribuições assegurar, em todo o território nacional: I – o cumprimento de disposições legais e regulamentares, inclusive as relacionadas à segurança e à medicina do trabalho, no âmbito das relações de trabalho e de emprego;".

Contudo, nos últimos anos, o quadro foi de deterioração dos órgãos de fiscalização, conforme se extrai dos seguintes registros, feitos por veículos de imprensa, em 2022, 2021 e 2020:

> Auditores-fiscais do trabalho relatam que, sem recursos para gasolina e outras despesas, equipes não podem investigar denúncias em MG, incluindo de suspeitas de trabalho escravo; verba para inspeção trabalhista caiu 55% desde 2019 (JUNQUEIRA; FREITAS, 2022).
>
> O governo do presidente Jair Bolsonaro (sem partido) tem recusado recursos arrecadados em decorrência de infrações trabalhistas, os quais são normalmente destinados a equipar grupos de fiscalização do próprio governo. Os valores agora são repassados ao FDD (Fundo de Defesa dos Direitos Difusos) ou ao FAT (Fundo de Amparo ao Trabalhador). Na prática, a alteração do uso de recursos e bens — por exemplo, veículos usados na atuação de auditores-fiscais do trabalho — esvazia a fiscalização trabalhista, por conta da alta dependência de gerências e superintendências regionais a bens, serviços e obras previstos nos TACs (Termos de Ajustamento de Conduta) assinados pelo MPT (Ministério Público do Trabalho) (*YAHOO NOTÍCIAS*, 2021).
>
> Verba para fiscalizações trabalhistas cai pela metade no governo Bolsonaro. Para 2021, foram reservados R$ 24,1 milhões; é a menor verba para a área, de acordo com a série histórica iniciada em 2013 (RESENDE; BRANT; 2020).

Se não há fiscalização por parte do poder público, não há motivação prática para que haja a implementação das normas de saúde e segurança, entre as quais a Norma Regulamentar 15.

A ausência de fiscalização não só amplia o trabalho em condições degradantes, insalubres e perigosas, mas também implica a assunção, pelo poder público, das responsabilidades decorrentes do descumprimento da norma, a exemplo dos custos em relação à Previdência Social e sistema de saúde, em razão dos danos decorrentes pela ausência de tutela laborambiental.

Ademais, quando não se fiscaliza o cumprimento da norma, permite-se a sonegação de tributos, a exemplo da contribuição relacionada ao Grau de Incidência de Incapacidade Laborativa Decorrente de Riscos Ambientais do Trabalho, que tem o objetivo de financiar os benefícios concedidos pela Previdência Social, em razão do grau de incidência da incapacidade laborativa decorrente dos riscos ambientais do trabalho, interferindo na própria concessão da aposentadoria especial daqueles que lidam com agentes nocivos químicos, físicos e biológicos ou associação de agentes prejudiciais à saúde ou à integridade física (art. 58, Lei n. 8.213/91).

Permite-se, também, a sonegação do pagamento dos adicionais e da entrega dos equipamentos de proteção individual (EPI), o que precariza, mais ainda, o trabalhador, que, além de lidar com o agente, não recebe nenhum tipo de compensação.

Desse modo, o descumprimento da NR-15, além de causar danos à saúde e à segurança do trabalhador, impacta a arrecadação do poder público, onera os gastos com saúde, afeta os benefícios concedidos pela Previdência Social e interfere na concessão de aposentadoria especial.

Portanto, cabe ao poder público fiscalizar, seja por meio do Mistério do Trabalho, seja por meio das fiscalizações existentes na área da saúde — nesse último caso, podem atuar os estados, municípios e União.

O Tribunal Superior do Trabalho, inclusive, já reconheceu a competência do Centro de Referência em Saúde do Trabalhador (CEREST) na fiscalização de normas de saúde e segurança do trabalho, conforme ementa abaixo:

> [...] FISCALIZAÇÃO. AUTO DE INFRAÇÃO. NORMAS DE MEDICINA E SAÚDE NO TRABALHO. COMPETÊNCIA CEREST PARA AUTUAÇÃO E APLICAÇÃO DE PENALIDADE. INCIDÊNCIA DO ÓBICE DA SÚMULA N. 333 DO TST. A jurisprudência desta Corte superior entende que o órgão de vigilância sanitária municipal detém competência para fiscalizar e autuar a empresas que descumprem as normas de relativas à segurança e saúde do trabalho, visando à proteção do trabalhador. A Lei n. 9.782/99, que estabelece o sistema nacional de vigilância sanitária, determina a execução das atividades de regulação, normatização, controle e fiscalização na área de vigilância sanitária no âmbito das esferas federal, estadual, distrital e municipal. A Lei n. 6.514/1977 também estabelece normas de segurança e medicina do trabalho de observância obrigatória no âmbito de todos os locais de trabalho, seja na esfera estadual ou municipal. Precedentes. Óbice da Súmula n. 333. Agravo de instrumento a que se nega provimento. (AIRR-11314-79.2015.5.15.0096, 2ª Turma, relatora Ministra Maria Helena Mallmann, *DEJT* 16.9.2022)

Assim, conforme julgados do Centro de Referência em Saúde do Trabalhador (CEREST), órgão municipal, possui competência para fiscalizar e autuar empresas por descumprimento de normas relacionadas à segurança e saúde do trabalho. Ou seja, tanto o órgão de vigilância sanitária municipal quanto o órgão municipal vinculado à Secretaria de Saúde (CEREST) possuem competência para fiscalizar, lavrar auto de infração e aplicar multas quando não forem observadas as normas relativas à saúde, segurança e medicina do trabalho.[23]

Afinal, a tutela laborambiental tem amparo constitucional (art. 225, *caput*, CF/88) — o que engloba a dimensão da saúde e segurança do trabalhador. Nesse sentido, considerando que a saúde é direito de todos e dever do Estado (art. 196, CF/88) e o meio ambiente do trabalho se insere na competência do SUS (art. 200, VIII, CF/88), cabe

(23) RR-421-29.2012.5.15.0130, 2.ª Turma, relatora Ministra Delaide Miranda Arantes, *DEJT* 31.8.2018.

aos entes (municipais, estaduais e federativo) tutelar o meio ambiente do trabalho (art. 198, CF/88) para a garantia do direito social à saúde (art. 6º, CF/88), o que também é garantido por leis específicas, como as Leis ns. 6.514/1977 e 9.782/1999.(24)

4. Considerações finais

A NR-15 é composta de uma parte geral e 13 anexos, que definem os limites de tolerância para agentes físicos, químicos e biológicos. Trata-se de uma norma que se coaduna com os princípios laborambientais de prevenção e precaução, que objetivam tutelar a vida, saúde e segurança, a fim de evitar violações a esses direitos fundamentais.

Sabe-se que o ambiente insalubre é adverso à vida e saúde do trabalhador e existem diversos instrumentos para regular atividades que colocam o trabalhador em situações de vulnerabilidade, o que não demonstra a ausência de regulação, e sim a eficácia prática dessa regulação.

Um dos instrumentos de garantia da aplicação da norma é a fiscalização por parte dos órgãos públicos, que deve ser reforçada, seja por meio do Mistério do Trabalho, seja por meio das fiscalizações existentes na área da saúde — neste último caso, podem atuar os estados, municípios e União, por previsão constitucional e infraconstitucional.

Em razão da ausência de fiscalização efetiva, a norma não está cumprindo plenamente seu papel fundamental de tutelar o trabalhador. Ou seja, o problema não está na norma, e sim na forma de garantir a sua efetividade, o que impõe ao poder público o dever de envidar esforços para dar consistência aos direitos sociais da saúde e da segurança do trabalhador.

Referências

INCA. *Ambiente, trabalho e câncer:* aspectos epidemiológicos, toxicológicos e regulatórios. Rio de Janeiro: INCA, 2021. Disponível em: https://www.inca.gov.br/sites/ufu.sti.inca.local/files//media/document//ambiente_trabalho_e_cancer_-_aspectos_epidemiologicos_toxicologicos_e_regulatorios.pdf. Acesso em: 28 jan. 2023.

______. *Benzeno.* Disponível em: https://www.gov.br/inca/pt-br/assuntos/causas-e-prevencao-do-cancer/exposicao-no-trabalho-e-no-ambiente/solventes/benzeno. Acesso em: 28 jan. 2023.

______. *Radiações ionizantes.* Disponível em: https://www.gov.br/inca/pt-br/assuntos/causas-e-prevencao-do-cancer/exposicao-no-trabalho-e-no-ambiente/radiacoes/radiacoes-ionizantes. Acesso em: 28 jan. 2023.

JUNQUEIRA, Diego; FREITAS, Hélen. "Orçamento despenca com Bolsonaro, e falta de dinheiro paralisa fiscalização do trabalho em MG". *Repórter Brasil,* 2022. Disponível em: https://reporterbrasil.org.br/2022/10/orcamento-despenca-com-bolsonaro-e-falta-de-dinheiro-paralisa-fiscalizacao-do-trabalho-em-mg/. Acesso em: 29 jan. 2023.

(24) RR-10721-07.2016.5.15.0002, 3ª Turma, relator Ministro Mauricio Godinho Delgado, *DEJT* 31.8.2018.

MATOS, Larissa Lopes. *Direito digital no trabalho:* a proteção de dados e o monitoramento corporal no contexto das relações de trabalho. São Paulo: Thomson Reuters, 2022.

MINISTÉRIO DO TRABALHO E EMPREGO. *Norma Regulamentadora n. 15 (NR-15).* Disponível em: https://www.gov.br/trabalho-e-previdencia/pt-br/composicao/orgaos-especificos/secretaria-de-trabalho/inspecao/seguranca-e-saude-no-trabalho/ctpp-nrs/norma-regulamentadora-no-15-nr-15. Acesso em: 27 jan. 2023.

NAÇÕES UNIDAS BRASIL. *Acidentes de trabalho e mortes acidentárias voltam a crescer no Brasil em 2021.* Disponível em: https://brasil.un.org/index.php/pt-br/178950-acidentes-de-trabalho-e-mortes-acidentarias-voltam-crescer-no-brasil-em-2021. Acesso em: 28 jan. 2023.

______. *Sobre o nosso trabalho para alcançar os objetivos de desenvolvimento sustentável no Brasil.* Disponível em: https://brasil.un.org/pt-br/sdgs. Acesso em: 27 jan. 2023.

OIT. *C155* — Segurança e saúde dos trabalhadores. Disponível em: https://www.ilo.org/brasilia/convencoes/WCMS_236163/lang--pt/index.htm. Acesso em: 29 jan. 2023.

______. *Série SmartLab de Trabalho Decente:* gastos com doenças e acidentes do trabalho chegam a R$ 100 bi desde 2012. Disponível em: https://www.ilo.org/brasilia/noticias/WCMS_783190/lang--pt/index.htm. Acesso em: 28 jan. 2023.

______. *Trabalho decente.* Disponível em: https://www.ilo.org/brasilia/temas/trabalho-decente/lang--pt/index.htm. Acesso em: 28 jan. 2023.

RESENDE, Thiago; BRANT, Danielle. "Verba para fiscalizações trabalhistas cai pela metade no governo Bolsonaro". *Folha de S. Paulo.* 2020. Disponível em: https://www1.folha.uol.com.br/mercado/2020/09/verba-para-fiscalizacoes-trabalhistas-cai-pela-metade-no-governo-bolsonaro.shtml. Acesso em: 29 jan. 2023.

SENADO FEDERAL. *Declaração do Rio sobre meio ambiente e desenvolvimento.* 1992. Disponível em: https://www2.senado.leg.br/bdsf/bitstream/handle/id/589791/001107013_Debates_25_anos_Rio_92.pdf?sequence=1&isAllowed=y. Acesso em: 28 jan. 2023.

STF. *Agenda 2030.* Disponível em: https://portal.stf.jus.br/hotsites/agenda-2030/. Acesso em: 28 jan. 2023.

TST. *Assuntos no TST.* 2022. Disponível em: https://www.tst.jus.br/web/estatistica/tst/assuntos-mais-recorrentes. Acesso em: 28 jan. 2023.

______. *STF anula parte da Súmula n. 228 do TST sobre base de cálculo do adicional de insalubridade.* Disponível em: https://www.tst.jus.br/-/stf-anula-parte-da-sumula-228-do-tst-sobre-base-de-calculo-do-adicional-de-insalubridade#:~:text=Not%C3%ADcias%20do%20TST&text=Em%20abril%20de%202008%2C%20o,ser%20substitu%C3%ADdo%20por%20decis%C3%A3o%20judicial. Acesso em: 27 jan. 2023.

YAHOO NOTÍCIAS. *Nova regra do governo Bolsonaro enfraquece fiscalização trabalhista e desvia recursos.* 2021. Disponível em: https://br.noticias.yahoo.com/nova-regra-do-governo-bolsonaro-enfraquece-fiscalizacao-trabalhista-e-desvia-recursos-135228117.html. Acesso em: 29 jan. 2023.

6

Os Limites de Tolerância às Substâncias Químicas Fixados na NR-15: Presunção Absoluta ou Relativa? O Caso Emblemático do Mercúrio

Paulo Roberto Lemgruber Ebert

Introdução

Pretende-se no presente artigo avaliar se os limites de tolerância às substâncias químicas elencados no Anexo 11 da NR-15 significam, no contexto do ordenamento pátrio e da hermenêutica jurídica contemporânea, indicativos a presumirem de modo absoluto a inofensividade daqueles elementos tóxicos quando presentes em proporção igual ou inferior aos quantitativos permitidos pelo referido diploma regulamentar.

De modo complementar, o presente artigo analisará a viabilidade jurídica quanto à reinterpretação dos limites de tolerância constantes do Anexo 11 da NR-15, para permitir a ruptura de tal presunção de inofensividade nas hipóteses em que a exposição ocupacional prolongada dos trabalhadores a concentrações inferiores aos quantitativos regulamentares, sob certas circunstâncias, tiverem o condão de ocasionar prejuízos à sua integridade psicofísica.

A fim de melhor ilustrar a questão aqui analisada, trabalhar-se-á nos tópicos subsequentes com os limites de tolerância ao mercúrio, não só pela vasta utilização histórica desse elemento como matéria-prima na fabricação de vários produtos (*vg*: lâmpadas, termômetros, barômetros, amálgamas dentários, cosméticos, baterias etc.), mas também pelo rico acervo de estudos científicos a demonstrarem sua lesividade em concentrações significativamente inferiores ao quantitativo de 0,04 mg/m^3 admitido pelo Anexo 11 da NR-15.

1. A proteção dos trabalhadores em face dos elementos insalubres. Dos códigos sanitários locais ao Anexo 11 da NR-15

Ao contrário da ideia comum amplamente divulgada, a propalar que as Normas Regulamentares do Ministério do Trabalho e Emprego teriam sido os primeiros marcos normatizadores da exposição ocupacional dos trabalhadores a agentes químicos perigosos e insalubres, o fato é que muito antes de sua edição original em 1978 o ordenamento jurídico pátrio contava com diplomas que estabeleciam medidas concretas destinadas à proteção da integridade psicofísica dos obreiros em face daqueles elementos nocivos, aí incluídos os gases e vapores.

Especificamente no estado de São Paulo, tal tutela já constava expressamente do Código Sanitário editado no ano de 1894 (Decreto n. 233/1894), especialmente em seus arts. 120 e 157, bem assim no Decreto Estadual n. 3.876, de 11.7.1925. Este último estabelecia de forma preclara em seu art. 135 que os ambientes industriais sujeitos a altas temperaturas e à emanação de gases tóxicos deveriam estar equipados com mecanismos de exaustão e ventilação aptos a afastar os riscos inerentes a tais fatores.

De modo complementar, os arts. 140 e 141 do Decreto Estadual n. 3.826/25 determinava que as fábricas onde havia a dispersão de vapores perigosos — tal como o mercúrio em forma gasosa — deveriam possuir, necessariamente, equipamentos de aspiração, encapsulamento e filtragem aptos a evitar o contato dos operários com tais elementos químicos. Ainda nesse sentido, o art. 157 da referida norma determinava que os locais de trabalho deveriam ser mantidos em perfeita higiene, de modo que a limpeza diária do piso dos ambientes industriais sujeitos a riscos deveria ser realizada ou por aspiração, ou por processo úmido, vedando-se expressamente a varredura a seco.

Saliente-se que o retromencionado art. 157 do Decreto Estadual n. 3.826/25 é de notória importância para os locais onde o mercúrio era manuseado, pois o asseio dos pisos com o uso isolado de vassouras implica a suspensão das partículas daquele material depositadas nas superfícies durante o processo produtivo.

No que diz respeito aos equipamentos de proteção individual, o art. 161 do sobredito decreto impunha expressamente a utilização de máscaras ou respiradores naqueles processos produtivos onde havia o risco de aspiração de materiais perigosos, tal como o mercúrio, cuja absorção pelo organismo pudesse ocasionar a contração de doenças ocupacionais. E, para além disso, não apenas o Decreto Estadual n. 3.876/25 impunha em seus arts. 165 e 166 a notificação obrigatória das doenças ocasionadas pela aspiração de mercúrio, como também o Decreto-lei Federal n. 4.449, de 9.7.1942 assim o fazia em seus arts. 1º, "*b*" e 2º, mesmo naquelas hipóteses em que havia mera suspeita de contaminação.

Já no antigo Distrito Federal (Rio de Janeiro), o Decreto Federal n. 5.156, de 8.3.1904, ao regulamentar a fiscalização sanitária naquela unidade federativa, concedeu aos respectivos inspetores no art. 124 § 5º a prerrogativa de determinar às fábricas a alteração de seus processos produtivos quando estes últimos resultassem lesivos aos operários.

Alguns anos mais tarde, o Decreto Federal n. 14.354, de 15.9.1920, seguindo a metodologia já presente na legislação paulista de 1894, impôs expressamente aos estabelecimentos industriais do antigo Distrito Federal em seu art. 808 a obrigação de fornecer aos seus operários equipamentos individuais e coletivos de proteção, principalmente naquelas atividades e envolverem a dispersão de poeiras, gases e vapores, tal como ocorre nos processos produtivos a utilizarem o mercúrio como matéria-prima.

Com a promulgação da Consolidação das Leis do Trabalho por intermédio do Decreto-lei n. 5.452, de 1º.5.1943, a coincidir com o fortalecimento do processo de industrialização nos maiores aglomerados urbanos do País — especialmente São Paulo e o antigo Distrito Federal — as diretrizes gerais pertinentes à saúde e à segurança do trabalho foram sintetizadas em seu Capítulo V, sem implicar a revogação das determinações constantes dos códigos ou regulamentos sanitários locais, conforme assentado expressamente no art. 155 do referido diploma em sua redação original.

Veja-se, a propósito, que a CLT, na redação original de seu art. 185, impunha, a exemplo das legislações estaduais, a implementação de medidas individuais e coletivas aptas à aspiração de gases e vapores por parte dos estabelecimentos considerados perigosos ou insalubres. E antes mesmo do advento da consolidação das normas obreiras, mais precisamente em 1941, o Decreto-lei n. 3.616, de 13.9.1941 já classificava expressamente o "trabalho com mercúrio e seus compostos" dentre as atividades passíveis de lesar a integridade física dos operários (FARIA, 1944, p. 242).

A despeito dos questionamentos em juízo formulados nas décadas que sucederam a promulgação da Consolidação das Leis do Trabalho, principalmente em face da legislação sanitária do estado de São Paulo, o Supremo Tribunal Federal chancelou em sucessivas oportunidades a subsistência das legislações locais, reconhecendo aos entes federativos a competência para legislar supletivamente em matéria de segurança e saúde ocupacionais (BRASIL, 1960).

À medida que a indústria foi ganhando espaço na composição do Produto Interno Bruto nacional, ampliaram-se as pressões em torno da uniformização e do maior detalhamento das medidas de prevenção ao risco ocupacional, especialmente naqueles estabelecimentos classificados como "perigosos ou insalubres", a incluírem, como visto, as instalações que se valiam do mercúrio como matéria-prima. Como resultado de tal movimento, a Lei n. 6.514, de 22.12.1977 alterou a redação dos arts. 155 e 200 da CLT, delegando ao então Ministério do Trabalho a incumbência de estabelecer os regulamentos pertinentes à segurança, saúde e medicina do trabalho.

Já no ano seguinte, o ministro do Trabalho, por intermédio da Portaria n. 3.214, de 8.6.1978, consolidou a versão original das vinte e oito primeiras Normas Regulamentares, dentre elas a NR-15, destinada às "atividades e operações insalubres". Naquela edição original, seu Anexo 11 inseriu o mercúrio metálico dentre os elementos sujeitos a "limites de tolerância", tendo este último sido ali fixado em 0,04 mg/m^3, mantendo-se até hoje — trinta e seis anos depois — tal quantitativo de concentração atmosférica.

Com a fixação do limite de tolerância para o mercúrio e para os demais elementos considerados insalubres pelo Anexo 11 da NR-15, ganhou força a linha argumentativa a propalar que a submissão dos trabalhadores a concentrações atmosféricas em níveis iguais ou menores do que aqueles quantitativos regulamentares seria francamente facultada pelo ordenamento jurídico. Segundo tal entendimento, os quantitativos fixados em 1978 pelo Ministério do Trabalho serviriam como o marco legal a presumir de modo absoluto a legalidade das condutas empresariais a envolverem a exposição de seus obreiros a certos elementos químicos e, principalmente, a conferir às indústrias a tão decantada "segurança jurídica" em matéria de saúde e segurança do trabalho.

Tal entendimento, contudo, não reúne condições de subsistir na atual quadra principiológica em que se encontra inserido o ordenamento normativo pátrio e nem tampouco no estágio hodierno a caracterizar a hermenêutica jurídica. Por essa razão, procurar-se-á, nas presentes linhas, formular a reinterpretação dos limites de tolerância fixados no Anexo 11 da NR-15, a fim de lhes conferir um sentido e alcance mais condizente com tais pautas contemporâneas e de resgatá-los daquela compreensão tacanha e pedestre que surpreendentemente ainda logra considerável adesão.

2. A reinterpretação dos limites de tolerância à luz dos princípios do meio ambiente equilibrado do trabalho e da ordem econômica

A fixação normativa dos limites de tolerância às substâncias insalubres listadas no Anexo 11 da NR-15, a despeito das justificativas científicas apresentadas quando de sua edição no passado, vem sendo utilizada pelas empresas ao longo das últimas décadas como um fator de reprodução do vetusto discurso a preconizar a necessidade quanto à existência de normas preestabelecidas, previsíveis e objetivas a respeito das condutas a serem por elas empreendidas no desempenho de suas atividades econômicas e, mais especificamente, na gestão do ambiente de trabalho e da mão de obra.

Segundo tal discurso, os limites de tolerância fixados na NR-15 confeririam aos empresários a exata noção acerca das concentrações permitidas para certas substâncias químicas, dentro das quais eles não seriam responsabilizados pelo eventual adoecimento de seus trabalhadores. Ter-se-ia, nesses termos, uma verdadeira presunção absoluta de inofensividade de tais elementos acaso estes permanecessem abaixo dos níveis estabelecidos naquela normativa, de modo que provesse os empregadores da tão almejada segurança jurídica, a caracterizar os anseios capitalistas desde o advento do liberalismo e da codificação do direito (NASCIMENTO, 2008, p. 42-45).

No entanto, tal lógica formalista somente lograria se manter íntegra em um contexto no qual as ficções normativas possuíssem preponderância absoluta, mesmo diante das constatações acerca da evolução do conhecimento científico a respeito dos limites de exposição a certas substâncias. Tal cenário, originalmente vislumbrado como ideal pelo liberalismo clássico, já não encontra nos dias atuais condições de subsistência, porquanto o próprio direito positivo apercebeu-se de sua falibilidade como sistema destinado à regulamentação dos fatos da vida, o que conduziu a hermenêutica jurídica a evoluir em direção à superação daquele tecnicismo positivista inflexível de outrora (NETTO; SCOTTI, 2011, p. 45-55).

2.1. Enquadramento da exposição ocupacional ao mercúrio como desequilíbrio laborambiental

"Meio ambiente" é um conceito unitário, pois engloba todos os elementos naturais e artificiais que circundam os seres humanos e que são essenciais para a manutenção de sua integridade física e psíquica (ou seja, de sua "dignidade"). Por essa singela razão, as diretrizes principiológicas que norteiam a "*Política Nacional do Meio Ambiente*" aplicam-se de forma plena a todas as subdivisões do "meio ambiente" (cultural, digital, do trabalho, urbano, rural etc).

Sendo o meio ambiente do trabalho uma parte desse amplo conjunto, é natural que as diretrizes em referência a ele se apliquem integralmente. Desse modo, as questões atinentes à organização das condições de trabalho, à disposição do maquinário, à gestão de recursos humanos, dentre outras — tradicionalmente afetas à "autonomia privada" e à "livre-iniciativa" — deverão se pautar pelos princípios estabelecidos na Constituição Federal e na Lei n. 6.938/81, notoriamente àqueles concernentes ao "meio ambiente equilibrado" (art. 225, *caput*, da CF), à redução dos riscos laborais (art. 7º, XXII, da CF) e à dignidade humana como condicionante da ordem econômica (art. 170 da CF) (FORGIONI, 2012, p. 183-185).

Desse modo, a expressão constitucional "meio ambiente equilibrado" quando aplicada aos locais de trabalho aponta para a existência de um dever, por parte dos empregadores, atinente à manutenção de condições de higiene, espaços e maquinários que não coloquem em risco a integridade psicofísica dos trabalhadores, sob pena de gerar a figura da "poluição", conceituada de forma objetiva no ordenamento jurídicio pátrio, mais precisamente na Lei n. 6.938/81.

De fato, a "Política Nacional do Meio Ambiente" definida na Constituição Federal e na Lei n. 6.938/81 tem como figura central o conceito de "poluição" que, na definição abstrata do art. 3º, III, desse último diploma legal, compreende "a degradação da qualidade ambiental resultante de atividades" que, dentre outros fatores, "prejudiquem a saúde, a segurança e o bem-estar da população", "criem condições adversas às atividades sociais e econômicas" e "afetem as condições estéticas e sanitárias do meio-ambiente".

E, naturalmente, se há a "poluição", há o "poluidor", que, na acepção do art. 3º, IV, da Lei n. 6.938/81, adjetiva "a pessoa física ou jurídica, de direito público ou privado, responsável, direta ou indiretamente, por atividade causadora de degradação ambiental", quais sejam, aquelas que venham a ocasionar desequilíbrio nas condições existenciais necessárias à vida e à integridade física dos indivíduos.

Se o conceito de meio ambiente é um todo, a ter como uma de suas partes integrantes o "meio ambiente do trabalho", é evidente que as definições legais de "poluição" e de "poluidor" estender-se-ão aos desequilíbrios nos locais de trabalho ocasionados pelos empregadores ou, em geral, por aqueles que organizam os fatores de produção e submetem a eles os trabalhadores (aqui compreendidos de maneira ampla, sejam os empregados, os terceirizados, os autônomos, as "pessoas jurídicas individuais", os falsos cooperados etc).

Tais desequilíbrios que caracterizam a poluição laborambiental compreendem, justamente, as condições de risco à integridade psíquica e física inerentes aos locais de trabalho a que são submetidos os obreiros. É importante destacar, desde já, que as ameaças inseridas no conceito ora formulado não são limitadas àquelas hipóteses descritas de modo detalhado na legislação, havendo de se falar também em poluição laborambiental nas situações em que as condições de trabalho envolverem grau de periculosidade, insalubridade, nocividade ou penosidade aptas a comprometerem substancialmente a vida e a saúde dos obreiros (FELICIANO, 2006, p. 137-138).

É exatamente em tal categoria que se enquadra a exposição ocupacional ao mercúrio, independentemente das concentrações atmosféricas de tal elemento, pois a ciência médica já demonstrou, há muito, a inexistência de limites seguros de exposição para aquele metal, haja vista, justamente, sua alta volatilidade, sua capacidade de impregnação em pisos, paredes e roupas, bem assim sua notória acumulação nos tecidos do corpo humano, principalmente no sistema nervoso central.

Nesse sentido, o médico ucraniano I. M. Trakhtenberg — no estudo de 1975 intitulado *"Chronic Effects of Mercury on Organisms"* — constatou a presença dos sintomas característicos do hidrargirismo em trabalhadores expostos a concentrações de mercúrio que variavam entre 0,01 mg/m^3 e 0,05mg/m^3, divididos em três grupos, a saber: (i) obreiros lotados nas indústrias de manufatura elétrica, montagem de termômetros e cloro-soda, (ii) dentistas e profissionais da área de saúde e (iii) empregados das áreas administrativas de empresas que utilizam o mercúrio como matéria-prima (TRAKHTENBERG, 1975).

Ao cabo do referido estudo, o professor Trakhtenberg atestou a presença de sintomas específicos do hidrargirismo não apenas nos dois primeiros grupos, mas também naquele terceiro coletivo de trabalhadores, que estavam expostos, segundo ele próprio constatou, a concentrações de mercúrio no ar inferiores a 0,01 mg/m^3, ou seja, a um quarto dos limites tolerados pela NR-15 (TRAKHTENBERG, 1975).

Alguns anos depois — mais precisamente em 1983 — o higienista norte-americano R. F. Fawer coordenou estudo com trabalhadores da indústria que mantinham contato com mercúrio metálico na forma de vapor, intitulado "Measurement of hand tremor inducted by industrial exposure to metallic mercury". Como resultado, o referido especialista constatou a presença de sintomas do hidrargirismo — especialmente de tremores nas mãos — nos referidos trabalhadores, confirmando, ao fim e ao cabo, a hipótese de que o mercúrio, mesmo em concentrações atmosféricas inferiores a 0,05 mg/m^3, tem o condão de se acumular no sistema nervoso central e de lesionar este último (FAWER, 1983).

Nesse mesmo sentido, o médico italiano Roberto Lucchini realizou amplo estudo de coorte com trabalhadores nas indústrias do ramo químico, do cloro-álcali, de termômetros e da manufatura de lâmpadas fluorescentes, intitulado *"Neurotoxic effect of exposure to low doses of mercury"* chegando igualmente à conclusão de que a exposição ocupacional dos trabalhadores a níveis mais baixos até mesmo do que aqueles considerados pela literatura mais atualizada lesionaria o sistema nervoso central, de modo que ocasionasse o hidrargirismo. Note-se, por oportuno, que os níveis de mercúrio encontrados na urina dos trabalhadores examinados por Lucchini e sua equipe apresentaram resultados significativamente inferiores ao valor limite consagrado no Quadro 1 da NR-7 (a saber: 35 μg/g de creatinina) (LUCCHINI, 1972).

De igual modo, a publicação da Organização Mundial da Saúde intitulada *"Elemental mercury and inorganic mercury compounds: human health aspects"*, publicada em 2003, faz menção às pesquisas dos especialistas Piiviki e Tolonen, que verificaram a presença de severas alterações neurológicas em trabalhadores dos setores de cloro-álcali expostos a concentrações de mercúrio no ar próximas a 0,02 mg/m^3, ou seja, à metade do "limite de tolerância" assumido pela NR-15 (*WORLD HEALTH ORGANIZATION*, 2003).

Não obstante os estudos a apontarem os danos neurológicos ocasionados pelas baixas concentrações atmosféricas de mercúrio, há de se fazer menção, igualmente, às pesquisas compiladas no Relatório enviado pela Agência de Proteção Ambiental dos Estados Unidos da América (*Environmental Protect Agency*) ao Congresso Nacional norte-americano sobre os riscos sanitários inerentes ao mercúrio (*Mercury Studies Report to Congress, Volume V – Health Effects of Mercury and Mercury Compounds*) (STEWART, 1977).

O sobredito relatório faz menção às pesquisas dos professores W. Stewart e L. Barregard, que atestam, respectivamente, a ocorrência de lesões renais em trabalhadores das indústrias de cloro-álcali e de laboratórios expostos a concentrações de mercúrio no ar nas proporções de 0,002 mg/m^3 de 0,01 mg/m^3 a 0,05 mg/m^3, respectivamente. Há ali, igualmente, referência aos estudos de coorte implementados pelos professores O. Wada e R. Tubbs a comprovarem a ocorrência de danos gastrointestinais e imunológicos em obreiros submetidos a concentrações inferiores a 0,01 mg/m^3 (BARREGARD, 1988); (WADA, 1969); (TUBBS, 1982).

Justamente por conta desses dados, colhidos em inúmeros estudos, a Organização Mundial da Saúde concluiu em 2012, no bojo de sua Nota Descritiva 361/2012, que o mercúrio, mesmo em pequenas quantidades, pode ocasionar danos à saúde e que os trabalhadores a exercerem suas atividades próximo a fontes de vapor de mercúrio integram grupo de risco elevado de contaminação, recomendando-se, por isso mesmo, a progressiva eliminação da utilização de tal elemento como matéria-prima na produção de itens não essenciais, dentre eles, as lâmpadas à base de vapor de mercúrio (*WORLD HEALTH ORGANIZATION, 2012*).

Diante das evidências carreadas nas presentes linhas, não restam dúvidas de que o mercúrio, em qualquer concentração atmosférica, é um fator de desequilíbrio laborambiental, capaz de carrear riscos para a integridade psicofísica dos trabalhadores, mesmo naquelas situações em que suas quantidades lançadas no ar estejam abaixo dos limites fixados no Anexo 11 da NR-15.

2.2. A necessária releitura dos limites de tolerância da NR-15 como presunção juris tantum

Conforme visto alhures, diversos estudos científicos levados a cabo por especialistas em toxicologia das mais diversas nacionalidades atestam de forma peremptória que baixas concentrações de mercúrio no ambiente laboral ocasionam danos ao sistema nervoso central dos trabalhadores e que, por tal razão, os riscos inerentes ao hidrargirismo subsistem mesmo quando são observadas as condições estabelecidas pelo item 15.1.5 da NR-15 c/c o item 7 e quadro anexo de seu Anexo 11, a respeito dos limites de tolerância ao mercúrio.

Tal constatação, aliada ao arcabouço principiológico que subjaz ao ordenamento jurídico pátrio, principalmente após a promulgação da Constituição Federal de 1988 e após a ratificação da Convenção n. 155 da OIT pelo Brasil em 1994, impõem ao aplicador do direito a adoção de novos parâmetros interpretativos para as normas regulamentares que estabelecem os limites de tolerância a determinadas substâncias reconhecidamente tóxicas.

Por essa singela razão, já não cabe mais supor que os preceitos consagrados na NR-15 contêm em si mesmos a presunção de legalidade apta a afastar, de *per se*, os avanços técnicos a trazerem a lume novos fatores de risco inerentes aos elementos químicos.

Dito de forma mais precisa, quando a ciência logra demonstrar de maneira peremptória a subsistência de riscos para os indivíduos mesmo em concentrações abaixo dos limites legais para uma determinada substância, não é lícito supor que as empresas estejam autorizadas a ignorar tais evidências sob a assertiva de que o texto da NR-15 está sendo por elas observado. Em tais circunstâncias, chegar-se-ia ao extremo de sobrepor abstratamente o primado da legalidade estrita — em seu viés positivista clássico — aos princípios humanitários mais caros ao constitucionalismo moderno, o que, evidentemente, não faria nenhum sentido no contexto hermenêutico em que se insere a Carta de 1988.

Por essa singela razão, o imperativo constante do item 15.1.5 da NR-15 e do item 7 de seu Anexo 11, no sentido de que inexistirão riscos aos trabalhadores quando as concentrações de elementos químicos se situarem abaixo dos limites de tolerância ali estabelecidos, não poderá ter outro valor jurídico senão o de uma presunção relativa, ou *juris tantum*, cuja elisão ocorrerá quando as circunstâncias dos casos concretos atestarem o contrário.

Tal fenômeno a permear o confronto entre o texto da norma e a realidade fática, bem assim a relatividade dos conceitos legais quando superados pelos avanços científicos e a consequente presunção *juris tantum* de tais normativas, fora percebido e relatado por juristas do quilate de Francesco Ferrara e Jean Cruet já na década de 1930 (FERRARA, 1934, p. 99-100); (CRUET, 1938, p. 168-171).

Não se pode presumir de maneira absoluta, portanto, que toda e qualquer exposição ao mercúrio em concentrações inferiores a 0,04 mg/m^3, tal como pressuposto na NR-15, deixará de oferecer riscos à saúde e à integridade psicofísica dos trabalhadores empregados nas indústrias que utilizam aquele metal como matéria-prima.

As nuances dos casos concretos, analisadas à luz dos princípios a eles aplicáveis, é que permitirão avaliar se as medições configuram, de *per se*, um indicativo real de inexistência de ameaças ou se outros fatores aliados a ela denotam a potencialidade lesiva do ambiente de trabalho (ZAGREBELSKY, 2005, p. 127-129).

Para além disso, não se pode admitir como válida a interpretação meramente literal, pedestre e isolada dos sobreditos itens 15.1.5 da NR-15 e do item 7 de seu Anexo 11, no sentido de que a singela observância aos limites de tolerância ali estabelecidos pressuporia a inexistência de riscos laborambientais e a licitude das condutas dos empregadores.

Como já advertira Eros Roberto Grau "*não se interpreta o direito em tiras*", impondo-se ao intérprete, em quaisquer circunstâncias a envolver a aplicação de preceitos do ordenamento jurídico, "*o caminhar pelo percurso que se projeta a partir dele — do texto — até a Constituição, [pois] um texto de direito isolado, destacado, desprendido do sistema jurídico, não expressa significado normativo algum*" (GRAU, 2006, p. 52-59).

Partindo-se desse percurso sinalizado por Eros Roberto Grau, a compreensão plena do sentido e do alcance subjacentes ao item 15.1.5 da NR-15 e do item 7 de seu Anexo 11 não prescinde do seu cotejo com a diretriz emanada dos itens 9.1.1 e 9.5.2 da NR-9, a estabelecer, para os empregadores, a obrigação de antecipação e prevenção de todos os riscos existentes ou potencialmente existentes no local de trabalho, bem assim a informação aos obreiros das medidas disponíveis para a redução ou neutralização de tais ameaças.

De igual modo, o art. 9º da Lei n. 6.938/81 impõe aos empregadores a instalação de equipamentos e a absorção de tecnologia apta a promover a neutralização dos riscos laborambientais. Nesse mesmo sentido, o art. 4º, item 2 da Convenção n. 155 da OIT — ratificada pelo Brasil por meio do Decreto n. 1.254, de 29.9.1994 — estabelece para os Estados-membros o dever de buscar a redução ao mínimo possível, de tais ameaças.

E, por fim, no plano constitucional, o texto magno não apenas assegura à generalidade dos cidadãos, em seus arts. 6º e 225, *caput*, os direitos fundamentais à saúde e ao meio ambiente equilibrado, aí incluído o laboral, como também impõe aos empregadores, nos termos de seu art. 7º, XXII, a redução dos riscos inerentes ao trabalho, sempre com vistas à melhoria contínua de sua condição social, conforme já visto.

Os dispositivos normativos, legais, convencionais e constitucionais em referência, analisados à luz das situações concretas de exposição laboral ao mercúrio, não facultam de forma alguma às empresas que o utilizam como matéria-prima a acomodação nos níveis de exposição equivalentes aos limites estabelecidos na NR-15 e nem tampouco permitem a elas prescindir da aquisição do maquinário e das técnicas mais modernas voltadas para a progressiva neutralização do referido risco disponíveis no mercado.

De fato, a postura exigida das referidas empresas pelo ordenamento jurídico pátrio é pautada, há muito, pela busca incessante da neutralização dos riscos inerentes ao local de trabalho, seja pela aquisição do maquinário mais moderno, seja pela implementação das medidas de proteção individual e coletiva mais atualizadas, ou, na insuficiência de tais providências, pela eliminação dos fatores a envolverem ameaças à integridade psicofísica de seus trabalhadores, mormente porque há muito tempo se sabe que não existem níveis seguros para a exposição ao mercúrio.

Sendo assim, quando os empregadores se acomodam com o limite de 0,04 mg/m^3 previsto na NR-15 e deixam de adotar medidas voltadas para a eliminação dos riscos inerentes à exposição de seus trabalhadores ao mercúrio, se está diante de claro malferimento às diretrizes emanadas dos arts. 6º, 7º, XXI e 225, *caput*, da Constituição Federal, do art. 4º, item 2 da Convenção n. 155 da OIT, do art. 9º, V, da Lei n. 6.938/81, do art. 11, I, II e, finalmente, dos itens 9.1.1 e 9.5.2 da NR-15 (FELICIANO, 2006, p. 160).

Vê-se, diante de todo o exposto, que a subsistência de valores inferiores a de 0,04 mg/m^3 estabelecido para o mercúrio na NR-15 não pode ter outro significado senão o de presunção *juris tantum* de legalidade, a admitir a comprovação em sentido contrário quando a exposição prolongada a tais concentrações em uma determinada empresa, sob certas circunstâncias, tiver o condão de ocasionar prejuízos à integridade psicofísica dos trabalhadores.

3. Conclusão

As considerações acima formuladas — a escancararem a falácia da pretensa presunção absoluta de inofensividade das concentrações atmosféricas de mercúrio iguais ou menores do que o limite de 0,04 mg/m^3 previsto na NR-15 diante das evidências científicas obtidas nas últimas décadas – indicam de forma cristalina a incompatibilidade de tal entendimento com as diretrizes principiológicas que norteiam o ordenamento pátrio e com a hermenêutica jurídica contemporânea.

Do contrário, seria admitir que a descrição fática cristalizada nos textos legais têm, só por isso, o condão de prevalecer sobre os fatos em si, mesmo quando estes teimarem em apontar para a direção oposta àquela sinalizada pela norma. Tal comportamento, fundado em uma ideia perfunctória de segurança jurídica, seria risível se não carreasse, muitas vezes, consequências trágicas para os destinatários de tais preceitos.

Tal visão excessivamente formalista (e fetichista) acerca dos textos legais, principalmente daqueles a tratarem de questões delicadíssimas como a integridade psicossocial dos indivíduos no exercício de suas atividades profissionais, não encontra espaço para subsistir em um ordenamento jurídico de cunho democrático e solidarista que condiciona a atividade econômica ao respeito à dignidade humana e à função social da propriedade, a englobar, necessariamente, a sanidade do meio ambiente laboral.

Sendo assim, diante da concreta constatação da lesividade de um determinado elemento danoso aos trabalhadores, mesmo em concentrações compatíveis com os limites previstos no Anexo 11 da NR-15, ter-se-ia, mesmo em tais hipóteses, a materialização da figura da poluição laborambiental, com todas as suas consequências jurídicas.

Dúvidas não restam, portanto, que o único valor passível de ser conferido atualmente aos indicativos previstos no Anexo 11 da NR-15 é o de uma presunção *juris tantum*, seja para as concentrações atmosféricas de mercúrio, ou para qualquer um dos elementos ali elencados. Somente assim poderá a referida norma conviver logicamente com a notável e cada vez mais rápida evolução científica a respeito do que se entende por "limites de tolerância" na seara ocupacional.

Referências

BARREGARD, L. *et alii*. "Enzymuria in workers exposed to inorganic Mercury". *Int. Arch. Occup. Environ. Health*, 61(1-2): 65-69; 1988.

BRASIL. SUPREMO TRIBUNAL FEDERAL. *Recurso extraordinário n. 40.748/SP*. Relator: Min. Ari Franco. 1ª Turma. *DJ*: 7.3.1960, p. 579.

______. SUPREMO TRIBUNAL FEDERAL. *Recurso extraordinário n. 44.942/SP*. Relator: Min. Cândido Motta. 1ª Turma. *DJ*: 21.8.1961, p. 280.

CRUET, Jean. *A vida do direito e a inutilidade das leis*. Lisboa: Editorial Ibero-americana, 1938.

FARIA, Edmundo Bento de. *Dos acidentes de trabalho e doenças profissionais*. 2. ed. Rio de Janeiro: Freitas Bastos, 1944.

FAWER, R. F. *et alii*. "Measurement of hand tremor induced by industrial exposure to metallic mercury". *British Journal of Industrial Medicine*, 40: 204-208, 1983.

FELICIANO, Guilherme Guimarães. *T*ópicos avançados de direito material do trabalho. *Atualidades Forenses*, vol. 1. São Paulo: Damásio de Jesus, 2006.

FERRARA, Francesco. Trad: ANDRADE. Manuel A.D de. *Interpretação e aplicação das leis*. São Paulo: Livraria Académica, 1934.

FORGIONI, Paula. *A evolução do Direito Comercial brasileiro.* Da mercancia ao mercado. 2. ed. São Paulo: Revista dos Tribunais, 2012.

GRAU, Eros Roberto. *Ensaio e discurso sobre a interpretação/aplicação do Direito*. 4. ed. São Paulo: Malheiros, 2006.

LUCCHINI, Roberto *et alii*. "Neurotoxic effect of exposure to low doses of mercury". Disponível em: http://www.ncbi.nlm.nih.gov/pubmed/12197270.

NASCIMENTO, Alysson Mascaro. *Crítica da legalidade e do Direito brasileiro*. 2. ed. São Paulo: Quartier Latin, 2008.

NETTO, Menelick de Carvalho; SCOTTI, Guilherme. *Os direitos fundamentais e a incerteza do Direito.* Belo Horizonte: Editora Fórum, 2011.

STEWART, W. *et alii.* "Urinary mercury excretion and proteinúria in pathology laboratory staff". *Br. J. Ind. Med.* 34: 26-31, 1977.

TRAKHTENBERG. I. M. "Chronic effects of mercury in organisms". U. S. Department of Health, Education, and Welfare, Public Health Service. National Institutes of Health, *DHEW Publication*, n. (NIH) 74-473.

TUBBS, R. *et alii*. 1982. "Membranous glomerulonephritis associated with industrial mercury exposure – Study of pathogenic mechanisms". *Am. J. Clin. Pathol*, 77: 409-413, 1982.

WADA, O. *et alii*. "Response to a low concentration of mercury vapor: relation to human porphyrin metabolism". *Arch. Environ. Health*, 19: 485-488, 1969.

WORLD HEALTH ORGANIZATION: *Elemental mercury and inorganic mercury compounds: human health aspects.* Disponível em: https://extranet.who.int/iris/restricted/bitstream/10665/42607/1/9241530502.pdf.

ZAGREBELSKY, Gustavo. Trad: GASCÓN. Marina. *El derecho dúctil*. Madri: Trotta, 2005.

7

Os Anexos I e II da NR-15: Uma Análise do Ruído e seus Efeitos Insalubres

Carolina Bonança Barbosa

Introdução

O ruído, agente físico tão comum em setores industriais e inerente a algumas atividades econômicas, tem sua regulamentação como agente insalubre por intermédio dos anexos I e II da Norma Regulamentadora n. 15 do Ministério do Trabalho e Emprego, tratando-se de fator que impacta de forma direta e indireta na saúde dos trabalhadores a que a ele são expostos.

O agente em questão, justamente por ser tão frequente no setor econômico e gerar consequências, na mesma proporção, tão severas à saúde, deve ser minuciosamente analisado, a fim de que medidas de prevenção e contenção possam ser tomadas.

Dados levantados pela Organização Mundial da Saúde (OMS) em conjunto com a Organização Internacional do Trabalho (OIT), em relatório apresentado no ano de 2021 denominado "Estimativas conjuntas da OMS e da OIT sobre o ônus de doenças e lesões relacionadas ao trabalho, 2000-2016", demonstraram que doenças ocupacionais relacionadas ao ruído representaram 9,1% em todo o mundo, um aumento de 38% comparado com o ano de 2000.

Os dados ainda indicaram que o ruído não provocou mortes diretas, e que seria mais frequente nas profissões da construção civil, indústria metalúrgica e entre profissionais aeronautas.

As consequências na saúde de quem é exposto por longo período a ruído excessivo são nefastas, podendo causar impactos que vão além daqueles notoriamente conhecidos de perda auditiva, motivo pelo qual a análise do agente, medidas de prevenção e eliminação são essenciais.

Para tanto, infere-se ser de extrema importância que inicialmente se compreenda a dimensão do chamado meio ambiente do trabalho, a extensão deste para além do ambiente físico de atuação do trabalhador, para que então se possa expor a previsão do ordenamento jurídico acerca dos agentes por ele considerados como insalubres e, portanto, nefastos à saúde de quem labora nessas condições, o que será exposto nas primeiras partes deste artigo.

Em sequência, importante ainda que se compreenda qual o objetivo da previsão legal dos agentes insalubres, e qual o escopo a ser alcançado, havendo neste ponto análise minuciosa sobre a possibilidade de neutralização e eliminação do agente físico ruído por intermédio de equipamentos coletivos e individuais, além de prevenção e zelo em relação à saúde e segurança de trabalhadores a ele expostos de forma inerente em sua jornada de trabalho.

Por fim, denota-se crucial uma análise das consequências mediatas e imediatas na saúde do trabalhador que foi exposto, mostrando inclusive a dimensão que um agente tão corriqueiro e habitual no setor econômico e industrial pode causar no organismo humano.

Desta feita, o presente artigo tratará de expor de forma geral a previsão legal acerca do ruído no ordenamento jurídico brasileiro, as formas de neutralização e proteção do trabalhador, e acaso isso não ocorra, as consequências mediatas e imediatas sobre o organismo humano, demonstrando ao fim se a regulamentação jurídica existente é de fato suficiente à tutela da saúde e segurança do trabalho.

1. Meio ambiente do trabalho e o objetivo da previsão legal do adicional de insalubridade

Para que possa ser realizado o estudo que se pretende com este artigo, isto é, a compreensão do agente físico ruído e sua previsão legal, possibilidade de neutralização e eliminação, bem como impactos na saúde do trabalhador que a ele é exposto, é necessário primeiramente que se entenda a dimensão do que é compreendido na doutrina como meio ambiente do trabalho, qual a extensão do conceito e o objetivo da previsão legal acerca do adicional de insalubridade: se é de fato a proteção à saúde e segurança do trabalho ou apenas compensação por eventuais danos causados ao trabalhador.

A respeito do meio ambiente do trabalho, Júlio César de Sá da Rocha (2002, p. 127-128) o define como aquele representado por "*(...) todos os elementos, interrelações e condições* que influenciam o trabalhador em sua saúde, física e mental, comportamento e *valores reunidos no* locus *do trabalho, sendo o ponto de partida para que se assegure saúde no trabalho (...)*".

Para além disso, importante mensurar que o meio ambiente do trabalho terá repressões diretas para além do espaço físico em que alguém propriamente executa suas tarefas, provocando efeitos e consequências diretas no ambiente social e privado em que este se insere, justamente pelos impactos que provoca em sua saúde, qualidade de vida e possibilidade de interação com outras pessoas.

José Afonso Silva (2003) destaca justamente que o fato de a maior parte da vida do trabalhador se desenrolar em seu meio ambiente de labor, os impactos em sua qualidade de vida estão intimamente ligados, motivo pelo qual a preocupação com o ambiente hígido do ponto de vista salutar é assunto de suma importância para a coletividade de forma geral, uma vez que os impactos terão efeitos sobre o Sistema Único de Saúde, em caso de eventual adoecimento e necessidade de atendimento médico, e sobre a Previdência Social, acaso se verifique incapacidade decorrente deste fato para o exercício de atividades remuneradas.

Assim, o meio ambiente do trabalho deve ser analisado, e especialmente suas repercussões, para além do local onde o empregado realiza suas atividades, e os efeitos deletérios que a ausência de proteção ou de um ambiente hígido terão em sua saúde, e em uma visão ainda mais ampla, os impactos disso na coletividade de forma geral.

A proteção ao meio ambiente do trabalho encontra forte base nos princípios gerais de Direito Ambiental, especialmente o da prevenção, quando tratamos de danos à saúde do trabalhador, que preconiza justamente o comando de "*agir antecipadamente*" (SIRVINSKAS, 2014, p. 144-145). Ou seja, a tomada de medidas antes da ocorrência de eventual dano à saúde do trabalhador:

> Prevenção significa adoção de medidas tendentes a evitar riscos ao meio ambiente e ao ser humano (...). Na aplicação deste principio no âmbito trabalhista, deve-se levar em conta a educação ambiental a cargo do Estado, mas também das empresas, nos locais de trabalho, orientando os trabalhadores sobre os riscos ambientais e fornecendo-lhes os equipamentos adequados de proteção (...) (MELO, 2008, p. 44).

E nesse aspecto, ao tratar de prevenção no meio ambiente do trabalho, antes de adentrar qualquer aspecto relacionado à possibilidade de adoecimento do empregado, ou seja, o estudo das doenças ocupacionais, permeiam-se necessariamente os agentes que seriam responsáveis por causar o estado patológico.

Segundo a doutrina, tudo aquilo que origina doença é denominado insalubre, palavra originária do latim (SALIBA, 2022) e que é prevista em nosso ordenamento jurídico no art. 189 da CLT:

> Serão consideradas atividades ou operações insalubres aquelas que, por sua natureza, condições ou métodos de trabalho, exponham os empregados a agentes nocivos à saúde, acima dos limites de tolerância fixados em razão da natureza e da intensidade do agente e do tempo de exposição aos seus efeitos.

Assim, se no meio ambiente do trabalho houver elementos capazes de causar doenças e interferir de forma mediata ou imediata na saúde do trabalhador, estaremos falando de agentes insalubres.

A CLT, embora preveja o conceito de insalubridade, não regulamenta a matéria em questão, o que ficou a cargo de portaria do Ministério do Trabalho e Emprego, conforme previsão do art. 190 do mesmo diploma legal, sendo esta a fonte jurídica que define critérios e limites para a caracterização do agente.

Atualmente, a regulamentação da insalubridade no meio ambiente do trabalho é feita pela Norma Regulamentadora n. 15, instituída pela Portaria n. 3.214/1978, a qual estabelece em cada em um dos seus anexos os agentes que seriam considerados maléficos à saúde do trabalhador, bem como os limites permitidos de exposição, formas de neutralização e critérios adotados.

O Item 15.1 da NR-15 estabelece que serão consideradas atividades insalubres as que excederem os limites de tolerância previstos nos Anexos 1, 2, 3, 5, 11 e 12, ou seja, trata-se de agentes que demandam uma análise quantitativa, isto é: natureza, intensidade e tempo de exposição, sendo eles: ruído contínuo ou intermitente, ruído de impacto, calor, radiação ionizante, agentes químicos e poeiras minerais.

Nesse caso, a medição realizada será sempre pela concentração e intensidade, em comparação com os limites existentes.

Para os agentes previstos nos Anexos 6, 13 e 14, a análise se dá de forma qualitativa de riscos inerentes à atividade, sendo elas condições hiperbáricas, agentes químicos e biológicos. Ou seja, "*o fato de não haver meios de se eliminar ou neutralizar a insalubridade, significa que esta é inerente à atividade*" (SALIBA, 2022, p. 15).

Por fim, haverá insalubridade, que deverá ser comprovada com inspeção no local de trabalho para os riscos que demandem análise qualitativa e estão inseridos nos Anexos 7, 8, 9 e 10, sendo radiação não ionizante, vibração, frio e umidade. Nesses casos, não houve fixação pelo MTE de limites de exposição, cabendo assim ao perito a análise da função da atividade do trabalhador, valendo-se de critérios de higiene ocupacional (SALIBA, 2022).

Havendo a caracterização do ambiente insalubre de trabalho, em razão da extrapolação dos limites de exposição, análise qualitativa dos agentes ou exposição inerente pela atividade, está o risco à saúde do trabalhador configurado, tendo sido a alternativa concebida pelo legislador para compensação aos riscos à saúde, o pagamento de adicional salarial: "*Os adicionais consistem em parcelas contraprestativas suplementares devidas ao empregado em virtude do exercício do trabalho em circunstâncias tipificadas mais gravosas*" (DELGADO, 2016, p. 839).

O raciocínio, nesse aspecto, é justamente de impossibilidade da realização da atividade econômica sem que haja risco à saúde de quem a executa, de modo que é pago, pela exposição prolongada do trabalhador a tal circunstância, nos termos do art. 192 da CLT, o adicional de insalubridade, de natureza compensatória e salarial pelos danos decorrentes.

Destaca-se, nesse aspecto, que o objetivo da lei no entanto não é o simples pagamento do adicional de insalubridade como forma de compensar a exposição do empregado ao risco à saúde, mas evitar que este ocorra conforme preconizado no art. 191 da CLT.

Para tanto, a legislação prevê a adoção pelos empregadores de medidas de prevenção, priorizando aquelas implementadas no ambiente de trabalho de forma direta, ou seja, de cunho logístico, operacional e administrativo, e de forma secundária, mediante fornecimento de equipamentos de proteção, coletivos e posteriormente de cunho individual.

O escopo legislativo, realizando interpretação teleológica, nos leva a compreender que a intenção é de fato a proteção do trabalhador, o que nem sempre se torna possível pela agressividade dos agentes ou então pela ausência de medidas tomadas pelo empregador, que atua em certos casos com negligência a respeito de medidas de segurança e saúde do trabalho.

Nesses casos, em que o nível máximo de exposição é ultrapassado, segundo os limites expostos na NR-15 e seus anexos, ou haja exposição inerente à atividade, sem redução ou neutralização do agente insalubre, deverá ocorrer o pagamento do adicional de insalubridade ao trabalhador, nos termos do art. 192 da CLT, o qual poderá ser aferido em 10% (mínimo), 20% (médio), ou 40% (máximo) sobre o salário mínimo, a depender do agente de contato.

Em obra de Arnaldo Süssekind (2005), em citação a Camille Simonan, é evidenciado justamente o aspecto perverso do referido adicional, que sujeita o trabalhador a condições que abalam sua saúde, causam prejuízos muitas vezes irreversíveis em prol da atividade econômica, remunerando-lhe com percentual extremamente baixo, que é calculado sobre o salário mínimo nacional, conforme estabelecido e sedimentado pela Súmula Vinculante n. 4 do STF:

> (...) o adicional dito de insalubridade é imoral e desumano; é uma espécie de adicional do suicídio; ele encoraja os mais temerários a arriscar a saúde para aumentar seu salário; é contrário aos princípios da Medicina do trabalho e à Declaração dos Direitos do Homem.

Assim, mesmo que a lei preveja a possibilidade de adicional compensatório pela exposição, fato é que seu pagamento jamais de fato alcançará tal escopo, uma vez que, como será exposto adiante, ao trabalhador que adoeceu em função de laborar em ambiente insalubre de trabalho, o retorno ao *status quo ante*, na maioria dos casos, não é factível, tratando-se de ficção jurídica que visa à viabilidade econômica das atividades que demandam exposição prolongada e prejudicial à saúde de quem as exerce.

2. O agente físico ruído e sua previsão no ordenamento jurídico

Conforme já exposto alhures, o ruído é um dos agentes previstos na NR-15 e, portanto, considerado pelo Ministério do Trabalho e Emprego como prejudicial à saúde do trabalhador, sendo regulamentado pelo anexo I, quando de caráter contínuo ou intermitente, e no anexo II, quando de impacto.

Conceitua-se ruído como todo tipo de som indesejável e incômodo, que pode causar adoecimentos ou interferência no processo de comunicação:

> Quanto à diferença entre som e ruído, sabe-se que o primeiro pode ser quantificado, enquanto que o segundo é considerado um fenômeno subjetivo. De modo objetivo, é considerado todo sinal acústico aperiódico, originado da superposição de vários movimentos de vibração com diferentes frequências, as quais não apresentam relação entre si, de modo subjetivo é considerado toda sensação de desagrado, desconforto e/ou de intolerância decorrente de uma exposição sonora (PARRAGA VELASQUEZ, 2005, p. 83, *apud* GANIME, 2010, p. 6).

Não são poucas as atividades econômicas que expõem inúmeros trabalhadores a ruído excessivo, o qual pode estar presente de forma contínua ou intermitente, cuja previsão e limites em ambos os casos são os mesmos, conforme previsão do anexo I da NR-15, havendo apenas diferenciação na forma de sua aferição e cálculo de tolerância.

O ruído intermitente ocorre em atividades cuja exposição não acontece em 100% da jornada de trabalho, mas do uso de instrumentos que o emitam por certo interregno temporal, como máquinas, lixadeiras, tratores e parafusadeiras. Pode ainda estar presente em atividades que são de cunho itinerante, cujo ruído está presente durante toda jornada, mas que é realizado de forma esporádica ou descontínua, a exemplo de mecânicos e encarregados (SALIBA, 2022).

Sobre o ruído intermitente, a Súmula n. 47 do TST consolidou entendimento que a intermitência na atividade insalubre não seria suficiente para afastar por si só o direito ao recebimento do adicional de insalubridade, motivo pelo qual se mostra ainda mais relevante a existência de previsão normativa no anexo I da NR-15 a esse respeito.

Em contrapartida, o ruído contínuo seria aquele que ocorre de forma habitual e durante a totalidade da jornada de trabalho na maioria dos casos, podendo citar trabalhadores de metalurgia, construção civil e em pedreiras.

Como mencionado, o ruído é agente físico, previsto pela NR-15 como insalubre, cuja análise se dá de forma quantitativa, ou seja, afere-se o nível de decibéis em confronto com o tempo de exposição do trabalhador ao agente em questão. Sendo ultrapassado o nível, ficará a insalubridade caracterizada.

O item 2 do anexo I estabelece de forma clara que a medição dos decibéis deve ser realizada junto ao ouvido do trabalhador, sendo apurado pelo decibelímetro o ruído imediato, cabendo análise pelo perito engenheiro dos fatores de interferência e cálculos nos termos das regulamentações previstas com observância dos critérios estipulados pela NH0 01 da Fundacentro, nos termos do Decreto n. 4.882/2003.

Posteriormente, os dados obtidos serão analisados em relação ao tempo de exposição do trabalhador, e se os limites de tolerância máxima para cada interregno temporal do Anexo I da NR-15 teriam sido ultrapassados ou não, o que em caso positivo configuraria a exposição à insalubridade e, portanto, o direito ao recebimento do adicional compensatório.

A tabela prevista no anexo I da NR-15 prevê os limites de tolerância sem considerar qualquer atenuação do ruído por intermédio de proteções coletivas ou individuais, ou seja, sempre é considerada a exposição direta do trabalhador ao agente em questão.

Em caso de haver uso de medidas protetivas, atenuantes ou que neutralizem o agente, caberá ao perito engenheiro fazer a referida avaliação e subtrair os decibéis que entender terem sido reduzidos, causando então modificação no nível de exposição do trabalhador.

Atualmente, o anexo I da NR-15 prevê o limite máximo para uma jornada padrão de 8 horas diárias como sendo de 85db, referência implementada desde 19.11.2003 com a edição do Decreto n. 4.882/2003.

Em anos anteriores, e em razão de modificações legislativas, o limite máximo concebido sofreu severas alterações, sendo que até 5.3.1997 o ruído considerado máximo era de 80db, alterado pela edição do Decreto n. 2.172 para 90db, tendo sido aplicado no interregno temporal de 6.3.1997 a 18.11.2003.

Segundo tese firmada pelo Supremo Tribunal de Justiça em julgamento ao Tema Repetitivo n. 694, houve fixação da aplicação do princípio do *Tempus Regit Actum* quanto aos níveis de ruído no ambiente de trabalho, o que impacta sobretudo na análise de período especial para fins de aposentadoria perante o INSS:

> *Tema n. 694.* STJ.O limite de tolerância para configuração da especialidade do tempo de serviço para o agente ruído deve ser de 90 dB no período de 6.3.1997 a 18.11.2003, conforme Anexo IV do Decreto n. 2.172/1997 e Anexo IV do Decreto n. 3.048/1999, sendo impossível aplicação retroativa do Decreto n. 4.882/2003, que reduziu o patamar para 85 dB, sob pena de ofensa ao art. 6º da LINDB (ex-LICC).

Em relação ao recebimento do adicional de insalubridade propriamente dito, considerando que o nível limite de 85db para uma jornada de 8 horas diárias está vigente desde 2003, e considerando a prescrição bienal e quinquenal para direitos trabalhistas (art. 7º, inciso XXIX da Constituição Federal), os índices anteriormente previstos não guardam impactos ou efeitos para esse fim.

Destaca-se que o item 5 do anexo I determina que não poderá ocorrer a exposição a ruído superior a 115db, independentemente do tempo que isso ocorra, estipulando a Norma Regulamentadora um limite máximo, portanto.

Quanto ao ruído de impacto, previsto no anexo II da NR-15, há forte crítica dos estudiosos sobre o tema, considerando a precariedade da norma regulamentadora, que apenas caracteriza o agente como aquele "*que apresenta picos de energia acústica de duração inferior a 1 (um) segundo, a intervalos superiores a 1 (um) segundo*".

O item 2 ainda prevê que os níveis de impacto são avaliados em decibéis, conforme as previsões do anexo I, sendo considerado para fins de insalubridade como aqueles cujas leituras ultrapassem 130db, sendo que nos períodos de trabalho em que isso não ocorrer, a análise deve se dar em conformidade com os limites estabelecidos para ruído contínuo ou intermitente, conforme já exposto anteriormente.

O Anexo II considera, assim, que a exposição ao ruído de impacto ocorrerá quando ultrapassada a exposição a 130db, não havendo nenhum informativo sobre a quantidade de vezes que isso deve ocorrer, ou seja, interpreta-se que havendo uma única exposição estaria a insalubridade configurada, não precisando haver nenhuma correlação com o tempo.

Saliba e Correa (2022) advertem, no entanto, para que a análise seja fidedigna, o ruído de impacto e os decibéis obtidos em medição devem ser analisados em conjunto com a NHO 01 da Fundacentro, e definir o possível risco em função da quantidade de impactos diários, cuja norma traz tabela a esse respeito e limites de exposição.

Assim, diante do até aqui exposto, considera-se para fins de insalubridade a exposição a ruido contínuo ou intermitente, nos termos do anexo I da NR-15, quando ultrapassados os limites de tolerância aferidos em comparação com o tempo de exposição, o mesmo para o ruído de impacto previsto no anexo II da mesma norma, ensejando ao trabalhador (caso não haja medidas de atenuação ou neutralização eficazes a limites seguros, se isso de fato é possível) a percepção do adicional compensatório calculado em 20% sobre o salário mínimo nacional.

3. A aplicação do princípio da prevenção no meio ambiente do trabalho: neutralização e eliminação do agente ruído

Conforrme exposto, o trabalhador, que em razão da natureza da atividade ou das circunstâncias em que esta se realiza seja submetido a ruído excessivo, nos termos do previsto no anexo I da NR-15, fará jus ao adicional de insalubridade de cunho compensatório conforme preconizado no art. 192 da CLT.

Sendo o escopo da legislação justamente a prevenção e, portanto, a não exposição do trabalhador a situação que impacte sua saúde, há previsão expressa no art. 191 da CLT de quais são as possíveis medidas a serem tomadas pelo empregador visando à eliminação ou neutralização da insalubridade, o que acaso ocorra e sejam os níveis de decibéis reduzidos ou neutralizados, não será o referido adicional devido:

A eliminação ou a neutralização da insalubridade ocorrerá:

> I – com a adoção de medidas que conservem o ambiente de trabalho dentro dos limites de tolerância;
>
> II – com a utilização de equipamentos de proteção individual ao trabalhador, que diminuam a intensidade do agente agressivo a limites de tolerância.

Ou seja, a CLT prevê que as medidas de eliminação e, portanto, prevenção ao risco, ocorrem tanto em relação ao ambiente em que está o trabalhador inserido, quanto em relação a este próprio (SALIBA, 2022).

Acaso seja o artigo legal interpretado levando-se em consideração a prioridade das medidas a serem adotadas, como já exposto, resta evidente que aquelas de cunho ambiental, administrativo, organizacional e logístico aplicadas diretamente ao meio ambiente de trabalho devem ser tratadas como prioridade, e o uso de equipamentos de proteção individual considerados como *ultima ratio* do empregador, cabendo a este implementar primeiramente medidas que visem à preservação de um local equilibrado e saudável, e apenas quando isso não for possível, promover a proteção do empregado de forma direta.

> Não sendo possível ou suficiente o controle no ambiente, deve-se utilizar o controle individual. Dentre as medidas individuais que podem ser aplicadas,

> a lei prevê o uso do EPI, estabelecendo-se que deverá ele diminuir a intensidade do agente a limites de tolerância. (SALIBA, 2022, p. 20)

Saliba (2022) ainda complementa que o ruído, especificamente, poderia ser controlado de três formas, sendo que em relação ao ambiente poderia este se dar pela fonte emissora ou de sua trajetória, como por exemplo o isolamento ou aterramento de maquinário emissor, bem como em relação ao empregado de forma direta, e portanto mediante entrega e disponibilização de equipamentos de proteção individual (EPIs).

Segundo dispõe o art. 194 da CLT, o pagamento de eventual adicional somente cessaria com a eliminação do risco à saúde e integridade física do trabalhador, o que, se interpretado em conjunto com o anexo I da NR-15 para o ruído, significaria a exposição do empregado a níveis abaixo daqueles entendidos como máximos permitidos (85db para uma jornada de 8 horas).

Nesse aspecto, no entanto, pode-se fazer crítica importante à previsão, na medida em que o próprio TST, por intermédio da Súmula n. 289, consolidou entendimento de que o simples fornecimento de EPIs não seria atitude apta a eximir o empregador do pagamento do adicional.

Ou seja, a entrega de proteção de cunho individual não seria suficiente a eliminar o risco à saúde, sendo também necessária a implementação de medidas que conduzam a eliminação ou a diminuição da nocividade.

Dessa feita, parte-se da interpretação de que o próprio TST já consolidou entendimento de que a neutralização completa do agente físico ruído não seria possível apenas com a entrega de equipamento de proteção individual, sendo necessário que outras medidas fossem adotadas pelo empregador para que o meio ambiente de trabalho fosse então considerado hígido.

Tratando especificamente sobre os EPIs para proteção do trabalhador contra o agente físico ruído, a atenuação dos decibéis, e não neutralização, ocorreria por meio de uso de protetor auricular do tipo concha ou plug.

A eficácia do equipamento depende de uma série de fatores externos para sua aferição, destacando-se o efetivo uso pelo empregado na jornada de trabalho, a entrega do protetor adequado para o tipo de atividade desenvolvida, a adaptação ao conduto auditivo de quem o usa, tamanho, higienização, conservação e troca em periodicidade adequada.

Primeiramente, quanto à atividade desenvolvida, interessante mencionar que:

> (...) locais com muita poeira ou atividades que envolvam óleo e graxa, o protetor de inserção não é recomendável, pois exige cuidados de higienização para não causar infecções no ouvido, em locais confinados ou muito

quentes, o tipo circum-aruricular torna-se desconfortável. (SALIBA, 2022, p. 51)

A NR-6 dispõe no item 6.5.1 que cabe à organização (lê-se empregador) entregar os equipamentos, orientar e treinar os empregados, exigir o uso e responsabilizar-se pela higienização e manutenção periódica, devendo ainda, nos termos do item 6.5.2 selecionar o EPI de acordo com a atividade exercida, adequação do equipamento ao empregado e conforto oferecido, além de compatibilidade entre o fornecimento e uso de mais de um EPI.

Ainda em relação ao empregador, a NR-6 dispõe sobre a obrigatoriedade de se comprovar a entrega dos equipamentos em questão (6.5.1, alínea *"d"*), não devendo ser assim aceita a simples declaração do empregado que sempre se valeu dos EPIs ou que os recebia, para que seja o agente considerado neutralizado, uma vez que a análise é técnica e documental, cabendo à empresa a prova da qualidade, quantidade e periodicidade dos equipamentos entregues ao longo do contrato de trabalho.

Ocorre que na prática tem sido adotada pelos peritos técnicos em reclamações trabalhistas a validade da simples declaração do empregado acerca do recebimento de EPIs em detrimento da análise de comprovação documental de entrega nos termos estabelecidos pela NR-6.

O posicionamento coloca em prova a verdadeira validade e eficácia da NR-6, uma vez que sendo o empregado leigo em matéria de adequação, troca e efetividade dos EPIs não poderia ser a informação "de que sempre utilizou os equipamentos" substituta dos documentos e comprovantes exigidos pela norma, sob pena de considerar agente neutralizado que talvez jamais o tenha sido.

Ao empregado, a Norma Regulamentadora instituiu no item 6.6.1 a responsabilização pelo uso correto ao fim que se destina, além da limpeza, guarda e conservação, o que se entende por diferente da higienização e manutenção periódica destinada ao empregador, ou organização como nomenclatura utilizada pela NR-6, que seriam procedimentos de cunho técnico específico, cabendo a limpeza pura e simples ao funcionário.

Ou seja, não basta que haja o fornecimento do equipamento de proteção adequado à atividade, para que a atenuação dos níveis de decibéis efetivamente ocorra, deve este ser usado durante toda a jornada de trabalho pelo empregado, estar com conservação e higiene adequadas, além de ser trocado adequadamente pelo empregador.

Aspecto importante é o estudo feito por Samir Georges (2003, *apud* SALIBA, 2022), e que revelou que o tempo de uso do EPI pelo empregado durante a jornada de trabalho impacta de forma direta na atenuação que este poderá promover, exemplificando que com um equipamento que atenue, por exemplo, 15db, se o empregado o use em apena 50% da jornada em que é exposto, esta será somente de 4db.

Outro fator que deve ser considerado é o tempo de validade do EPI em questão. Na prática, quando da análise *in loco* do ambiente de trabalho pelo perito nomeado em reclamações trabalhistas e análise da neutralização pelo uso de EPIs, na maioria das vezes tem sido considerado o tempo de durabilidade máxima aferida pelo fabricante, o que, segundo o que já foi exposto até o momento, não demonstraria a real eficácia do equipamento, tendo em vista fatores externos que podem diminuir o tempo útil de proteção, tais como higiene, conservação e troca adequada.

Logo, são inúmeros os fatores a serem analisados e considerados para que de fato se possa dizer que um empregado submetido a ruído excessivo teve eliminado ou neutralizado os riscos na atividade e, portanto, seja indevido o pagamento de qualquer adicional compensatório nos termos do art. 192 da CLT, o que se acredita não ser de fato possível, mas apenas a redução dos níveis.

É possível também encontrar jurisprudência sobre a matéria que entende justamente pela impossibilidade de neutralização do agente ruído pelo simples uso de EPIs, sendo então considerado um agente que não poderia ser complementarmente eliminado, conforme julgamento realizado no TRT da 2ª Região:

> ADICIONAL DE INSALUBRIDADE. USO DE EQUIPAMENTOS DE PROTEÇÃO. Ainda que se considere comprovada a efetiva utilização de protetores auriculares pela reclamante, é sabido que equipamentos individuais de proteção não têm o condão de eliminar a nocividade do ambiente de trabalho, apenas ameniza-a, provocando irreparáveis lesões ao operário a longo prazo.

O entendimento acima exemplificado vai ao encontro da tese firmada pelo Supremo Tribunal Federal em julgamento ao Tema n. 555 sobre a concessão de aposentadoria por tempo especial, havendo fixação do entendimento de que o tempo de contagem nesse aspecto poderia ser utilizado se o empregado tivesse se submetido a ruído excessivo, ainda que neutralizado pelo uso de EPIs.

O que ocorre de forma diversa na esfera trabalhista, uma vez que acaso os decibéis estejam dentro dos níveis aceitáveis pela norma regulamentadora, considera-se o agente ruído neutralizado e, portanto, inexistência de condição insalubre e necessidade de pagamento de adicional compensatório.

Assim, para fins de aposentadoria especial, há entendimento consolidado que os EPIs não afastariam a condição de insalubridade, mas para fins de adicional compensatório o uso e entrega, com atenuação a níveis aceitáveis pela NR-15, afastariam a obrigatoriedade de pagamento pelo empregador.

Neste ponto, embora haja a Súmula n. 289 do TST como já mencionado, na prática a aferição de níveis de ruído, sua neutralização e redução seguem os parâmetros estabelecidos pela NR-15, sendo entendimento pacífico de que sua eliminação é possível.

As normas se encontram em nítido conflito e precisariam ser ajustadas, considerando que a área trabalhista e previdenciária de forma inerente possuem aspectos que se esbarram em inúmeros pontos, sendo ilógico determinar que para determinados fins os EPIs seriam suficientes e para outros não.

4. As consequências da exposição ao agente ruído na saúde do trabalhador

Tendo em vista o que foi exposto até o momento, o ruído é considerado agente nocivo à saúde do trabalhador que a ele se expõe, tratando-se assim de agente insalubre que deve ser neutralizado ou eliminado pela empresa, visando à manutenção de ambiente equilibrado e seguro.

Conforme delineado alhures, o anexo I da NR-15 estabeleceu que o limite de exposição máxima para uma jornada de 8 horas seria de 85db, o que conduz à interpretação de que essa frequência diária não seria então suficiente a provocar impactos em sua saúde, e que haveria então situação segura e salubre de trabalho.

Não obstante, recentes estudos têm demonstrado que o nível de 85db definido pela Norma Regulamentadora como supostamente seguro à exposição de uma jornada de 8 horas de trabalho precisaria ser, em verdade, revisto.

Segundo a Organização Mundial da Saúde (2008), em relatório divulgado pela Associação Nacional de Medicina do Trabalho, níveis de 50db já seriam limítrofes ao conforto do ser humano, sendo que quando exposto à incidência superior, efeitos sobre o organismo já poderiam ser identificados.

De 50 a 55dB, o corpo humano já entraria em estado de alerta, reduzindo consideravelmente a concentração. De 65 a 70dB, podem-se iniciar quadros patológicos em função da exposição ao ruído. Nesse nível de exposição o corpo humano inicia processo de adaptação ao ruído excessivo, podendo apresentar alterações em seu funcionamento ordinário quanto à pressão arterial, produção de hormônios e inclusive alterações no colesterol.

Quando esses níveis atingem então mais de 70db o organismo entra em estresse, podendo provocar abalos na saúde mental, e inclusive interferências no sistema neurológico, digestivo e cardiovascular.

Ou seja, o nível considerável como salubre pelo anexo I da NR-15 demonstra-se desatualizado em relação ao que se tem atualmente de estudos sobre os impactos do ruído no corpo humano, tendo em vista que a exposição por 8 horas diárias a 85db demonstra-se inadequada ao ser humano, podendo provocar doenças do trabalho irreversíveis e impactos prolongados na vida do trabalhador exposto.

Além das alterações nos sistemas nervoso, cardiovascular e digestivo, uma das doenças mais comuns a quem se expõe a ruído excessivo é a perda auditiva induzida por ruído (PAIR), a qual altera de forma permanente e bilateral a audição do trabalhador exposto sem proteção adequada.

Outro aspecto importante de ser mencionado é que a níveis acima de 50db já ocorrem alterações no organismo humano que impactam diretamente na concentração, o que aumentariam, por exemplo, as chances de acidente de trabalho, primeiramente pela própria consequência de alteração no sistema nervoso, mas também porque, em ambientes com ruído excessivo, é mais difícil ao trabalhador ouvir alertas e chamados de colegas de trabalho.

Ou seja, o ruído excessivo no ambiente de trabalho, que como demonstrado é insalubre em níveis muito inferiores àqueles previstos atualmente pela NR-15, a qual precisaria de imediata atualização, traria efeitos imediatos e mediatos à saúde e segurança do trabalhador exposto, seja por aumentar as chances de acidente de trabalho típico, ou pelas consequências que provoca a curto e longo prazo no organismo humano de ordem patológica, muitas vezes de cunho irreversível.

Alguns desses efeitos e consequências, embora atinjam o organismo humano de forma imediata, sequer são perceptíveis pelos trabalhadores no mesmo momento, atuando muitas vezes como um esgotamento de energia, fadiga e resistência (GANIME, 2010), que pode ser perceptível em longo ou curto prazo, e por vezes sequer relacionados à exposição ao ruído no ambiente de trabalho.

Para além de alterações simples no corpo humano, a exposição prolongada ao ruído pode ser responsável, como já mencionado, por uma série de desordens no funcionamento ordinário do corpo humano, tais como estresse, irritabilidade, hipertensão arterial, podendo ainda estar associado a (RIBEIRO, 2006, *apud*, GANIME, 2010) insônia, distúrbios circulatórios, respiratórios (MENDES, 1995, *apud*, GANIME, 2010), no cérebro e nos sistemas nervoso, circulatório, digestório, endócrino, imunológico, vestibular, muscular, nas funções sexuais e reprodutivas, no psiquismo, no sono, na comunicação e no desempenho de tarefas físicas e mentais (TELES, 2007, *apud*, GANIME, 2010).

Já em relação às patologias mais comuns que atingem os trabalhadores expostos ao ruído excessivo, pode-se destacar as alterações temporárias do limiar auditivo, cujo efeito é de curto prazo de duração, com redução da sensibilidade auditiva e retomada gradativa após cessada a exposição, podendo, a depender do tempo e nível sonoro, trazer consequências permanentes no individuo, como é o caso da perda auditiva induzida por ruído (PAIR).

> A PAIR é a mudança permanente do limiar decorrente de um trauma acústico crônico e se caracteriza por ser do tipo sensório-neural, geralmente

> bilateral e simétrica, irreversível, de grau leve nas freqüências baixas e severo nas freqüências altas, com configuração audiométrica típica (entalhe em forma de V) na faixa de freqüências de 6000, 4000 e/ou 3000 Hz, que progride lentamente nas freqüências de 8000, 2000, 1000, 500 e 250 Hz e atinge seu nível máximo, nas freqüências mais altas, nos primeiros 10 a 15 anos de exposição estável a nível de pressão sonora (NPS) elevados e que interrompe sua progressão uma vez cessada a exposição (DEL CARLO, 1976. p.159, *apud* GANIME, 2010, p. 8).

Assim, verifica-se que o ruído excessivo, de exposição em longo prazo ao trabalhador pode trazer danos à sua saúde, não limitados ao sistema auditivo apenas, mas inclusive causando disfunções em outros sistemas essenciais ao corpo humano, como neurológico, circulatório e digestivo.

5. Conclusão

O ruído, de forma incontroversa, é agente considerando insalubre pelo ordenamento jurídico brasileiro, cujo escopo da legislação é especialmente a prevenção de seus efeitos negativos aos trabalhadores a que a ele são expostos.

Dentre as medidas de prevenção e eliminação previstas na legislação, privilegiam-se as medidas de cunho administrativo, logístico e organizacional, passando então a Equipamentos de Proteção Coletiva (EPCs), e sendo a *ultima ratio* a entrega e disponibilização de Equipamentos de Proteção Individual (EPIs), que no caso do ruído consistiria em protetores auriculares do tipo plug ou concha.

Analisando a legislação segundo a hermenêutica teleológica, a intenção da norma é justamente que mudanças prévias sejam realizadas no ambiente de trabalho a fim de evitar a exposição dos trabalhadores a ruído excessivo, justamente por considerar que os equipamentos de proteção não são suficientemente aptos a neutralizar o agente, mas apenas reduzir sua incidência, ou seja, a exposição continuaria a ocorrer.

Assim, o primeiro ponto de conclusão deste artigo é justamente no sentido de que a mera entrega de EPIs ao trabalhador não é suficiente a eliminar o agente ruído, tratando-se de fator que pode ser minimizado, mas jamais eliminado por completo do ambiente de trabalho.

Destaca-se que este é o entendimento já consolidado pelo Tribunal Superior do Trabalho (Súmula n. 289) e pelo Supremo Tribunal Federal (Tema n. 555), não sendo, no entanto, na prática, aplicável para fins de recebimento do adicional compensatório, uma vez que observado limite inferior ao preconizado pela NR-15 como limítrofe à salubridade, nenhuma verba seria devida ao trabalhador.

Logo, o que deveria ocorrer na seara trabalhista é que, sendo o ruído considerado agente que não pode ser neutralizado por meio de EPIs, caso as medidas organizacionais, e estruturais não o eliminem, a exposição do trabalhador que labora em ambiente com ruído excessivo deveria ser reconhecida, fazendo este jus ao adicional de insalubridade previsto no art. 192 da CLT.

Especialmente considerando que para que os EPIs fossem de fato capazes de eliminar o agente por completo teríamos que considerar que o uso se deu na totalidade da jornada de labor, em estado de conservação, higiene e limpeza perfeitos, além de adequação e adaptabilidade comprovadas ao ouvido do trabalhador que os recebe.

Como aludido, na prática, as decisões dos Tribunais Regionais do Trabalho do país têm se mostrado em sentido justamente oposto: de que havendo a entrega de EPIs aptos a reduzir a exposição a ruído excessivo, e portanto, enquadrando-se nos limites previstos como seguros pela NR-15 de exposição diária, que nenhum adicional seria efetivamente devido, o que acaba por expor inúmeros trabalhadores à insalubridade e sem que nenhuma remuneração compensatória lhe seja garantida.

No mais, como já exposto, a precariedade das Normas Regulamentadoras que consideram os limites de exposição ao ruído muito acima daqueles hoje entendidos como seguros, acaba por permitir a exposição de milhares de trabalhadores, especialmente do setor industrial, a graves riscos à saúde, o que, combinado à ausência de fiscalização efetiva do uso de EPIs, entrega em periodicidade adequada, e real neutralização do agente, implica não somente consequências de caráter pessoal a estes, mas à sociedade como um todo, seja na produtividade econômica, impactos na seguridade social ou no sistema público de saúde.

Neste ponto, as consequências do ruído na saúde coletiva de forma geral devem ser combatidas com normas mais atualizadas, incentivo à fiscalização, capacitação de profissionais para realização de programas de prevenção e incentivo às empresas para que eliminem ou neutralizem o agente diretamente de sua fonte na medida do possível, evitando o adoecimento de milhares de trabalhadores e afastando os efeitos nefastos que o ruído provoca no organismo humano.

Referências

Legislação

BRASIL. *Decreto n. 2.172, de 5 de março de 1997*. Diário Oficial da República Federativa do Brasil, Brasília, DF, 19 nov. 2003. Disponível em: https://www2.camara.leg.br/legin/fed/decret/2003/decreto-4882-18-novembro-2003- 481232-publicacaooriginal-1-pe.html>. Acesso em: 3 jan. 2023.

______. *Decreto n. 4.882 de 18 de novembro de 2003*. Diário Oficial da República Federativa do Brasil, Brasília, DF, 6 mar. 1997. Disponível em: https://www.planalto.gov.br/ccivil_03/decreto/d2172.htm>. Acesso em: 5 jan. 2023.

______. NHO 01 FUNDACENTRO. Brasília: 2001. Disponível em: http://arquivosbiblioteca.fundacentro.gov.br/exlibris/aleph/a23_1/apache_media/A5RGFHYS Q5TA7P816K7QPT4AB9KDFP.pdf. Acesso em: 5 jan. 2023.

______. NR 06 – Atividades e Operações Insalubres. Brasília: 2018. Disponível em: https://www.gov.br/trabalho-e-previdencia/pt-br/composicao/orgaos-especificos/secretaria-de-trabalho/inspecao/seguranca-e-saude-no-trabalho/normas-regulamentadoras/nr- 06.pdf. Acesso em: 5 jan. 2023.

______. NR-15 – Atividades e Operações Insalubres. Anexo n. I. Limites de Tolerância Para Ruído Contínuo ou Intermitente. Disponível em: https://www.gov.br/trabalho-e-previdencia/pt-br/composicao/orgaos-especificos/secretaria-de-trabalho/inspecao/seguranca-e-saude-no-trabalho/normas-regulamentadoras/nr-15-anexo-01.pdf. Acesso em: 2 jan. 2023.

______. NR-15 – Atividades e Operações Insalubres. Anexo n. II. Limites de Tolerância Para Ruídos de Impacto. Disponível em: https://www.gov.br/trabalho-e-previdencia/pt- br/composicao/orgaos-especificos/secretaria-de-trabalho/inspecao/seguranca-e-saude-no-trabalho/normas-regulamentadoras/nr-15-anexo-02.pdf. Acesso em: 2 jan. 2023.

______. NR-15 – Atividades e Operações Insalubres. Brasília: 2022. Disponível em:https://www.gov.br/trabalho-e-previdencia/pt-br/composicao/orgaos-especificos/secretaria-de-trabalho/inspecao/seguranca-e-saude-no-trabalho/normas-regulamentadoras/nr-15-atualizada-2022.pdf. Acesso em: 2 jan. 2023.

______. *Consolidação das Leis do Trabalho*. Diário Oficial da República Federativa do Brasil, Brasília, DF, 1º maio 1943. Disponível em: https://www.planalto.gov.br/ccivil_03/decreto-lei/del5452.htm. Acesso em: 5 jan. 2023.

Jurisprudência

BRASIL. Superior Tribunal de Justiça. *Tema Repetitivo n. 694*. Relator: HERMAN BENJAMIN. 14 maio. 2014. Disponível em: https://processo.stj.jus.br/repetitivos/temas_repetitivos/pesquisa.jsp?novaConsulta=true&tipo_pesquisa=T&cod_tema_inicial=694&cod_tema_final=694. Acesso em: 2 jan.2023.

______. Tribunal Regional do Trabalho da 2ª REGIÃO – 10ª TURMA. *RO 02940085123*. Diário Oficial Estado de SP. Data de Julgamento: 6.3.1998. Disponível em: https://books.google.com.br/books?id=ctJGEAAAQBAJ&pg=PA76&lpg=PA76&dq=TRT+-2%C2%AA+REGI%C3%83O-10%C2%AA+TURMA+%E2%80%93+R.O+02940085123&source=bl&ots=6-TMUkJbVn&sig=ACfU3U2soTgRdLnw_2Ewu-72_8Ez7m9h2w&hl=pt-BR&sa=X&ved=2ahUKEwi_jJK487P8AhWtq5UCHcMDD-wQ6AF6BAgKEAM#v=onepage&q=TRT%20-2%C2%AA%20REGI%C3%83O-10%C2%AA%20TURMA%20%E2%80%93%20R.O%2002940085123&f=false. Acesso em: 7 jan. 2023

Súmulas

BRASIL. Superior Tribunal Federal. *Súmula n. 04*. Disponível em: https://portal.stf.jus.br/jurisprudencia/sumariosumulas.asp?base=26&sumula=1195. Acesso em: 6 jan. 2023.

______. Tribunal Superior do Trabalho. *Súmula n. 289*. Disponível em: https://www3.tst.jus.br/jurisprudencia/Sumulas_com_indice/Sumulas_Ind_251_300.html. Acesso em: 6 jan. 2023.

______. Tribunal Superior do Trabalho. *Súmula n. 47*. Disponível em: https://www3.tst.jus.br/jurisprudencia/Sumulas_com_indice/Sumulas_Ind_1_50.html. Acesso em: 6 jan. 2023.

Artigos em revistas

DEL CARLO, Ualfrido. *Controle de ruído industrial*. 2. ed. São Paulo: Instituto de Pesquisas Tecnológicas, 1976. *Apud* GANIME, J.F.; DA SILVA, L. Almeida; ROBAZZI, ML do C.C.; SAUZO, S. Valenzuela; FALEIRO, S.A. "O ruído como um dos riscos ocupacionais: uma revisão de literatura (El ruido como riesgo laboral: Una revisión de la literatura)". *Revista eletrônica Cuatrimestral de Enfermaria*. n, 19, jun. 2010.

MENDES, René. *Patologia do trabalho*. Rio de Janeiro: Atheneu, 1995. *Apud*: GANIME, J.F.; DA SILVA, L. Almeida; ROBAZZI, M.L. do C.C.; SAUZO, S. Valenzuela; FALEIRO, S.A. "O ruído como um dos riscos ocupacionais: uma revisão de literatura (El ruido como riesgo laboral: una revisión de la literatura)". *Revista eletrônica Cuatrimestral de Enfermaria*, n. 19, jun. 2010.

PARRAGA,Velasquez; ROSARIO, Maria del; ZAPATA, Teonila. "El ruido y el diseño de un ambiente acústico". *Ind. data.* [periódico na Internet]. 2005 jul./dic, vol. 8, n. 2 [citado 2008 Ago. 31], p. 83-85. *Apud* GANIME, J.F.; DA SILVA, L. Almeida; ROBAZZI, M.L. do C.C.; SAUZO, S. Valenzuela; FALEIRO, S.A. "O ruído como um dos riscos ocupacionais: uma revisão de literatura (El ruido como riesgo laboral: una revisión de la literatura)". *Revista eletrônica Cuatrimestral de Enfermaria*, n. 19, jun. 2010.

RIBEIRO, Ana Maria Dutra; CÂMARA, Volney de M. "Perda auditiva neurossensorial por exposição continuada a níveis elevados de pressão sonora em trabalhadores de manutenção de aeronaves de asas rotativas". *Cad. Saúde Pública* [periódico na Internet]. 2006 Jun. [citado 2008 Ago. 31] ; 22(6): 1217- 1224. Disponível em: http://www.scielo.br/scielo. *Apud* GANIME, J.F.; DA SILVA, L. Almeida; ROBAZZI, M.L. do C.C.; SAUZO, S. Valenzuela; FALEIRO, S.A. "O ruído como um dos riscos ocupacionais: uma revisão de literatura (El ruido como riesgo laboral: una revisión de la literatura)". *Revista eletrônica Cuatrimestral de Enfermaria*, n. 19, jun. 2010.

TELES, Renata de Mesquita; MEDEIROS, Márcia Pinheiro Hortencio de. "Perfil audiométrico de trabalhadores do distrito industrial de Maracanaú – CE". *Rev. soc. bras. fonoaudiol.* 2007 Set. [citado 2008 Ago. 31] ; 12(3): 233-239. Disponível em: http://www.scielo.br. *Apud* GANIME, J.F.; DA SILVA, L. Almeida; ROBAZZI, M.L. do C.C.; SAUZO, S. Valenzuela; FALEIRO, S.A. "O ruído como um dos riscos ocupacionais: uma revisão de literatura (El ruido como riesgo laboral: una revisión de la literatura)". *Revista eletrônica Cuatrimestral de Enfermaria*, n. 19, jun. 2010.

Livros

DELGADO, Mauricio Godinho. *Curso de Direito do Trabalho*. 15. ed. São Paulo: LTr, 2016.

GEORGES, Samir Nagi Yousri. *Protetores Auriculares/*Samir. Florianópolis: S.N.Y. Gerges, 2003.

MELO, R. S. *Direito Ambiental do Trabalho e saúde do trabalhador*. 3. ed. São Paulo: LTr, 2008.

ROCHA. Júlio Cesar de Sá da. *Direito Ambiental do Trabalho*. São Paulo: LTr, 2002.

SALIBA, Tuffi Messias; CORRÊA, Márcia Angelim Chaves. *Insalubridade e periculosidade:* Aspectos Técnicos e Práticos. 18. ed. São Paulo: LTr, 2022.

SILVA, José Afonso da. *Direito Ambiental constitucional.* 4. ed. São Paulo: Malheiros, 2003.

SIRVINSKAS, Luís Paulo. *Manual de Direito Ambiental.* 12. ed. São Paulo: Saraiva, 2004.

TEIXEIRA, Arnaldo Süssekind Lima. *Instituições de Direito do Trabalho.* vol. II, 22. ed. São Paulo: LTR, 2005.

Sites da internet

ASSOCIAÇÃO NACIONAL DE MEDICINA DO TRABALHO. *Alerta ao ruído:* ponto de atenção com a saúde do trabalhador. Disponível em: https://www.anamt.org.br/portal/2018/10/08/alerta-ao-ruido-ponto-de-atencao-com-a-saude-do-trabalhador/. Acesso em: 5 jan. 2023.

WHO/ILO. *Joint Estimates of the Work-related Burden of Disease and Injury, 2000–2016.* Disponível em: https://www.ilo.org/wcmsp5/groups/public/---ed_dialogue/---lab_admin/documents/publication/wcms_819788.pdf. Acesso em: 5 jan. 2023.

8

Como Realizar a Medição do Agente Físico Calor após as Alterações do Anexo 3 da NR-15 e do Anexo 3 da NR-9?

Christiane Moraes Cardoso

Thiago Santos Machado

Introdução

O artigo pretende analisar como passou a ser feita a medição do agente calor, classificado como insalubre na Norma Regulamentadora n. 15 (NR-15), após as alterações realizadas no Anexo 3 da citada NR, por meio da Portaria SEPRT n. 1.359, de 11 de dezembro de 2019.

O texto ainda busca explorar como identificar se um laudo pericial está medindo corretamente o agente calor e os efeitos de medições irregulares para a verificação da observância do limite de tolerância e do limite de exposição ocupacional, uma vez que a extrapolação desses limites pressupõe a adoção de medidas adequadas ao controle para o desenvolvimento do trabalho de forma segura e em respeito às normas de saúde do país. Para isso, procurou-se analisar as normativas que são aplicadas ao calor e o quanto essa nova forma de medição impacta na análise do agente calor no ambiente de trabalho.

Por não haver novidades no fato de que a exposição do trabalhador ao calor durante determinados períodos de tempo pode levar a danos provocados à sua saúde, a medição de forma certa do agente físico calor nos ambientes laborais se mostra a maneira mais eficiente de prevenir o estresse térmico causado pelo excesso dessa exposição.

Dessa maneira, o presente artigo busca trazer de forma pontual como deve ser feita a medição do agente físico calor, com base nas normativas aplicadas para esse agente, considerando, especialmente, as recentes alterações normativas causadas pela Portaria SEPRT n. 1.359, de 11 de dezembro de 2019, que alterou o Anexo 3 da NR-15 e a Portaria MTP 426, de 10 de outubro de 2021, que alterou o Anexo 3 da NR-9, explicando como realizar medições em ambientes de trabalho com exposição ao agente físico calor, onde posicionar os equipamentos de medição, o tempo que leva para realizar as medições e como analisá-las ao final, tudo conforme a NHO 6, norma da Fundacentro que passou a integrar o Anexo 3 da NR-9 e que traz procedimentos técnicos e parametrização para a realização dessas medições.

1. O calor e o corpo humano

O ser humano é considerado um animal homeotérmico, ou seja, sua temperatura corporal interna é praticamente constante, mesmo sob grandes variações de temperatura ambiente, e gira em torno de 37ºC (MORRISON; NAKAMURA, 2019). Temperaturas abaixo de 35ºC são consideradas hipotermia e acima da temperatura normal é considerado hipertermia (FUSCO, 2020).

Para controlar a temperatura, o corpo possui mecanismos de defesa contra a ação do calor chamados de termorreguladores, comandados pelo hipotálamo (OLIVEIRA, 2021). Quando o hipotálamo recebe a informação de que a temperatura corporal aumentou, começa o processo de homeostase, ou controle da temperatura corporal do organismo. O hipotálamo então ativa os mecanismos de dissipação de calor: vasodilatação cutânea, sudorese e respiração ofegante com a finalidade de produzir calor. Com o suor, a pele mantém-se molhada, o que provoca uma sensação de frescor. Quando o corpo fica mais quente, os vasos sanguíneos se dilatam e isso faz com que a pressão arterial fique mais baixa, fazendo o coração trabalhar mais para conseguir empurrar o sangue através dos vasos sanguíneos.

Segundo Lamberts (2002), quando a quantidade de calor liberada para o ambiente é menor do que a soma da quantidade de calor gerada pelo organismo com a quantidade de calor recebida de fontes externas, a temperatura do corpo tende a aumentar, levando o indivíduo ao desconforto térmico ou até mesmo ao estresse térmico, causando debilidade do estado geral de saúde, alterações das reações psicossensoriais e queda de produção.

As medições da temperatura, umidade, movimentação do ar e calor radiante no ambiente de trabalho servem para avaliar se um indivíduo está próximo ou não de sua capacidade de resistência. Destaca-se que segundo a Organização Internacional do Trabalho — OIT (2012) o ideal de um ambiente de trabalho seria com temperatura entre 20 e 25ºC, com a umidade relativa do ar entre 30 e 70% e com a velocidade do vento entre 0,1 e 0,3m/s, se a carga de trabalho for leve e não transmitir calor radiante.

Caso os mecanismos de defesa contra a ação do calor não sejam suficientes para manter a temperatura do corpo na casa de 37ºC, poderá ocorrer exaustão do corpo ou desidratação: a exaustão é gerada pela queda de pressão que ocorre com a insuficiência de sangue no córtex cerebral por conta da dilatação dos vasos sanguíneos e da menor pressão arterial; e a desidratação ocorre com a perda de líquidos pelo suor (MOREIRA, 2018).

1.1. A lista de doenças relacionadas ao trabalho exposto ao calor — LDRT

Os efeitos do calor no corpo humano são tão severos que a lista de doenças relacionadas ao trabalho (LDRT), originalmente prevista na Portaria n. 1.339, de 18 de novembro de 1999,(1) traz uma série de doenças oriundas das relações de trabalho que envolvem exposição do trabalho ao excesso de calor.

Da análise da lista de doenças relacionadas ao trabalho (LDRT) é possível extrair que o trabalho que envolve altas temperaturas pode gerar desde urticárias, miliárias ou brotoejas e câimbras, insolação, exaustão por calor e edema/inchaço até infertilidade masculina; além das atividades que envolvem radiações infravermelhas (de calor radiante) poderem causar melanoma maligno da pele (câncer de pele); pterígio; ceratite; ceratoconjuntivite; catarata; queimadura solar; e ceratose actínica ao trabalhador.

Sem contar outros problemas identificados nos trabalhadores expostos ao calor excessivo como: a fadiga por calor (diminuição da *performance*, de habilidades, de atenção e da concentração); a exaustão por calor (mal-estar, fraqueza, náuseas, dor de cabeça, desidratação, desmaios, estresse, ansiedade, insolação etc.) que pode passar a intermação por esforço; a Rabdomiólise (síndrome clínica que envolve a ruptura do tecido muscular esquelético, onde os sinais e sintomas incluem fraqueza muscular, mialgias e urina marrom-avermelhada); a insuficiência renal aguda; e a intermação por esforço (comprometimento do estado mental e da função neurológica, hipertermia acompanhada por resposta sistêmica inflamatória, causando múltiplas disfunções orgânicas e, frequentemente, morte).

2. Normas brasileiras aplicadas ao calor e a diferença entre elas

As normas brasileiras que são aplicadas ao agente físico calor são o Anexo 3 da NR-9, o Anexo 3 da NR-15 e o NHO 6. Apesar de as três normas serem aplicadas ao agente físico calor, cada uma tem uma finalidade específica.

O Anexo 3 da NR-9 serve para *identificar se naquele determinado ambiente de trabalho ou naquela atividade específica há calor*. Serve para avaliar a exposição ao calor e para

(1) Em 2017 a LDRT foi acrescida às demais normas relacionadas ao SUS, pela Portaria de Consolidação n. 5, de 28 de setembro de 2017. Em 2020, a Lista foi atualizada por meio da Portaria n. 2.309, de 28 de agosto, contudo, em 8 de setembro de 2020, a Portaria GM/MS 2.384 revogou a Portaria n. 2.309, retomando a vigência da versão inicial (1999).

elaborar o Programa de Gerenciamento de Riscos (PGR) das empresas (NR-1), servindo, portanto, para a *prevenção*. Destaca-se que a NR-9 agora trata da avaliação e do controle da exposição ocupacional aos agentes físicos, químicos e biológicos, portanto, tudo que está na NR-9 agora serve para identificar, analisar e prevenir a exposição do trabalhador aos agentes físicos, químicos e biológicos encontrados no ambiente de trabalho.

Já o Anexo 3 da NR-15 traz questões que envolvem os limites de exposição ocupacional para o calor. Serve, portanto, para *determinar se o empregado tem ou não direito ao adicional de insalubridade* e também para elaborar o *laudo de insalubridade*.

E, por fim, a NHO 6 traz *mecanismos para medição dos limites de exposição*, ou seja, traz os procedimentos técnicos que devem ser utilizados; servindo também para a *prevenção*.

Cada uma dessas normas pode e deve ser aplicada quando se tratar de calor nos ambientes de trabalho, mas desde que para a sua finalidade correta, pois mesmo que não haja o direito do trabalhador de receber o adicional de insalubridade (como o que passou a acontecer com a retirada do calor do sol do rol de agentes insalubres quando o trabalho for realizado a céu aberto), pode ser que uma dessas normas sirva para fundamentar no PGR/GRO alguma obrigação da empresa de realizar medições no ambiente de trabalho ou de implementar determinadas condições.

3. Os limites para calor conforme a NHO 6, o Anexo 3 da NR-9 e o Anexo 3 da NR-15

Segundo a NHO 6, o Anexo 3 da NR-9 e o Anexo 3 da NR-15 temos alguns limites para a exposição ocupacional do trabalhador ao agente físico calor, são eles: o nível de ação (NA); a região de incerteza; o limite de exposição ocupacional (LEO); e o valor teto.

Primeiramente, importa destacar a definição de LEO, o que facilitará a compreensão dos demais itens. O *Limite de Exposição Ocupacional (LEO)*[(2)], na prática é a mesma coisa que o limite de tolerância (LT), então, quando se lê a palavra “LEO” tanto na NHO 6, no Anexo 3 da NR-9 ou no Anexo 3 da NR-15, é necessário entender como uma busca pelo limite de tolerância de determinado agente. Em adição, importa esclarecer que o termo $IBUTG_{MÁX,}$ também utilizado por essas normas, se refere ao limite de exposição ocupacional (LEO).

Em continuidade, mesmo que se possa concluir, após a análise do LEO, que na prática possua significado parecido com o “LT”, conceitualmente falando a definição desses dois limites são muito diferentes. Tanto as NHO’s como as atualizações das NRs

(2) O LEO é encontrado no quadro 2 do Anexo 3 da NR-9, no quadro 1 do Anexo 3 da NR-15 e na tabela 2 da NHO 6.

não trazem mais o termo "limite de tolerância", apenas LEO. Pois bem, esclarecendo essa dúvida, tem-se a definição de LT no subitem 15.1.5[(3)] da NR-15.

Dessa maneira, segundo a NR-15, *limite de tolerância (LT)* é aquele limite que, se ultrapassado, o trabalhador ficará doente; em contrapartida, se esse limite não for ultrapassado, o trabalhador não ficará doente em nenhuma hipótese.

Para melhorar o entendimento, utilizar-se-á o exemplo do agente físico ruído, que é totalmente aplicável ao calor e a outros riscos. Assim, nos termos do Anexo 1 da NR-15, o limite de tolerância para uma exposição de 8 horas a ruído é de 85dB(A).

Nessa intelecção, conforme a definição de "LT" da NR-15, se o trabalhador estiver exposto a 84,99dB(A) de ruído, em uma jornada de trabalho de 8 horas, jamais perderá a audição. No entanto, se esse mesmo trabalhador estiver exposto a exatos 85dB(A) ou mais, esse trabalhador ficará doente.

Isso significa que, como cada trabalhador pode ter um organismo diferente do outro, ou ainda pertencer ao chamado grupo de hipersuscetíveis (Ministério da Saúde, 2001), algumas dessas pessoas que, ao se exporem a ruídos abaixo de 85dB(A), podem perder a sua audição, da mesma forma que existem outros grupos de trabalhadores que serão expostos a ruídos acima de 85dB(A) e não perderão a sua audição. Tudo irá variar de organismo para organismo. E isso se aplica a qualquer outro tipo de risco, seja calor, vibração, agentes químicos etc.

Por essa razão, a utilização do termo "LT" se mostra totalmente errado e obsoleto, pois ele imputa um valor, que se for ultrapassado, 100% dos trabalhadores ficarão doentes, mas se não for ultrapassado, 100% dos trabalhadores não ficarão doentes e isso, estatisticamente falando, está completamente errado, uma vez que cada ser humano possui organismo diferente do outro.

Assim, recomenda-se o uso da terminologia "LEO", cuja definição trabalha com a ideia de que pelo menos uma "maioria de trabalhadores exposta", repetidamente, durante toda a sua vida de trabalho, não sofrerá efeitos adversos à sua saúde.

Por fim, com relação a NHO 6 em seu item "4", o LEO para o agente físico calor também traz a ideia de algo que para a "maioria dos trabalhadores" não causará dano.[(4)]

Nota-se que na definição de "LEO" o legislador compreendeu que a maioria dos trabalhadores não ficará doente, ou seja, não diz que, se aquele limite não for ultrapassado

---

(3) "15.1.5 Entende-se por 'Limite de Tolerância', para os fins desta Norma, a concentração ou intensidade máxima ou mínima, relacionada com a natureza e o tempo de exposição ao agente, que não causará *dano à saúde do trabalhador*, durante a sua vida laboral."

(4) "4. Definições (...) *Limite de exposição ocupacional:* valor máximo de IBUTG relacionado à taxa metabólica média (M). Representa as condições sob as quais se acredita que a *maioria dos trabalhadores possa estar exposta*, repetidamente, durante toda a sua vida de trabalho, sem sofrer efeitos adversos à sua saúde".

100% dos trabalhadores não ficarão doentes, ao mesmo tempo que aceita que um percentual poderá ficar, mesmo que aquele limite não seja ultrapassado.

Dessa maneira, reforça-se que o termo mais apropriado é "LEO" ao invés de "LT", mesmo que a definição de "limite de tolerância" ainda prevaleça na redação da NR-15.

Todavia, é importante salientar que, para a determinação de insalubridade ou de aposentadoria especial, o limite de tolerância (LT) será a mesma coisa que limite de exposição ocupacional (LEO), pois, se aquele limite for ultrapassado a atividade será insalubre ou haverá o enquadramento na aposentadoria especial pela legislação previdenciária, mas se não for ultrapassado não haverá o enquadramento, apenas o conceito de cada um destes limites que é diferente.

Na sequência dessas definições, entende-se que foi pensando nesses trabalhadores hipersuscetíveis que podem adoecer mesmo expostos a valores abaixo do LEO, que foi desenvolvido um outro limite chamado de *nível de ação (NA)*.[5]

O nível de ação (NA) é um valor que, se for ultrapassado, a empresa deverá iniciar ações preventivas, visando proteger os trabalhadores, principalmente aqueles que tenham a probabilidade de ficar doentes se expostos a situações abaixo do LEO.

As medidas preventivas, então, não visam baixar os valores já encontrados das medições, mas sim visam monitorar a saúde do trabalhador para identificar se ele terá a sua saúde comprometida ou não.

Nessa toada, no contexto do agente físico calor, o item "4" da NHO 6, define nível de ação (NA) como "o valor acima do qual devem ser adotadas ações preventivas de forma a minimizar a probabilidade de as exposições causarem danos à saúde do trabalhador". Reforça-se que esse valor corresponde ao limite de exposição ocupacional (LEO) ao calor para trabalhadores não aclimatizados, conforme a definição trazida pela NHO 6.

Outro ponto importante a ser esclarecido é que, se o resultado da medição do agente de risco estiver abaixo do nível de ação, existe uma probabilidade muito próxima a 100% de os trabalhadores não ficarem doentes, sendo assim, resultados de medições abaixo do nível de ação não deverão ser caracterizados como risco. Por esse motivo, os programas e laudos como Programa de Gerenciamento de Riscos (PGR), Laudo Técnico das Condições Ambientais do Trabalho (LTCAT), Laudo de Insalubridade, entre outros, não devem reconhecer como risco os resultados de medições abaixo do nível de ação.

Assim, importa salientar que pode existir uma parcela, apesar de ser muito pequena, de trabalhadores que mesmo abaixo do nível de ação poderão adoecer. Esses casos deverão

---

(5) O nível de ação (NA) é encontrado no quadro 1 do Anexo 3 da NR-9 e na tabela 1 da NHO 6.

ser tratados de forma isolada e individual, não fazendo sentido a adoção de medidas coletivas. Contudo, esse trabalhador deverá ser tratado isoladamente e devem ser previstas ações individuais para ele especificamente, normalmente esse tipo de trabalhador é afastado da exposição do risco.

Por fim, ainda quanto à exposição ao agente físico calor, a definição de nível de ação dada pela NHO 6 é de que o nível de ação para calor seja o LEO para trabalhadores *não aclimatizados*.

Para essa compreensão, primeiro se faz necessário analisar o conceito de aclimatização ou aclimatação trazido pelo NHO 6, como sendo a "adaptação fisiológica decorrente de exposições sucessivas e graduais ao calor que visa reduzir a sobrecarga fisiológica causada pelo estresse térmico".

Um exemplo para compreender melhor essa definição poderia ser a transferência de um trabalhador, que reside na cidade de Cuiabá, no estado de Mato Grosso, e que é conhecida como uma das cidades mais quentes do Brasil, para uma cidade do Rio Grande do Sul. Enquanto essa pessoa residia em Cuiabá já estava acostumada ou aclimatada com o calor. Quando chega à cidade do Rio Grande do Sul e enfrenta uma frente fria de 17ºC, demorará para se aclimatar, pois está acostumado com temperaturas acima de 30ºC.

O inverso também é verdadeiro, quando um gaúcho é transferido para Cuiabá, num período de dias mais frescos, a exemplo de 26ºC, o gaúcho estará suando e sentindo muito calor em Cuiabá, enquanto o cuiabano estará achando o dia fresco e agradável.

Aclimatação ou aclimatização poderia ser a capacidade que o corpo humano tem de se adaptar a temperaturas diversas.

Um outro exemplo poderia ser a mudança de função, quando um trabalhador que nunca trabalhou exposto ao calor, passa a ser exposto a ele. Nesse caso, o calor medido dentro do nível de ação já poderá causar danos à saúde desse trabalhador apenas pelo fato de ele não estar aclimatizado. Por esse motivo que a NHO 6 determina que o nível de ação é o LEO para trabalhadores não aclimatizados, pelo fato de esse nível de exposição poder causar danos à saúde desse trabalhador em especial.

Também é por esse motivo que, tanto a NHO 6 (item "5.4"), quanto o Anexo 3 da NR-9 (item "5") determinam que, quando o resultado da medição se encontrar acima do nível de ação as empresas deverão elaborar o Plano de Aclimatização, para poder expor trabalhadores não aclimatados com o calor de forma gradual e progressiva, até que seu corpo se aclimate a essa exposição.

Por essa razão a NHO 6 também traz o conceito de *região de incerteza*(6), como sendo um valor que está acima do nível de ação, porém, abaixo do LEO. Este será um valor tão próximo ao LEO que, se a empresa fizer uma outra medição no mesmo local de trabalho nas mesmas condições, porém em dias diferentes, o resultado poderá se apresentar acima do LEO.

Por isso que resultados de medição dentro da região de incerteza(7) apresentam um valor não confiável, sendo necessário a empresa adotar medidas preventivas e corretivas, com o foco em baixar a exposição ocupacional do trabalhador ou para se ter uma certeza estatística de sua real exposição.

Vale lembrar que a região de incerteza é um valor dado única e exclusivamente pela NHO 6. O Anexo 3 da NR-9 e Anexo 3 da NR-15 não fazem menção nenhuma a essa situação.

O último conceito explorado pela NHO 6 é o *valor teto*(8) que está relacionado a uma taxa metabólica que define condições extremas nas quais o trabalhador não é mais capaz de manter o equilíbrio térmico, implicando aumento da temperatura central de 1°C em menos de 15 minutos. O valor teto é um valor máximo, acima do LEO, em que o risco ao qual fica exposto o trabalhador poderá lhe causar danos imediatos e, dependendo do valor, até a morte. Quando o resultado da medição ultrapassa o valor teto, o trabalhador estará exposto a um risco grave e iminente, colocando a empresa em risco de sofrer embargo ou interdição, nos termos do subitem 3.2.2(9) da NR-3 (Embargo e Interdição).

Estando o trabalhador exposto a uma condição de valor teto por calor, a empresa deverá entrar com ações imediatas para reduzir a exposição, a taxa metabólica ou a temperatura, e enquanto implanta as medidas de controle, o trabalhador deverá ser impedido de se expor a essa condição.

É importante salientar também que limites de valor teto são determinados apenas pela NHO 6, já o Anexo 3 da NR-9 e Anexo 3 da NR-15 sequer fazem menção a tal limite.

---

(6) 9. Interpretação dos resultados: Considerando-se as incertezas envolvidas nos valores atribuídos para as taxas metabólicas e a exatidão admitida para os sensores de temperatura, na interpretação dos resultados deve-se considerar uma região de incerteza, estabelecida na tabela 4, uma vez que, nesta região, o valor verdadeiro da exposição pode estar acima do limite estabelecido para trabalhadores aclimatizados.

(7) A Região de Incerteza é encontrada na Tabela 4 da NHO 06.

(8) O Valor Teto é encontrado na Tabela 3 da NHO 06.

(9) 3.2.2 Embargo e interdição são medidas de urgência adotadas a partir da constatação de condição ou situação de trabalho que caracterize grave e iminente risco ao trabalhador.

Em resumo, para entender melhor cada um dos limites, os coautores trazem uma representação gráfica, em que o plano horizontal representa as medições de calor e o plano vertical representa o resultado da medição (intensidade):

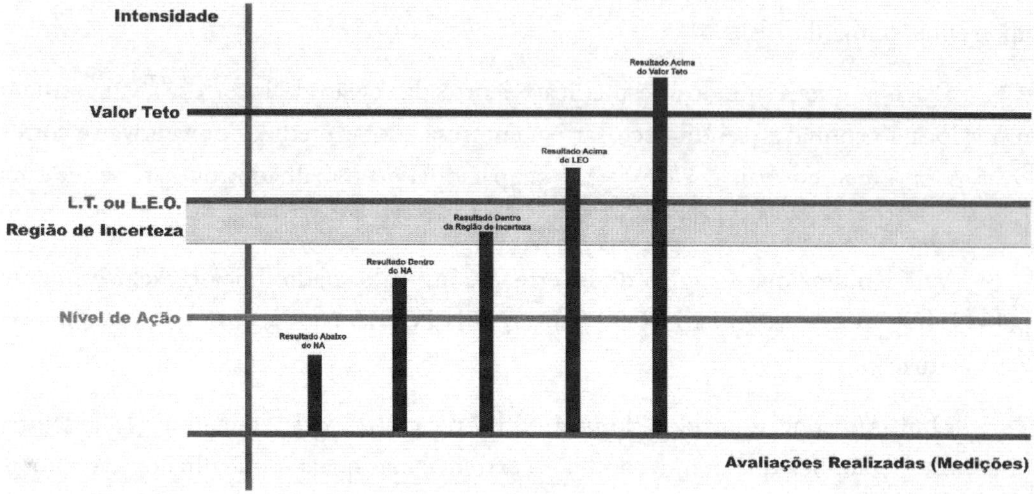

Fig. 1: gráfico criado pelo coautor Thiago Santos Machado para explicar os limites de exposição.

Assim, para fins de fixação dos conceitos, destacam-se abaixo as definições exploradas neste subitem:

Resultados abaixo do nível de ação: representam os valores ideais, aonde toda empresa deve almejar chegar. Resultados abaixo do nível de ação não são caracterizados como risco, sendo assim, não entram nos laudos e programas.

Resultados dentro do nível de ação: representam valores em que um certo percentual da população poderá sofrer danos, por esse motivo as empresas deverão adotar medidas preventivas, com o foco de monitorar a saúde do trabalhador e se tiver algum trabalhador sofrendo consequências em sua saúde devido a essa exposição, a empresa deverá adotar medidas corretivas. Lembrando que o valor dentro do nível de ação é o LEO para trabalhadores não aclimatizados.

Resultado dentro da região de incerteza: representa um valor acima do NA, porém abaixo do LEO, mas estando muito próximo ao LEO, portanto não é um valor confiável, devendo a empresa adotar medidas corretivas, com o foco de baixar a exposição ocupacional do trabalhador ou realizar mais medições para se garantir uma confiança estatística nos resultados das avaliações.

Resultado acima do LEO: representa um valor no qual poderá haver o enquadramento a insalubridade e/ou aposentadoria especial, e o trabalhador poderá ter a sua saúde comprometida ao longo do tempo.

Resultado acima do valor teto: representa um valor tão alto que poderá causar danos imediatos ao trabalhador e até mesmo levá-lo a óbito. Valor teto é um valor caracterizado como risco grave e iminente. Exposições acima desse valor requerem que a empresa paralise suas atividades de imediato e só as retome após a redução da exposição ocupacional desses trabalhadores. Vale lembrar ainda que, se o valor teto for atingido, a empresa corre o risco de ser embargada ou interditada, conforme determinado pela NR-3.

Com esses conceitos/definições compreendidos e fixados, passa-se a analisar no subitem a seguir as formas de medição do agente físico calor para que haja de fato a caracterização da atividade ou da operação como insalubre para o trabalhador.

4. Caracterização da atividade/operação como insalubre pelo agente físico calor

Para poder caracterizar uma atividade/operação como insalubre pelo agente físico calor, é necessário primeiramente *realizar a medição de calor em campo*, depois se deve *interpretar os resultados*, fazendo os *cálculos necessários e definidos pela NR-15*, para ao final *comparar os resultados da medição com os limites de tolerância.*

Para realizar a *medição de calor em campo*, é necessário aplicar três passos: 1º) identificar o horário de maior exposição do trabalhador; 2º) realizar a medição de calor propriamente dita; e 3º) preencher o formulário de campo.

4.1. Primeiro passo: identificar o horário de maior exposição do trabalhador

A medição de calor deve ser realizada no horário de maior exposição do trabalhador e em apenas 60 minutos. O resultado dessa medição definirá se a atividade é insalubre ou não.

Como há apenas 60 minutos para que a medição de calor seja realizada, deve-se escolher o período em que há a maior exposição do trabalhador ao calor, levando em consideração a temperatura e a taxa metabólica exercida pela atividade executada dentro do mesmo período.

Em uma cozinha industrial, por exemplo, se ficar constatado que o horário de maior exposição ao calor da cozinheira é das 9h às 10h da manhã, a medição deverá ser feita nesses 60 minutos sem intervalo de tempo.

Os 60 minutos são determinados pela NHO 6,[10] que exige inclusive que a medição seja realizada em 60 minutos corridos.

---

(10) 4. Definições (...). **Índice de bulbo úmido termômetro de globo médio** (IBUTG): média ponderada no tempo dos diversos valores de IBUTG obtidos em um intervalo de *60 minutos corridos. Taxa metabólica média (M)*: média ponderada no tempo das taxas metabólicas obtidas em um intervalo de *60 minutos corridos.*

Um outro ponto a se frisar é que não se pode escolher vários períodos de exposição do trabalhador ao calor dentro da mesma jornada de trabalho e depois somar esses períodos de modo que a soma total seja igual a 60 minutos.

No mesmo exemplo da cozinha industrial, o profissional não poderá fazer a avaliação de calor em uma cozinheira das 8h às 8h10 da manhã no ponto de medição em frente à pia de lavar louças, depois mais 20 minutos, avaliados no horário das 9h15 às 9h35 da manhã no ponto de medição no refeitório, e por último avaliar 30 minutos no horário das 10h às 10h30 no ponto de medição em frente ao fogão, somando todos esses tempos e chegando ao resultado total de 60 minutos.

Sabendo que os 60 minutos a serem avaliados em campo devem ser corridos e dentro da jornada de trabalho do trabalhador, quais seriam os 60 melhores minutos para medição? Conforme determinado pela NHO 6 os 60 minutos corridos deverão ser os 60 minutos mais críticos da exposição do trabalhador.(11)

Segundo a NHO 6, esses 60 minutos corridos de exposição deveriam ser os mais desfavoráveis ao trabalhador ou também conhecidos como 60 minutos de maior exposição. Essa é a condição em que o trabalhador está exposto às maiores temperaturas de calor ou à associação de alta temperatura com maiores taxas metabólicas.

Recorrendo mais uma vez para o exemplo da cozinha industrial. Ao realizar a medição, o profissional verifica primeiro que a cozinheira a ser periciada faz apenas o preparo do almoço dos funcionários. Dessa maneira, decerto o horário em que estará mais exposta ao agente físico calor será no início de seu expediente e não no final dele, no horário em que estiver de fato cozinhando os alimentos. No momento da jornada

---

5.3 *Limites de exposição ocupacional*: O limite de exposição ocupacional ao calor é estabelecido com base no IBUTG médio ponderado (IBUTG) e na taxa metabólica média ponderada (M). Esse é um limite horário e, portanto, deve ser respeitado em qualquer período de *60 minutos corridos* ao longo da jornada de trabalho. (...). Destaca-se que o ciclo de exposição pode ter duração diferente de 60 minutos, no entanto, a determinação do IBUTG sempre deve considerar um período de *60 minutos corridos.* (...).

O (IBUTG) e a (M) a serem utilizados como representativos da exposição ocupacional ao calor devem ser aqueles que, obtidos no mesmo período de *60 minutos corridos*, resultem na condição mais crítica de exposição. (...).

(11) *6. Reconhecimento dos locais e das condições de trabalho*: Para que as medições sejam representativas da exposição ocupacional, é importante que o período de amostragem seja adequadamente escolhido de forma que considere os *60 minutos corridos de exposição que correspondam à condição de sobrecarga térmica mais desfavorável.* Tal situação somente é identificada mediante análise conjunta do par de variáveis "condições térmicas do ambiente" e "atividades físicas desenvolvidas pelo trabalhador", e nunca por meio da análise isolada de cada uma delas.

Havendo dúvidas quanto ao período de 60 minutos corridos de exposição mais desfavorável, *este pode ser identificado por meio de avaliação que cubra um período de tempo maior*, envolvendo, se necessário, toda a jornada de trabalho. No entanto, a determinação do IBUTG médio ponderado e da M médio ponderado para caracterização da exposição ocupacional deve ser feita com base no período de *60 minutos identificado como mais desfavorável.*

onde começar a colocar os alimentos no fogão e no forno será o momento de iniciar a medição, pois é durante o preparo dos alimentos que ela fica em maior contato com o agente físico calor.

Contudo, nem sempre as condições de maior exposição ao agente calor são claras como o exemplo acima. É muito comum em medições de calor que os trabalhadores fiquem expostos ao calor o dia inteiro ou em vários períodos do dia de forma intermitente. Nesse caso, para conseguir identificar o horário de maior exposição ao calor, o profissional deverá realizar uma entrevista com o trabalhador e seus líderes, perguntando sobre todo o processo de trabalho e sua rotina, pois somente após essa entrevista será possível identificar o horário de maior exposição ao calor.

Todavia é possível em alguns casos que o profissional fique com dúvidas em alguns ou vários horários que possivelmente poderão ser o horário de maior exposição, neste caso a NHO 6 determina que, se houver dúvidas, será necessário avaliar todos esses horários para se determinar, comparando os resultados obtidos, qual deles é o horário de maior exposição.[12]

4.2. Segundo passo: realizar a medição de calor propriamente dita

Uma vez definidos os 60 minutos corridos de maior exposição do trabalhador ao agente físico calor, será necessário realizar efetivamente a medição de calor em campo. Essa medição deve consistir em: a) instalar o medidor de IBUTG nos pontos de medição e realizar a coleta da temperatura em cada ponto; b) cronometrar o tempo de exposição do trabalhador em cada ponto de medição; e c) analisar as atividades executadas pelo trabalhador em cada ponto de medição para, posteriormente, identificar a taxa metabólica. Lembrando que todos esses procedimentos deverão ser realizados dentro dos 60 minutos corridos de maior exposição do trabalhador.

Assim, em uma situação hipotética em que novamente será realizada uma medição de calor em uma cozinheira industrial, e que ficou determinado que os 60 minutos corridos de maior exposição do trabalhador era das 9h às 10h da manhã, a medição de calor não pode iniciar antes das 9h nem finalizar depois das 10h. Todo o processo de medição deverá ser realizado dentro dos 60 minutos corridos, não havendo problema se a avaliação finalizar antes de completar os 60 minutos corridos, porém, não pode finalizar após decorrido o tempo limite.

Sabendo que os 60 minutos corridos de maior exposição é das 9h às 10h, a primeira ação a se fazer é determinar o ponto de medição, ou seja, o local onde será instalado o medidor de IBUTG (popularmente conhecido como Termômetro de Globo), para que dentro desse horário das 9h às 10h ocorra a medição.

(12) *Op cit.*

O ponto de medição também é dado pela NHO 6, e é conceituado como "o ponto físico escolhido para posicionamento do dispositivo de medição onde serão obtidas as leituras representativas da situação térmica objeto de avaliação".

Dessa forma, o ponto de medição será o local em que o trabalhador acessou durante os 60 minutos corridos de maior exposição e apenas esses locais. As demais atividades ou locais acessados pelo trabalhador fora dos 60 minutos corridos de maior exposição devem ser desconsiderados.

No caso do exemplo acima, o medidor de IBUTG será colocado no primeiro ponto de medição: na frente da pia de lavar louças porque às 9h da manhã a cozinheira lava as louças. Enquanto a cozinheira lava a louça o medidor realiza a leitura. Após lavar as louças, a cozinheira corta a carne e joga na panela para fritá-la. Nesse momento o profissional coloca o medidor na frente do fogão, para realizar a coleta de temperatura dessa outra atividade, movendo o medidor para colocá-lo próximo de onde a cozinheira está mais em contato com o calor até que se completem os 60 minutos corridos de maior exposição. Evidenciados então os pontos de medição, o profissional deverá trabalhar na medição com o medidor de IBUTG propriamente dito.

Quando da instalação do medidor de IBUTG, é importante e crucial se atentar ao seu posicionamento, pois o equipamento deve ser *instalado na altura da parte do corpo do trabalhador que é mais atingida pelo calor*, conforme determinado pela NHO 6.[13]

Seguindo o exemplo da cozinheira, quando ela está na frente do fogão, a parte do corpo mais atingida pelo calor normalmente é a que está à altura da chama, no caso do exemplo era o ventre/barriga, lembrando que cada caso é um caso e que a altura do trabalhador influenciará na parte do corpo mais atingida pelo calor. No exemplo analisado, quando o fogão aquece a panela, esta, por irradiação, transmite o calor para as laterais, justamente o local onde a cozinheira se posiciona.

Assim, na figura abaixo colaciona-se um exemplo onde o medidor de IBUTG deve ser posicionado, demonstrando que o termômetro foi instalado na altura da parte do corpo mais atingida pelo trabalhador:

---

(13) *7.2. Montagem e posicionamento do equipamento*

Quando houver uma fonte principal de calor, os sensores deverão estar contidos num mesmo plano vertical e colocados próximos uns dos outros, sem, no entanto, tocarem-se. A posição do conjunto no ponto de medição deve ser tal que a normal ao referido plano vertical esteja na direção da fonte supracitada. Caso não haja uma fonte principal de calor, esse cuidado torna-se desnecessário. *A altura de montagem dos equipamentos deve coincidir com a região mais atingida do corpo*. Quando esta não for definida, o conjunto deve ser montado **à altura do tó***rax do trabalhador exposto*.

Fig. 2: foto do acervo de perícias e medições realizadas pelo coautor Thiago Santos Machado.

Analisando a foto, podem-se verificar duas situações: a) o medidor está posicionado próximo ao fogão, mas do lado oposto da cozinheira, isso porque a cozinheira do exemplo ficava circulando por todo o fogão mexendo em todas as panelas, por isso o profissional que realizou a medição não achou necessário medir em todos os lados, mas nada o impedia de medir todos os lados do fogão, se assim entendesse melhor; e b) o medidor de IBUTG está bem próximo do fogão porque está na exata distância que a cozinheira fica do fogão. Se a cozinheira se posicionasse a um metro de distância da fonte de calor, era exatamente ali que o termômetro seria posicionado, a um metro de distância. Como a cozinheira se posiciona bem próximo à fonte de calor, o medidor também deve ser posicionado bem próximo à fonte de calor.

É importante salientar que nem sempre o trabalhador estará exposto a uma fonte direta de calor. Nesses casos, não haverá a parte do corpo mais atingida. Assim, conforme determina a NHO 6 em seu subitem 7.2, o medidor de IBUTG deverá ser posicionado na altura do tórax do trabalhador. Para facilitar o entendimento, colaciona-se outra figura:

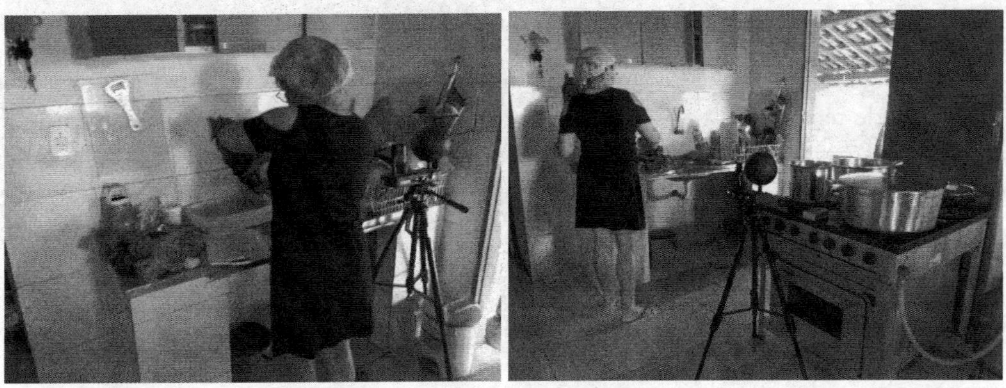

Fig. 3 e 4: fotos do acervo de perícias e medições realizadas pelo coautor Thiago Santos Machado.

Na foto da esquerda, o medidor de IBUTG está posicionado na altura da parte do corpo do trabalhador mais atingida pelo calor, já na foto da direita, que o medidor de IBUTG está posicionado na altura do tórax do trabalhador, isso se dá pelo fato que, na fonte do fogão, foi possível identificar uma fonte de calor principal vinda do fogão e das panelas quentes, e a outra fonte de calor não era localizada, por esse motivo foi instalado na altura do tórax.

Compreendido onde posicionar corretamente os equipamentos de medição do calor, avança-se para a quantidade de tempo que o medidor de IBUTG deve ficar instalado em cada ponto em que haverá a medição. Já foi frisado que deve ser pelo tempo corrido de 60 minutos, mas não significa que deve ser 60 minutos corridos em cada ponto de medição.

Contudo, antes de especificar melhor essa questão, se faz necessário compreender o funcionamento daqueles antigos termômetros de mercúrio, que as mães usavam em seus filhos para medir a febre. A mãe sacudia o termômetro para que a temperatura baixasse, depois colocava-o na axila e aguardava um tempo para poder fazer a leitura e dizer se era ou não febre.

Esse tempo de espera do termômetro é chamado de "Tempo de Estabilização", todo termômetro é um sensor, assim, quando o sensor começa a aquecer, ele demora um tempo para o calor ser transmitido para todo o sensor e o sensor ter a representação da real temperatura daquilo que está medindo. O medidor de IBUTG funciona seguindo esse mesmo princípio.

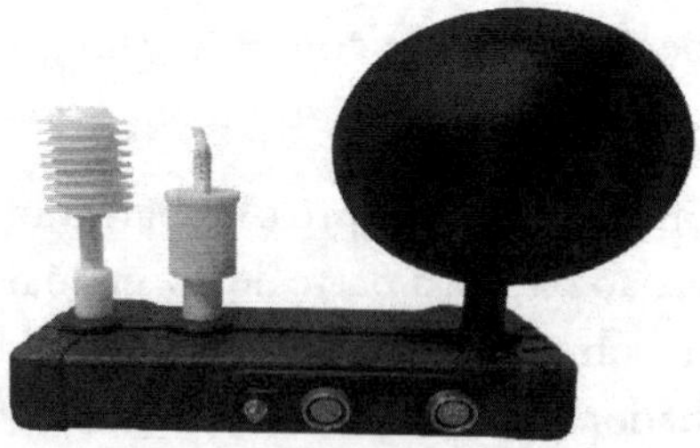

Fig. 4 – Foto de um Termômetro de Globo.

O medidor de IBUTG é um conjunto de três termômetros. Uma vez expostos, a diferença de temperatura até que o bulbo (que é o sensor) se aqueça leva em torno de alguns minutos. Ainda mais quando se trata do termômetro de globo (TG), onde primeiro o globo de cobre se aquece, para depois, através do processo de radiação, se aquecer o bulbo que se encontra dentro do globo.

Pensando nisso, a NHO 6 determinou que os medidores de IBUTG deverão estabilizar com no máximo 25 minutos.[14] Isso significa que, para cada ponto de medição o

(14) *8.2 Medições. As leituras* das temperaturas devem ser iniciadas após a estabilização do conjunto na situação térmica que está sendo avaliada e *repetidas a cada minuto*. Devem ser feitas, no *mínimo 5 leituras* ou tantas quantas forem necessárias, *até que a variação entre elas esteja dentro de um intervalo de ± 0,4°C*. Os valores a

medidor de IBUTG deve ficar estabilizando em no máximo 25 minutos. A NHO 6 não determina tempo mínimo, o que ela determina é que, para constatar que os termômetros do medidor de IBUTG estão estabilizados, se faz necessário que o profissional realize uma leitura por minuto de cada termômetro, anotando o resultado dessa leitura, e após cinco leituras, subtrair o resultado da maior leitura, menos o resultado da menor leitura e a diferença entre essa subtração não poderá ser maior que ± 0,4°C (essa condição é determinada pelo subitem 8.2 da NHO 6).

A tabela abaixo traz mais um exemplo para melhor exemplificar o entendimento. Imaginando que foi realizada uma avaliação de calor no primeiro ponto de medição em uma cozinheira, obteve-se o seguinte resultado em cada leitura:

N. da Leitura	TBS	TBN	TG
1ª	36,8	28,2	39,7
2ª	36,9	28,3	39,6
3ª	36,9	28,3	39,5
4ª	36,8	28,6	39,4
5ª	36,8	28,4	39,3

O que precisa ser feito agora é realizar a subtração do maior resultado menos o menor de cada termômetro, ficando assim o resultado:

- TBS: 36,9 – 36,8 = **0,1ºC**
- TBN: 28,6 – 28,2 = **0,4ºC**
- TG: 39,7 – 39,3 = **0,4ºC**

O resultado de cada termômetro está igual ou menor que ± 0,4°C, sendo assim, é possível concluir que os três termômetros estão estabilizados. Lembrando que, após a estabilização do termômetro, essas cinco leituras devem ser anotadas, porque, posteriormente, ao realizar os cálculos para calor, será necessário realizar a média aritmética de cada termômetro e é essa média que será utilizada nos cálculos.

Constatada a estabilidade do medidor de IBUTG, o profissional poderá retirar o equipamento desse ponto de medição e instalá-lo em outro ponto.

Então, o tempo mínimo de medição, em cada ponto de medição, irá variar de quanto tempo o equipamento demora para estabilizar os três termômetros. Uma vez

serem atribuídos ao tg, ao tbs e ao tbn correspondem às médias de suas leituras, obtidas no intervalo considerado.

Obs: O tempo necessário para a estabilização do conjunto *pode ser de até 25 minutos.* Esse tempo depende da diferença entre a temperatura de globo inicial e a do ponto de medição.

estabilizado, a medição nesse ponto de medição será finalizada e, segundo a NHO 6, esse período de estabilização não deve ultrapassar o tempo máximo de 25 minutos.

Contudo, outro problema surge com relação à medição de calor e a estabilização do medidor de IBUTG, que são as condições em que não é possível o equipamento estabilizar. Quais seriam essas condições? São as condições em que há uma variação muito grande de temperatura durante a atividade. Nesses casos, a NHO 6 determina que sejam realizadas 20 leituras consecutivas, sendo uma leitura por minuto e o profissional deverá utilizar nos cálculos de calor a média aritmética dessas 20 leituras, mesmo que não houver a estabilização.(15)

Outra variável que é obrigatória ser colhida durante os 60 minutos corridos de maior exposição é a cronometragem do tempo de exposição do trabalhador em cada ponto de medição.

Para a realização dos cálculos de IBUTG médio ponderado no tempo e taxa metabólica média ponderada no tempo (cálculos esses necessários para determinar se a exposição do trabalhador ultrapassa ou não o LEO), é necessário saber quanto tempo o trabalhador ficou exposto ao calor em cada ponto de medição, dentro dos 60 minutos corridos avaliados.

Para isso, a NHO 6 determina que esse tempo deverá ser identificado pela média aritmética de no mínimo 3 cronometragens da exposição do trabalhador.(16)

O que acontece com muita frequência entre os profissionais de Saúde e Segurança do Trabalho é não realizar o processo de cronometragem do tempo e sim, perguntar ao trabalhador uma média de quanto tempo ele fica exposto ao calor.

Esse processo de perguntar ao trabalhador está completamente errado e não atende as exigências da NHO 6.

Por último, e não menos importante, durante a realização das atividades executadas pelo trabalhador avaliado em cada ponto de medição, o profissional que realiza a medição deverá analisar essas atividades, identificando se o trabalhador, ao executar essas atividades, as executa utilizando apenas um braço ou os dois, ou uma mão ou as duas, ou

---

(15) *8.2 Medições*

Deve ser medido o tempo de permanência do trabalhador em cada situação térmica que compõe o ciclo de exposição. Esse parâmetro é determinado por meio da *média aritmética de, no mínimo, três cronometragens*, obtidas observando-se o trabalhador na execução do seu trabalho.

O tempo de duração de cada atividade física identificada deve ser determinado por meio de, *no mínimo, três cronometragens*, obtidas observando-se o trabalhador na execução do seu trabalho.

8.3 Cálculos

O tempo de duração de cada situação térmica e de cada atividade física é determinado por meio da *média aritmética de cronometragens*, conforme estabelecido nesta Norma.

(16) *Op cit.*

utiliza o corpo inteiro, se está sentado, se está em pé parado ou em pé em movimento etc., ou seja, o profissional deverá saber como cada atividade em cada ponto de medição é realizada, pois é com a análise dessas atividades que será possível a determinação das taxas metabólicas exigidas pelos cálculos de calor.

Para resumir o processo em campo: sabendo-se o horário dos 60 minutos corridos de maior exposição, o profissional deve iniciar a medição dentro desses 60 minutos corridos; instalar o equipamento no primeiro ponto de medição, de forma simultânea já ir cronometrando o tempo de exposição no primeiro ponto de medição, ao mesmo tempo em que já identifica os próximos pontos de medição e ainda de forma simultânea, observa como cada atividade dentro do ponto de medição é executada, para posterior identificação de taxa metabólica, além de ir analisando o medidor de IBUTG, para se constatar a estabilização dos termômetros ou não. Uma vez estabilizados os termômetros, retira-se o medidor de IBUTG do ponto de medição em que estava instalado e instala-o em outro ponto de medição, até concluir todos os pontos, lembrando apenas que todo esse processo de medição deve ser realizado antes de se concluírem os 60 minutos corridos, para isso, em alguns casos o profissional de Saúde e Segurança do Trabalho deve possuir mais de um medidor de IBUTG, caso contrário poderá ultrapassar os 60 minutos corridos.

4.3. Terceiro passo: preencher o formulário de campo

Após realizado todos os procedimentos de avaliação em campo, será necessário anotar os resultados colhidos na avaliação e as informações necessárias para a elaboração do laudo de calor, conforme determinado pelo item "3.1"(17) do Anexo 3 da NR-15.

Dentro do laudo de calor determinado pela NR-15, é necessário conter a avaliação de risco presente no item "3.2" do Anexo 3 da NR-9, conforme exigido pela alínea "b" do item 3.1(18) do Anexo 3 da NR-15.

---

(17) 3.1 A caracterização da exposição ocupacional ao calor deve ser objeto de *laudo técnico* que contemple, no mínimo, os seguintes itens:

a) Introdução, objetivos do trabalho e justificativa;

b) *Avaliação dos riscos, descritos no item 3.2 do Anexo III da NR-9***;**

c) Descrição da metodologia e critério de avaliação, incluindo locais, datas e horários das medições;

d) Especificação, identificação dos aparelhos de medição utilizados e respectivos certificados de calibração conforme a NHO 6 da Fundacentro, quando utilizado o medidor de IBUTG;

e) Avaliação dos resultados;

f) Descrição e avaliação de medidas de controle eventualmente já adotadas; e

g) Conclusão com a indicação de caracterização ou não de insalubridade.

(18) 3.2 A avaliação preliminar da exposição ocupacional ao calor deve considerar os seguintes aspectos, quando aplicáveis:

a) A identificação do perigo;

b) A caracterização das fontes geradoras;

c) A identificação das possíveis trajetórias e dos meios de propagação dos agentes no ambiente de trabalho;

d) Identificação das funções e determinação do número de trabalhadores expostos;

Para atender a todas essas exigências, tanto do Anexo 3 da NR-9, quanto do Anexo 3 da NR-15, é necessário colher esses dados em campo, durante ou após a realização da medição de calor.

Uma das formas de fazer a coleta desses dados é levar em campo um formulário contendo todas as informações necessárias para a coleta que o profissional deverá anotar durante a realização da medição em campo, para que o laudo de calor possua todas as informações exigidas pela NR-15. Esse formulário normalmente é chamado de "formulário de campo".

Outras formas de registro também podem ser aplicadas, uma vez que nem a NR-9, nem a NR-15 e nem a NHO 6 determinam a forma de coleta dos registros, apenas determinam as informações mínimas exigidas que devem constar no laudo ou no relatório técnico.

5. Análise dos resultados e a determinação da insalubridade com base no Anexo 3 da NR-15

Com os dados colhidos em campo, é necessário agora realizar a análise e a interpretação dos resultados para a determinação da caracterização ou não da insalubridade. Porém, antes de analisar e interpretar os resultados, alguns conceitos devem ser levados em consideração, pois poderão impactar diretamente nos resultados.

Um deles é a determinação da insalubridade somente para trabalhadores expostos à fonte artificial de calor ou em ambientes fechados. Essa determinação consta no item 1.1, 1.1.1 e 2.3 do Anexo 3 da NR-15.(19)

---

e) A caracterização das atividades e do tipo da exposição, considerando a organização do trabalho;

f) A obtenção de dados existentes na empresa, indicativos de possível comprometimento da saúde decorrente do trabalho;

g) Os possíveis lesões ou agravos à saúde relacionados aos perigos identificados, disponíveis na literatura técnica;

h) A descrição das medidas de prevenção já existentes;

i) Características dos fatores ambientais e demais condições de trabalho que possam influenciar na exposição ao calor e no mecanismo de trocas térmicas entre o trabalhador e o ambiente;

j) Estimativas do tempo de permanência em cada atividade e situação térmica às quais o trabalhador permanece exposto ao longo da sua jornada de trabalho;

k) Taxa metabólica para execução das atividades com exposição ao calor; e

l) Registros disponíveis sobre a exposição ocupacional ao calor.

(19) 1.1 O objetivo desse anexo é estabelecer critério para caracterizar as atividades ou operações insalubres decorrentes da exposição ocupacional ao calor em *AMBIENTES FECHADOS* ou *AMBIENTES COM FONTE ARTIFICIAL* de calor.

1.1.1 Esse Anexo *não se aplica* a atividades ocupacionais realizadas a *céu aberto sem fonte artificial de calor.*

2.3 São caracterizadas como insalubres as atividades ou operações realizadas em *ambientes fechados* ou *ambientes com fonte artificial de calor* sempre que o IBUTG medido ultrapassar os limites de exposição ocupacional estabelecidos com base no Índice de Bulbo Úmido Termômetro de Globo apresentados no quadro 1

É cediço que fonte natural de calor é a exposição ao calor do sol, fonte artificial de calor é toda aquela fonte de calor que não seja proveniente do sol. Contudo, a grande polêmica que existe é acerca da definição de ambiente fechado.

Nem o Anexo 3 da NR-15, nem a NR-1 ou qualquer outra NR apresenta uma definição de ambiente fechado, por esse motivo, cada profissional de Saúde e Segurança do Trabalho cria a sua própria definição, por falta de embasamento técnico/legal.

Sendo assim, apresenta-se neste artigo o entendimento destes coautores: "Ambiente fechado é um local de trabalho onde possui paredes e teto fechando suas laterais, cobertura e mesmo que possua portas e janelas, as atividades executadas pelos trabalhadores deste ambiente, são executadas com as portas e janelas fechadas". Ambientes de trabalho que possuam de forma parcial paredes, teto ou as atividades sejam executadas com as portas e janelas abertas, ficará descaracterizado o ambiente fechado.

Outra questão pouco observada no Anexo 3 da NR-15 é a exposição ocupacional ao calor. Para ser caracterizado como insalubre, deverá ser diária a exposição, conforme preceitua o subitem "2.4.1" do Anexo 3 da NR-15.[20]

Isso significa que exposições ocupacionais ao calor de forma eventual ou intermitente, na qual o trabalhador não está exposto ao calor todos os dias, não podem ser caracterizadas como insalubres, mesmo que os limites de tolerância sejam ultrapassados.

E, por último, como já foi descrito neste artigo, conforme item 3.1 do Anexo 3 da NR-15, será necessário que a empresa elabore um laudo de calor. Caso ela descumpra essa obrigação, será passível de receber uma multa pela inspeção do trabalho, conforme preceitua a NR-28, podendo a multa variar de R$ 1.201,37 a R$ 3.494,50.

Com esses conceitos entendidos, a interpretação e a análise dos resultados colhidos em campo torna-se mais factível, para isso indicam-se 6 passos que auxiliarão na conclusão pela insalubridade decorrente de agente físico calor, são eles: 1º Passo: identificar o IBUTG das avaliações realizadas; 2º Passo: identificar a taxa de metabolismo; 3º Passo: Calcular o IBUTG médio ponderado; 4º Passo: Calcular a taxa de metabolismo médio ponderado; 5º Passo: Identificar o limite de exposição ocupacional definido pelo quadro 1 do Anexo 3 da NR-15; e 6º Passo: Comparar o limite de exposição ocupacional ao calor com o resultado obtido.

5.1. Primeiro passo: identificar o IBUTG das avaliações realizadas

Após coletadas as cinco leituras de cada termômetro (TBS, TBN e TG) em campo, é necessário realizar a média aritmética de cada termômetro e, com o resultado da média

(IBUTGMÁX) e determinados a partir da taxa metabólica das atividades, apresentadas no quadro 2, ambos deste anexo.

(20) 2.4.1 A *avaliação quantitativa deve ser representativa da exposição*, devendo ser desconsideradas as situações de exposições eventuais ou não rotineiras nas quais os trabalhadores *não estejam expostos diariamente*.

aritmética de cada termômetro, será necessário realizar o cálculo do IBUTG (índice de bulbo úmido e termômetro de globo) de cada ponto de medição.

O IBUTG nada mais é do que a transformação dos resultados de três termômetros (TBS, TBN e TG) em um número único, que será usado nas próximas fórmulas.

A fórmula do IBUTG é dada pelo item 5.1 da NHO 6[(21)] e ela é dividida em duas fórmulas, sendo uma para quando o trabalhador está exposto a carga solar direta e outra quando não há exposição a carga solar direta.

O cálculo do IBUTG deve ser realizado para cada ponto de medição, obtendo-se o IBUTG de cada ponto de medição, deve-se seguir para o próximo passo.

5.2. Segundo passo: identificar a taxa de metabolismo

Um dos levantamentos realizados em campo deve ter sido a identificação de como as atividades eram realizadas em cada ponto de medição. Essa informação é importante, pois é com base nela que será identificada a taxa metabólica, com base no quadro 2 do Anexo 3 da NR-15, esse quadro é dividido em: atividade sentada; atividade em pé, agachado ou ajoelhado; atividade em pé, em movimento; atividades moderadas e pesadas.

Se o trabalhador executou suas atividades sentado, deve procurar a taxa metabólica na coluna correspondente à atividade sentada, mas se foi em pé, agachado ou ajoelhado, deverá verificar na coluna correspondente.

Para cada ponto de medição é necessário identificar a taxa metabólica analisando o quadro 2 do Anexo 3 da NR-15, verificando a atividade executada pelo trabalhador e comparando com a atividade presente no referido quadro, quando constatada a atividade a que mais se equipara a atividade realmente executada, será possível identificar a taxa metabólica, que é um valor dado em Watt (W).

5.3. Terceiro passo: Calcular o IBUTG médio ponderado

Uma vez identificado o valor do IBUTG de cada ponto de medição, é necessário transformar todos esses valores de IBUTG em um número único, realizando assim um cálculo da média ponderada no tempo desses resultados.

Para isso, também será necessário ter em mãos o resultado da cronometragem do tempo de exposição do trabalhador em cada um dos pontos de medição e, conforme determinado pelo item 5.3 da NHO 6, aplicar a seguinte fórmula:

---

(21) *5.1 IBUTG.* O IBUTG é calculado por meio das equações 5.1 ou 5.2:

a) Para ambientes internos ou para ambientes externos sem carga solar direta: IBUTG = 0,7 tbn + 0,3 tg [5.1]

b) Para ambientes externos com carga solar direta1: IBUTG = 0,7 tbn + 0,2 tg + 0,1 tbs [5.2], sendo:

tbn = temperatura de bulbo úmido natural em °C

tg = temperatura de globo em °C

tbs = temperatura de bulbo seco (temperatura do ar) em °C

$$\overline{IBUTG} = \frac{IBUTG_1 xt_1 + IBUTG_2 xt_2 + IBUTG_n xt_n}{60}$$

sendo:

- IBUTG = IBUTG médio ponderado no tempo em °C
- $IBUTG_i$ = IBUTG da situação térmica "i" em °C
- t_i = tempo total de exposição na situação térmica "i", em minutos, no período de 60 minutos corridos mais desfavorável
- i = iésima situação térmica
- n = número de situações térmicas identificadas na composição do
- ciclo de exposição

$$\overline{M} = \frac{M_1 xt_1 + M_2 xt_2 + M_n xt_n}{60}$$

- $t_1 + t_2 + ... + t_i + ... + t_n = 60$ minutos

5.4. Quarto passo: calcular a taxa de metabolismo média ponderada

O mesmo princípio também se aplica aos valores de taxa metabólica identificados para cada ponto de medição. Cada ponto de medição terá um valor de taxa metabólica, porém, será necessário transformar todos esses valores em um número único e esse número será a taxa metabólica média ponderada no tempo.

Esse cálculo levará em consideração os valores unitários de cada taxa metabólica de cada ponto de medição com o tempo de exposição do trabalhador a cada uma dessas taxas metabólicas, e esse tempo de medição nada mais é do que o resultado da cronometragem colhido em campo.

A fórmula da taxa metabólica média ponderada no tempo é dada também pelo item 5.3 da NHO 6 e é representada por:

$$\overline{M} = \frac{M_1 xt_1 + M_2 xt_2 + M_n xt_n}{60}$$

sendo:

- M = taxa metabólica média ponderada no tempo em W
- M_i = taxa metabólica da atividade "i" em W
- t'i = tempo total de exercício da atividade "i", em minutos, no período de 60 minutos corridos mais desfavorável
- i = i-ésima atividade

- m = número de atividades identificadas na composição do ciclo de exposição
- t'1 + t'2 + ... + t'i + ... + t'm = 60 minutos

4.5. Quinto passo: Identificar o limite de exposição ocupacional definido pelo quadro 1 do Anexo 3 da NR-15

Uma vez obtido o valor de IBUTG médio ponderado e o valor de taxa metabólica média ponderada, basta identificar agora o valor do IBUTGMÁX no quadro 1 do Anexo 3 da NR-15.

Esse quadro é analisado procurando o valor de taxa metabólica média ponderada na coluna M [W] do quadro 1 do Anexo 3 da NR-15. Se o valor da taxa metabólica média ponderada não se encontrar no quadro 1 do Anexo 3 da NR-15, a NHO 6 determina em seu item 9 que o valor do IBUTGMÁX a ser utilizado seja o M [W] imediatamente superior.

Assim, colaciona-se parte do quadro 1 do Anexo 3 da NR-15 a título de exemplo:

Quadro 1 - Limite de exposição ocupacional ao calor

$\overline{M}$ [W]	$\overline{IBUTG_{MÁX}}$ [°C]	$\overline{M}$ [W]	$\overline{IBUTG_{MÁX}}$ [°C]	$\overline{M}$ [W]	$\overline{IBUTG_{MÁX}}$ [°C]
100	33,7	186	30,6	346	27,5
102	33,6	189	30,5	353	27,4
104	33,5	193	30,4	360	27,3
106	33,4	197	30,3	367	27,2
108	33,3	201	30,2	374	27,1
110	33,2	205	30,1	382	27,0
112	33,1	209	30,0	390	26,9
115	33,0	214	29,9	398	26,8
117	32,9	218	29,8	406	26,7
119	32,8	222	29,7	414	26,6
122	32,7	227	29,6	422	26,5
124	32,6	231	29,5	431	26,4
127	32,5	236	29,4	440	26,3
129	32,4	241	29,3	448	26,2
132	32,3	246	29,2	458	26,1
135	32,2	251	29,1	467	26,0

5 .6. Sexto passo: comparar o limite de exposição ocupacional ao calor com o resultado obtido

Para finalizar a determinação da insalubridade por calor, é necessário comparar o resultado do $\overline{IBUTG}$ com o $\overline{IBUTG_{MÁX}}$ obtido.

Se o $\overline{IBUTG}$ for maior que o $\overline{IBUTG_{MÁX}}$ a atividade é caracterizada como Insalubre de Grau Médio, caso contrário não haverá o enquadramento na insalubridade.

6. Considerações finais

Mesmo com as recentes alterações normativas, especialmente as referentes ao Anexo 3 da NR-15 e ao Anexo 3 da NR-9, é cediço que se buscou trazer para a normas regulamentadoras do trabalho parâmetros e procedimentos mais técnicos.

Por isso a inclusão da NHO 6, norma originada da Fundacentro, na forma de medição do agente físico calor traz de fato maior tecnicidade para essa forma de medição e de constatação.

A medição do calor em ambientes de trabalho onde há a exposição a esse agente ainda é realizada de forma bastante irregular, sem observar os critérios e o passo a passo que o presente artigo buscou analisar e explicar.

Muitos advogados não sabem como a perícia e as medições do calor devem ser feitas e, por não conhecerem essas especificidades, acabam deixando de contestar laudos que visivelmente acabam sendo produzidos sem os critérios exigidos pelas normas aplicáveis.

O que este artigo buscou apresentar foram as formas de se realizar corretamente a medição do calor, quais os equipamentos necessários para a sua realização, quais os procedimentos técnicos e, ao final, auxiliar de alguma forma os profissionais, especialmente os do direito, a eventualmente contestarem tanto a forma em que as medições do calor são efetuadas como os resultados dessas avaliações, que porventura podem não ter seguido os procedimentos técnicos que, após as mudanças ocorridas tanto no Anexo 3 da NR-15 como no Anexo 3 da NR-9, passaram a fazer parte dos requisitos para a constatação ou não de atividades e/ou operações insalubres pelo agente físico calor.

Por mais que outras alterações tenham tirado direitos dos trabalhadores, como a exclusão da fonte natural de calor (sol) do rol de agentes insalubres previstos na NR-15, relacionar às NRs 15 e 9 a NHO 6 trouxe de fato a melhor técnica e uma maior segurança jurídica para as medições de calor que, se não eram feitas de forma correta, agora ficará mais fácil compreender e verificar se foram feitas seguindo os procedimentos corretos para a constatação de condições insalubres pelo agente calor.

Referências

BRASIL. Ministério da Saúde. *Risco Químico* — Atenção à Saúde dos Trabalhadores Expostos ao Benzeno. Disponível em: chrome-extension://efaidnbmnnnibpcajpcglclefindmkaj/https://bvsms.saude.gov.br/bvs/publicacoes/risco_saude_trabalhadores_expostos_benzeno.pdf. Acesso em: 6 maio 2023.

______. Ministério do Trabalho e Emprego. *Norma Regulamentadora n. 9:* Avaliação e Controle das Exposições Ocupacionais a Agentes Físicos, Químicos e Biológicos. Disponível em: https://www.gov.br/trabalho-e-previdencia/pt-br/acesso-a-informacao/participacao-social/conselhos-e-orgaos-colegiados/ctpp/arquivos/normas-regulamentadoras/nr-09-atualizada-2021-com-anexos-vibra-e-calor.pdf. Acesso em: 8 maio 2023.

______. Ministério do Trabalho e Emprego. *Norma Regulamentadora n. 15:* Atividades e Operações Insalubres. Disponível em: https://www.gov.br/trabalho-e-previdencia/pt-br/acesso-a-informacao/participacao-social/conselhos-e-orgaos-colegiados/ctpp/arquivos/normas-regulamentadoras/nr-15-atualizada-2022.pdf. Acesso em: 6 maio 2023.

______; ______. *Norma de Higiene Ocupacional* — NHO 06: Avaliação da Exposição Ocupacional ao Calor. 2. ed. GIAMPAOLI, Eduardo; SAAD, Irene Ferreira de Souza Duarte; DA CUNHA, Irlon de Ângelo; SHIBUYA; Elisa Kayo (Orgs.). São Paulo: 2017. Disponível em: http://www.fundacentro.gov.br/biblioteca/normas-de-higiene-ocupacional/publicacao/detalhe/2018/1/nho-06-avaliacao-da-exposicao-ocuacional-ao-calor. Acesso em: 8 maio 2018.

FUSCO, K. *Hipotermia: causas e como reverter o quadro*. Disponível em: https://www.unimed.coop.br/viver-bem/saude-em-pauta/hipotermia-causas-e-como-reverter-o-quadro#. Publicado em: 10 fev. 2020. Acesso em: 7 maio 2023.

LAMBERTS, R. *Conforto e Stress Térmico*. Florianópolis: Laboratório de Eficiência Energética em Edificações, Departamento de Engenharia Civil, Centro Tecnológico, Universidade Federal de Santa Catarina, 2016. Disponível em: http://www.labeee.ufsc.br/sites/default/files/disciplinas/Apostila%20Conforto%20T%C3%A9rmico_2016.pdf. Acesso em: 8 maio 2018.

MOREIRA, J. *Quais são os efeitos do calor no organismo humano?* Disponível em: https://descomplicasms.com.br/2017/11/04/efeitos-do-calor/. Acessado em 5 maio 2023.

MORRISON, S. F.; NAKAMURA, K. Central mechanisms for thermoregulation. *Annual Review of Physiology*, Palo Alto, CA, USA, v. 81, n. 1, p. 285-308, 2019. Disponível em: http://www.annualreviews.org/doi/10.1146/annurev-physiol-020518-114546. Acesso em: 7 maio 2023.

OIT. *Solve:* Integração da Promoção da Saúde nas Políticas de Segurança e Saúde no Trabalho (SST). Disponível em: https://www.ilo.org/wcmsp5/groups/public/---europe/---ro-geneva/---ilo-lisbon/documents/publication/wcms_729758.pdf. Acesso em: 6 maio 2023.

OLIVEIRA, W. *Fisiologia da termorregulação*. Disponível em: https://www.sanarmed.com/fisiologia-da-termorregulacao-colunistas. Publicado em: 19 jul. 2021. Acesso em: 7 maio 2023.

9

Vibração: Da Definição à Prevenção: Um Olhar Analítico pelo Anexo 8 da NR-15

Ana Paula C. Meirelles
Evelyn Tomi

Introdução

Esse artigo busca perpassar por todas as questões afetas ao tema vibrações, trazendo para o caro leitor a análise e a noção acerca do assunto, investindo com a base necessária para seguir o estudo da temática e suas complexidades adjacentes.

A compreensão do conceito e dos efeitos da vibração encontra seus desafios, uma vez que, embora não seja perceptível ao olho humano, a ação provocada no corpo humano é evidente, resultando em efeitos deletérios em curto e em longo prazo, especialmente quando a exposição se prolonga por longo período de tempo.

Assim, é importante que tenhamos a sensibilidade de identificar um conceito que melhor se adapte, de forma clara e concisa, aos elementos caracterizadores, para que, então, possamos entender os parâmetros de sua medição, os prejuízos que se tornam postos à nossa saúde, bem como as medidas de prevenção e correção eficazes.

Outrossim, em que pese a pesquisa busque se debruçar sobre os aspectos técnicos do agente físico da vibração, os efeitos prejudiciais à saúde do trabalhador merecem ser perquiridos em conjunto com a condição laborambiental, e não de forma isolada, na medida em que a vibração pode ser experimentada concomitantemente com outros agentes insalubres. Reconhecer essa hipótese como ordinária incentiva a reflexão sobre as medidas preventivas e corretivas, inclusive sobre a percepção de adicional de insalubridade ínfimo em decorrência de somente um — e não de vários — agente infesto.

Quanto à metodologia de procedimento utilizada no presente trabalho, destaca-se a pesquisa bibliográfica, por meio de investigação científica e interdisciplinar de obras já publicadas, com a finalidade de aprimoramento e atualização do conhecimento.

Para tanto, inicia-se com uma análise introdutória do tema, acerca do conceito, dos elementos para a caracterização e da classificação das vibrações. A seguir, propõe o estudo sobre os efeitos prejudiciais à saúde do trabalhador, com enfoque nas doenças ocupacionais típicas. Uma vez conhecidos os seus efeitos, a pesquisa apresenta medidas preventivas e corretivas, subsidiadas por normas técnicas (plano científico) e com base nas medidas de higiene ocupacional.

1. Análise propedêutica das vibrações

1.1. Conceito e elementos para sua caracterização

A higiene ocupacional é a ciência que se destina à identificação de agentes ambientais prejudiciais à saúde, sejam eles físicos, químicos, biológicos, ergonômicos ou psicológicos, a fim de, uma vez reconhecidos e avaliados, buscar controlar e reduzir os riscos. Não significa, todavia, que deva ser o único recurso na contenção de riscos e danos.

A eliminação dos riscos também ocorre por meio da adoção de um plano científico (produtos ou tecnologias capazes de extinguir o grau de risco) ou de medidas administrativas (alternância de turnos, revezamento entre trabalhadores) sempre se representará como objetivo maior no âmbito da saúde, higiene e segurança dos trabalhadores. Da mesma forma, as medidas de higiene ocupacional e a utilização de equipamentos de proteção coletiva e individual visam à eliminação ou à redução dos riscos gerados pelos agentes ambientais.

Fato é que a exposição ao risco é intrínseca a certas profissões, nas quais não é possível eliminar ou sequer reduzir o elemento perverso a níveis toleráveis à saúde humana. Nesse jaez, compreensão da origem técnica desses fatores, assim como suas características e limites de tolerância revelam-se essenciais para a adoção de medidas que contribuam para a redução de riscos à saúde e segurança do trabalhador.

As vibrações podem ser definidas como movimentos oscilatórios, não constantes, gerados por uma fonte de onda mecânica (motor) e experimentado a partir do contato do trabalhador com essa fonte (acoplamento).

A Convenção n. 148 da Organização Internacional do Trabalho, ratificada pelo Brasil, define que o termo "vibrações" abrange "*toda vibração transmitida ao organismo humano por estruturas sólidas e que seja nociva à saúde ou contenha qualquer outro tipo de perigo*" (OIT, 1979).

A conceituação do que se considera vibração é importante, na medida em que também permite diferenciar das questões ergonômicas. Por se exigir a existência de uma fonte de onda mecânica (motor), não se trata de vibração (e sim de ergonomia) as hipóteses em que o trabalhador esteja experimentando vibrações não mecânicas, como por exemplo andar a cavalo ou quando se constata defeito no assento que gere oscilações em seu corpo.

Outro ponto que merece destaque é que a vibração somente pode ser caracterizada a partir de um corpo em estado de repouso. É por isso que Grandjean (1998, p. 281) define como "*oscilações mecânicas, que são caracterizadas por variações regulares ou irregulares no tempo, de um corpo em estado de repouso*". Qualquer movimento alheio, que retire o corpo do estado de inércia, influi — e prejudica — na medição do agente físico da vibração.

A vibração é considerada um dos agentes físicos mais comuns dentre aqueles que contribuem negativamente à saúde e ao conforto do trabalhador, provocando desde simples irritações até graves distúrbios orgânicos. Os efeitos à saúde, não raras vezes, são inestimáveis por meio de órgãos sensoriais, como olhos, nariz e paladar. É por isso que são necessárias metodologias específicas para realizar uma estimativa de risco.

Em termos de legislação correspondente, o Anexo 8 da Norma Regulamentadora n. 15, do Ministério do Trabalho e Emprego (Decreto n. 11.359, 1º de janeiro, de 2023) estabelece os limites de exposição ocupacional, com base em uma avalição quantitativa, apontando os critérios e procedimentos para a avaliação da exposição ocupacional. Contudo, para a avaliação quantitativa das vibrações ocupacionais, o Anexo 8 faz referência direta às Normas de Higiene Ocupacional da Fundacentro (item 1.2).

Já o anexo I da Norma Regulamentadora n. 9 trata de definir os requisitos para a avaliação da exposição ocupacional às vibrações, e também estabelece medidas de prevenção. Assim, determina os aspectos que devem ser considerados na avaliação preliminar de exposição e, caso não seja suficiente, estabelece a realização da avaliação quantitativa da exposição, utilizando os procedimentos das Normas de Higiene Ocupacional (NHO), especialmente a NHO 9 e NHO 10.

Ambas são baseadas nas normas da ISO:

- ISO 2631-1: *Mechanical vibration shock — Evaluation of human exposure to whole-body vibration – Part 1*;
- ISO 8041: *Human response to vibration — Measuring Instrumentation*;
- ISO 5349-1 e ISO 5349-2: *Mechanical vibration — Measurement and evaluation of human exposure to hand-transmitted vibration — Part 1 and 2.*

Importa ressaltar que estes não os únicos padrões existentes. Os critérios estabelecidos pela *American Conference of Industrial Hygienists* (ACGIH) também são utilizados como parâmetros globais.

Muito embora a pesquisa não objetive esmiuçar a forma de cálculo e a apuração das vibrações, algumas nomenclaturas e conceitos técnicos devem ser desenvolvidos previamente.

Nessa alheta, denomina-se "limite de exposição" o parâmetro que representa as condições onde supostamente a maioria dos trabalhadores está sujeita frequentemente sem sofrer danos à sua saúde. "Nível de ação", por sua vez, consiste no valor acima do qual devem ser implementadas ações preventivas, a fim de minimizar a probabilidade de exposição acima do limite de exposição (FUNDACENTRO, 2013a).

Segundo Homero Batista (2021, p. 108), o nível de ação é aquele "*a partir do qual medidas de atenção devem ser tomadas, conquanto o ambiente ainda não possa ser considerado degradado*". Geralmente, corresponde à metade do limite de tolerância.

Quanto à aceleração, em que pese a exposição mais detalhada em tópico específico, ressalta-se, por ora, a aceleração resultante de exposição normalizada *(aren)*, que representa a aceleração resultante de exposição para uma jornada padrão de 8 horas e a aceleração resultante de exposição parcial (*arep*), consistente na aceleração que ocorre em uma parcela de tempo da jornada diária. Tais parâmetros são apresentados na NHO 9, da Fundacentro (2013a).

Por fim, o valor da dose de vibração resultante (VDVR) corresponde ao valor de dose de vibração relativo à exposição ocupacional diária, considerando a resultante dos três eixos de medição, utilizados para a vibração de corpo inteiro.

É por isso que a classificação das vibrações deve considerar, substancialmente, três aspectos: o local de entrada das vibrações, os efeitos que a exposição provoca no corpo humano e a frequência dessas vibrações. Se ultrapassado o limite de exposição legal, torna-se devido o adicional de insalubridade em grau médio (20%).

1.2. Classificação e medição

A ressonância acontece quando um corpo passa a vibrar na frequência de outro, amplificando o tremor e estendendo os danos. Considerando que o corpo humano possui diferentes frequências de ressonância, a vibração mecânica é recebida de acordo com cada parte do corpo humano.

Aliás, qualquer material existente entre a fonte de vibração e o trabalhador importa, positiva ou negativamente, no momento em que a oscilação atinge o corpo humano. A depender, eventual objeto ou material pode potencializar o sinal da vibração, fazendo aumentar a ressonância.

A doutrina apresenta duas espécies de vibrações: vibrações de corpo inteiro (VCI) e vibrações de extremidades, também conhecidas como segmentais, localizadas ou de mãos e braços (VMB).

As vibrações de corpo inteiro (VCI) têm como pontos de entrada os pés ou as nádegas, pois geralmente penetram no corpo do trabalhador enquanto se encontra sentado ou em pé sobre bases vibratórias. Possuem como base normativa a ISO 2631. Já as vibrações de mãos e braços (VMB) atingem predominantemente uma parte do corpo, normalmente mão e/ou braço. Estas são normatizadas pela ISO 5349.

De modo a fornecer parâmetros para avaliação dos riscos associados à vibração a que trabalhadores estão expostos, foi publicada a Portaria n. 1.297, em 13 de agosto de 2014, alterando o Anexo 8 — Vibração — da Norma Regulamentadora n. 15 — Atividades e Operações Insalubres.

Antes da referida atualização, o Anexo 8 da NR-15, do então Ministério do Trabalho e Emprego (responsável por dispor sobre a caracterização e classificação da insalubridade em relação ao agente vibração) previa que a perícia, para fins de comprovação ou não da exposição, deveria tomar por base os limites de tolerância definidos pela Organização Internacional para a Normalização — ISO, em suas normas ISO 2631 e ISO/DIS 5349 ou suas substitutas. Ocorre que tais normas não fixavam um limite definido e preciso de tolerância para a exposição à vibração de corpo inteiro, havendo apenas a indicação do método de avaliação para determinação do nível de exposição a esse agente.

A ISO 2631 fornece apenas um guia que determina zonas de precaução dos efeitos que as vibrações podem exercer sobre a saúde. Na região da zona de precaução, indicada pela ISO 2631, exige-se cautela em face dos potenciais riscos à saúde, ao passo que na região acima da zona de precaução (denominada "Zona B"), os riscos à saúde são possíveis (e prováveis), razão pela qual os Tribunais vinham decidindo pelo adicional de insalubridade no período pretérito à atualização.

A Portaria n. 1.297/2014 do então MTE alterou o Anexo 8 da NR-15 para estabelecer que a condição de insalubridade decorrente do agente vibração restará caracterizada quando a exposição diária à vibração de corpo inteiro (VCI) superar o valor da aceleração resultante de exposição normalizada (*aren*) de 1,1m/s^2 (alínea "a" do item 2.2).

Embora esse parâmetro tenha sido previsto após a edição da Portaria n. 1.297 de 13/8/2014, o mesmo limite de aceleração resultante de exposição normalizada (*aren*) de 1,1m/s^2 para as chamadas vibrações de corpo inteiro já estava previsto na NHO 9 (Norma de Higiene Ocupacional), da Fundacentro (ente vinculado ao Ministério do Trabalho e Emprego), que é observada pelo INSS para fins de aposentadoria especial, sendo certo que se trata de danos à saúde do trabalhador.

Vale destacar o quadro previsto na NHO-9 (FUNDACENTRO, 2013a):

aren (m/s^2)	*VDVR* ($m/s^{1,75}$)	*Consideração técnica*	*Atuação recomendada*
0 a 0,5	0 a 9,1	aceitável	No mínimo manutenção da condição existente.
> 0,5 a < 0,9	> 9,1 a < 16,4	acima do nível de ação	No mínimo adoção de medidas preventivas.
0,9 a 1,1	16,4 a 21	região de incerteza	Adoção de medidas preventivas e corretivas visando à redução da exposição diária.
acima de 1,1	acima de 21	acima do limite de exposição	Adoção imediata de medidas corretivas.

Destaca-se que a mesma Norma (NHO 9), logo em seguida à apresentação do quadro, faz a ressalva de que *"mesmo para valores de aren ou de VDVR considerados aceitáveis, a adoção de medidas que venham reduzir os níveis de exposição, se disponíveis ou viáveis, deve ser considerada prática positiva uma vez que melhora as condições de exposição e minimiza os riscos de danos à saúde"* (FUNDACENTRO, 2013a).

No entanto, a jurisprudência do Tribunal Superior do Trabalho se firmou no sentido de que as alterações normativas introduzidas com a edição da Portaria n. 1.297 de 13.8.2014 somente se aplicam para as hipóteses em que as atividades ocorreram após a referida data, não alcançando serviços prestados em período anterior.

Nesse sentido, destacam-se os seguintes julgados:

> AGRAVO. AGRAVO DE INSTRUMENTO EM RECURSO DE REVISTA. PROCESSO SOB A ÉGIDE DA LEI N. 13.015/2014 E ANTERIOR À LEI N. 13.467/2017. 1. JUSTIÇA GRATUITA. PESSOA JURÍDICA. DESERÇÃO. 2. ADICIONAL DE INSALUBRIDADE. EXPOSIÇÃO À VIBRAÇÃO SITUADA NA REGIÃO OU ZONA "B" DA ISO 2631-1. POTENCIAL RISCO À SAÚDE. Anexo 8 DA NR-15 DO MT. VERBA DEVIDA. A jurisprudência desta Corte vem decidindo ser devido o adicional de insalubridade em grau médio, na forma do Anexo 8 da NR-15 do MT, quando constatado, pela perícia técnica, que o Obreiro exerce suas atividades exposto à vibração situada na Região ou Zona "B", como definido pela Organização Internacional para a Normalização — ISO 2631-1, hipótese dos autos. Julgados desta Corte. Cumpre salientar, por cautela, que as novas regras do Anexo 8 da NR-15, introduzidas pela Portaria MT n. 1.297/2014, não produzem efeito na hipótese dos autos, porquanto o vínculo de emprego se iniciou em período anterior, na vigência da redação original do Anexo 8 da NR-15 da Portaria n. 3.214/1978. Assim, ao deferir o adicional de insalubridade ao Reclamante,

a decisão agravada foi proferida em estrita observância às normas processuais (art. 557, *caput*, do CPC/1973; arts. 14 e 932, IV, "a ", do CPC/2015), razão pela qual é insuscetível de reforma ou reconsideração. Agravo desprovido. (Ag-ARR-11935-33.2016.5.03.0013, 3ª Turma, relator Ministro Mauricio Godinho Delgado, *DEJT* 19.12.2022)

RECURSO DE REVISTA INTERPOSTO ANTERIORMENTE À LEI N. 13.015/2014 1 – MOTORISTA CARRETEIRO. INSALUBRIDADE. VIBRAÇÃO. No caso dos autos, ficou constatado que o reclamante desempenhava a função de motorista, bem como estava submetido a valores de vibração na região "B" do gráfico demonstrativo do nível de risco do trabalhador da ISO 2.631, considerada de potencial risco à saúde, nos termos do Anexo 8 da NR-15 da Portaria n. 3.214/78 do MTE. Embora o perito tenha considerado que o nível "b" não ensejava o pagamento de insalubridade, o Tribunal Regional deu parcial provimento ao apelo do reclamante para acrescer à condenação o pagamento do adicional de insalubridade, em grau médio, durante todo o período de trabalho. O Julgador não está vinculado à conclusão do laudo pericial, conforme preconiza o art. 436, do CPC/73. Ademais, esta Corte vem consolidando o entendimento de que deve ser reconhecida a incidência do adicional de insalubridade no caso de exposição do trabalhador ao agente vibração acima dos limites de tolerância (região «B» do gráfico da ISO 2.631). Precedentes. Acresça-se que o contrato de trabalho do reclamante findou-se em 2012, portanto, em período anterior à edição da Portaria n. 1.297/2014, que modificou as regras do Anexo 8 da NR-15, ampliando os limites de tolerância do agente vibração. Dessa forma, a nova regra não se aplica à situação dos autos. Recurso de revista não conhecido. (...) (RR – 1777-68.2012.5.03.0041, relatora Ministra Delaíde Miranda Arantes, Data de Julgamento: 27.3.2019, 2ª Turma, Data de Publicação: *DEJT* 29.3.2019)

Hodiernamente, conquanto sejam excepcionais as demandas em que se pleiteie o adicional de insalubridade com esteio na base normativa anterior a 2014, é importante perceber o posicionamento do Tribunal Superior do Trabalho quanto ao tema.

As vibrações de mão e braço (VMB), por seu turno, têm como critério de julgamento e tomada de decisão apresentados na NHO 10 (FUNDACENTRO, 2013b):

aren (m/s²)	*Consideração técnica*	*Atuação recomendada*
0 a 2,5	Aceitável	No mínimo, manutenção da condição existente
> 2,5 a < 3,5	Acima do nível de ação	No mínimo, adoção de medidas preventivas
3,5 a 5,0	Região de incerteza	Adoção de medidas preventivas e corretivas visando a redução da exposição diária
acima de 5,0	Acima do limite de exposição	Adoção imediata de medidas corretivas

A magnitude da vibração pode ser expressa em dB, em frações de aceleração da gravidade, ou, mais comumente utilizado, em m/s^2. Apesar da unidade de medida, há outras variáveis que impactam diretamente, como por exemplo a frequência, direção dessa exposição e o tempo de exposição.

Em comparação com a vibração de corpo inteiro (VCI), a vibração de mão e braço (VMB) exige uma frequência de onda mais alta para conseguir invadir o corpo do trabalhador a ponto de prejudicá-lo.

Quando as vibrações são recebidas pelo corpo inteiro, baixas frequências são suficientes para transpor o corpo humano, principalmente pela região músculo esquelético (coluna e lombar). Daí por que diante de um motorista de um veículo, que recebe vibrações de diferentes regiões, deve-se priorizar a análise da vibração de corpo inteiro (VCI), porquanto mais agressiva ao corpo do trabalhador (NESTOR W NETO, 2020).

O acelerômetro é aparelho responsável por realizar a conversão da energia mecânica gerada pela aceleração do corpo e/ou das mãos em sinais elétricos proporcionais, de forma que a excitação mecânica, pelo aparelho, seja inteligível para o analisador.

Importante ressaltar que o acelerômetro não se destina à medição das vibrações, mas sim da aceleração. Essa aceleração é a capacidade de uma partícula modificar a sua velocidade. Sendo assim, o acelerômetro permite uma análise conjunta entre a vibração da máquina e o movimento do trabalhador (NESTOR W. NETO, 2020).

A medição da vibração, portanto, é limitada pelo acelerômetro, de modo que qualquer movimento brusco realizado durante a medição impacta diretamente no resultado. A própria NHO 10 adverte o seguinte: "*O posicionamento e a conduta do avaliador devem propiciar a menor interferência possível nas condições e nos procedimentos de trabalho do avaliado, visando a não comprometer a medição*" (FUNDACENTRO, 2013b).

Uma vez conhecidos os aspectos teóricos, cumpre analisar os possíveis prejuízos à saúde do trabalhador.

2. Efeitos prejudiciais à saúde do trabalhador

São diversos os efeitos prejudiciais ao trabalhador ao ser exposto a vibrações.

As lesões vasculares são caracterizadas por uma supressão temporária da circulação sanguínea para os dedos, podendo ocasionar palidez e uma cor esbranquiçada, o que é potencializada na presença de frio (ação vasoconstritora). Já as lesões neurológias são aquelas expressas por formigamento e dormência nos dedos e mãos. Tais sintomas tendem a se agravar quando há uma exposição contínua à vibração, porquanto interfere na capacidade de trabalho e nas atividades da vida cotidiana.

As lesões musculares também são queixas bastante comuns. Estão relacionadas com dores nas mãos e braços, fraqueza muscular, diminuição da força muscular e, consequentemente, da força de apreensão manual. Ainda, os trabalhadores afetados pela combinação da vibração e do ruído proveniente das ferramentas vibratórias potencializam os danos auditivos (IZUMI, 2006), ainda mais elevados na vibração de mãos-braços *versus* corpo inteiro (FERNANDES, 2002).

De acordo com Griffin (1990) e Mansfield (2005), os efeitos mais comuns relatados por trabalhadores são dores na região lombar, distúrbios digestivos, espessamentos das estruturas cardíacas, doenças neurológicas e distúrbios vasculares (*apud* SANTOS, 2021, p. 22).

Os trabalhadores mais afetados pela vibração de corpo inteiro (VCI) são geralmente os operadores de máquinas e veículos, como por exemplo escavadeiras, pás-carregadeiras, tratores, caminhões, ônibus e outros.

Essa diversidade de prejuízos à saúde é resultado de vários fatores que modificam os efeitos da vibração no corpo humano, incluindo a ressonância das diversas partes do corpo, tempo de exposição, variabilidade individual de cada pessoa e outras variáveis ambientais.

Entre as doenças mais comuns verificadas nos trabalhadores expostos à vibração está a doença dos "dedos brancos" ou Síndrome de Raynaud. Essa enfermidade afeta o sistema circulatório e provoca o estreitamento dos vasos sanguíneos do trabalhador. A princípio, inicia-se com a sensação de formigamento e, em seguida, as extremidades dos dedos começam a branquear, até que esse branqueamento se torna frequente e se prolonga, podendo se estender a todo o dedo. Em estágios mais avançados e na ausência de tratamento médico, o branqueamento evolui para uma aparência cinza-escura, decorrente de um ataque isquêmico, e resultando em necrose e perda dos membros superiores.

Outra reflexão que se propõe é nas hipóteses de o agente físico vibração se somar a outro agente prejudicial à saúde, como por exemplo o agente físico ruído ou, até mesmo, quando há alguma questão de ergonomia que potencializa — ainda mais — os riscos ao trabalhador. Há estudos específicos que investigam, em conjunto, o ruído ocupacional e a vibração de corpo inteiro em motorista de caminhão betoneira. A título de exemplificação, cita-se a pesquisa de Marcos Vinicius Santos, cuja tese de mestrado foi "Avaliação do ruído ocupacional e vibração de corpo inteiro em motorista de caminhão betoneira" (2021).

Os danos e perturbações causados pela exposição à vibração, reconhecidos como doenças profissionais ou ocupacionais, muitas vezes são incuráveis e irreversíveis. No entanto, são danos que podem ser evitados a partir da implementação de programas de prevenção adequados. Por isso, as Normas de Higiene Ocupacional (NHO) se preocupam em estabelecer medidas preventivas e corretivas para o combate dos riscos gerados pela vibração.

De igual modo, os programas e os subprogramas de gerenciamento de riscos devem fazer o levantamento e o monitoramento das vibrações transmitidas simultaneamente ao corpo ou a partes expressivas do corpo, conforme preceitua Homero Batista (2021, p. 115).

3. Medidas preventivas e corretivas

As normas destinadas ao agente da vibração cuidam de apresentar medidas preventivas e corretivas, sendo que aquelas visam minimizar a probabilidade de que a exposição à vibração resulte em prejuízos ao trabalhador exposto e evitar que o limite de exposição seja ultrapassado, enquanto as medidas corretivas buscam reduzir os níveis de exposição a vibrações (FUNDACENTRO, 2013a).

Inserem-se no campo da prevenção o monitoramento periódico (avaliação sistemática e repetitiva da exposição dos trabalhadores e das medidas de controle), o acompanhamento dos níveis de exposição, dever de instrução, comunicação (também dos riscos) e capacitação dos trabalhadores, manutenção do histórico de cada trabalhador exposto a vibrações, exames físicos, incentivos a uma melhor qualidade de vida, tendo em vista a influência de variáveis ambientais externas (RIBEIRO, 2019, p. 58), entre outros.

As medidas corretivas se relacionam ao modo organizacional e de gestão da empresa. Trata-se da mudança de *layout*, reorganização das rotinas e dos procedimentos de trabalho, adequação de turnos, melhoria das condições e das características das máquinas e do ambiente laboral, redução do tempo de exposição diária, alternância de atividades, manutenção de veículos e máquinas. São medidas que, não sendo possível evitar a exposição, reduzem os níveis de exposição e os prejuízos à saúde do trabalhador (FUNDACENTRO, 2013a).

O Anexo 8 da NR-15 e o anexo I da NR-9 também estabelecem critérios objetivos, especialmente em relação à caracterização da exposição mediante laudo técnico (item 2.5 do Anexo 8 da NR-15) e a avaliação preliminar da exposição (item 4 do anexo I da NR-9).

Importante destacar que tanto as medidas preventivas quanto corretivas não excluem outros recursos que podem ser considerados necessários ou recomendáveis. Em verdade, "*os limites de exposição deveriam servir apenas de parâmetro genérico para tomadas de decisão e não como uma espécie de tábua de salvação ou como se fosse um selo de qualidade de ambiente infenso a qualquer contaminação*" (SILVA, 2021, p. 107).

Ao fim e ao cabo, o agente físico da vibração é tema sensível ao campo jurídico, por se exigir conhecimento técnico específico e multidimensional, bem como por apresentar inúmeros efeitos prejudiciais à saúde do trabalhador. Em que pese a escassez de pesquisas e estudos sobre o tema, salienta-se que os indicadores quantitativos e qualitativos possibilitam a implementação de políticas públicas e uma base normativa que tutelem adequadamente a saúde, a segurança e higiene no ambiente de trabalho (ARAÚJO JR. e FELICIANO, 2017, p. 25). Permite-se, assim o avanço da tutela protetiva laborambiental, razão pela qual a presente pesquisa objetiva estimular reflexões interdisciplinares em prol dos trabalhadores sujeitos ao agente físico da vibração.

4. Conclusão

O estudo sobre vibrações exige uma análise técnica, permeada por questões afetas a outros campos do conhecimento. Em se tratando de agente físico identificado em inúmeros ambientes laborais, mister se faz a pesquisa ampla de seu conceito, dos elementos caracterizadores e das principais classificações das vibrações, especialmente para permitir o reconhecimento adequado e, consequentemente, o seu enquadramento jurídico como atividade (in)salubre.

Primeiramente, a pesquisa reconhece que a existência do agente físico da vibração em algumas atividades não é passível de eliminação ou sequer redução, requerendo a adoção de medidas alternativas, sobretudo do campo da higiene ocupacional, que ofereçam uma proteção eficiente à saúde do trabalhador.

Dessa forma, a pesquisa apresenta uma análise propedêutica, a fim de introduzir o tema de forma técnica e igualmente compreensível. Para isso, preocupou-se em evidenciar e desenvolver as principais nomenclaturas utilizadas, bem como os parâmetros assumidos para a caracterização e a medição da vibração, a exemplo limite de exposição, nível de ação e os níveis de aceleração.

Adota-se, assim, conceito subsidiado em estudos já consolidados, com arrimo na definição apresentada pela Convenção n. 148 da OIT, ratificada pelo Brasil. A pesquisa se empenha em demonstrar que a vibração se difere de questões ergonômicas, podendo coexistir em face de um mesmo trabalhador.

A partir da legislação aplicada ao tema, evidencia-se a prevalência de normas específicas para tratar de diferentes espécies de vibração, ante a sua complexidade e as suas particularidades.

A vibração mecânica é recebida de acordo com cada parte do corpo humano. Sendo assim, o estudo apresentou a classificação correspondente, debruçando-se nas vibrações de corpo inteiro (VCI) e vibrações de extremidades, também conhecidas como mãos e braços (VMB). Destinou-se à análise das diferentes formas de medição e da legislação aplicada de acordo com a vibração sofrida pelo trabalhador.

Nesse diapasão, a pesquisa cumpre em apresentar algumas decisões proferidas pelo Tribunal Superior do Trabalho sobre o enquadramento do agente físico das vibrações, a fim de caracterização como ambiente insalubre, evidenciando, pois, posicionamento conservador a respeito do tema.

Também se destaca o fato de que vibrações em baixas frequências são suficientes para transpor o corpo humano, principalmente pela região músculo esquelético, ao passo que a vibração de mão e braço (VMB) exige uma frequência de onda mais alta para conseguir invadir o corpo humano a ponto de prejudicá-lo.

Em que pese o acelerômetro ser o responsável por realizar a conversão da energia mecânica gerada pela aceleração do corpo e/ou das mãos em sinais elétricos proporcionais, a ferramenta não se destina à medição das vibrações em si, mas sim da vibração da máquina em conjunto com o movimento do trabalhador.

A pesquisa, então, apresentou os efeitos prejudiciais à saúde do trabalhador decorrente da vibração. É dizer: a vibração é um dos agentes físicos mais presentes dentre aqueles que contribuem negativamente à saúde e ao conforto do trabalhador, provocando desde simples desconfortos até graves distúrbios orgânicos.

Um fator que potencializa ainda mais as consequências nefastas é que os efeitos à saúde, não raras vezes, não podem ser identificados de forma imediata por meio de órgão sensoriais, como olhos, nariz e paladar. Daí por que se revelam necessárias metodologias específicas e a adoção de medidas preventivas e corretivas.

Ante as inúmeras possíveis lesões ao corpo humano, destacam-se as lesões vasculares, neurológicas e musculares, sem exclusão de outros que, também, podem se juntar aos demais agentes insalubres, como ocorre com o agente físico do ruído. As ferramentas vibratórias não só geram danos imediatos ao corpo do trabalhador, mas produzem danos auditivos em decorrência do ruído acima do limite tolerado.

Os trabalhadores submetidos a vibrações sofrem de dores que possuem origens diversas, mas que são potencializadas, de forma exponencial, pelo elemento da vibração. São comuns dores na região lombar, distúrbios digestivos, espessamento das estruturas cardíacas, doenças neurológicas e distúrbios vasculares.

Nesse ponto, a pesquisa novamente destaca a multidimensionalidade do tema, na medida em que evidencia a necessidade de medidas preventivas e corretivas se valerem de múltiplos recursos, assim como os seus efeitos prejudiciais ultrapassam o campo jurídico ou das ciências exatas.

Por isso, dedica-se à apresentação de medidas alternativas decorrentes do plano científico (tecnologias capazes de atenuar o risco ou eficientes no controle técnico), do plano organizacional e administrativo (revezamento entre trabalhadores, alternância de turnos) e medidas de higiene ocupacional (acréscimo de pausas de revigoramento e descanso, alternar posições ergonômicas).

Por fim, conquanto o estudo reconheça a escassez de pesquisas sobre o tema, os indicadores quantitativos e qualitativos técnicos possibilitam e incentivam a adoção de políticas públicas e privadas que ofereçam subsídio protetivo ao trabalhador em face das vibrações. Afinal, o direito ao meio ambiente de trabalho equilibrado é tema que não se esgota, mas deve avançar incansavelmente em prol da saúde do trabalhador.

Referências

ARAÚJO JÚNIOR, Francisco Milton; FELICIANO, Guilherme Guimarães. "Direito comunitário europeu e tutela jurídica da saúde e segurança no meio ambiente do trabalho". In: FELICIANO, Guilherme Guimarães *et. al. Direito ambiental do trabalho:* apontamentos para uma teoria geral. vol. 3. São Paulo: LTr, 2017. p. 223-232.

BRASIL. Tribunal Superior do Trabalho (2ª Turma). *Recurso de Revista n. RR-1777-68.2012.5.03.0041*. Relator(a): Delaíde Miranda Arantes. Diário Eletrônico da Justiça do Trabalho, Brasília, 27 mar. 2019. Acórdão publicado em 29 mar. 2019.

______. Tribunal Superior do Trabalho (3ª Turma). *Agravo de Instrumento em Recurso de Revista n. AIRR-11935-33.2016.5.03.0013*. Relator: Mauricio Godinho Delgado. Diário Eletrônico da Justiça do Trabalho, Brasília, 14 dez. 2022. Acórdão publicado em 19 dez. 2022.

FERNANDES, Márcia; MORATA, Thaís Catalani. *Estudo dos efeitos auditivos e extra-auditivos da exposição ocupacional a ruído e vibração*. Disponível em: https://doi.org/10.1590/S0034-72992002000500017. Acesso em: 20 mar. 2023.

FUNDACENTRO. *NHO-09, Norma de Higiene Ocupacional, Procedimento técnico* — Avalição da Exposição Ocupacional a Vibração de Corpo Inteiro. 2013a.

______. *NHO-10, Norma de Higiene Ocupacional, Procedimento técnico* — Avaliação da Exposição Ocupacional a Vibração em Mãos e Braços. 2013b.

GRIFFIN, Jonathan. *Handbook of human vibration*. Londres: Academic Press, 1990.

GRANDJEAN, Etienne. Manual de Ergonomia: Adaptando o trabalho ao homem, 4. ed. Porto Alegre: *Artes Médicas*, 1998. Cap. 20 ("Vibrações"), p. 281-283.

IZUMI, Renata; MITRE, Edson Ibrahim; DUARTE, Maria Lúcia M. "Efeito das vibrações de corpo inteiro na audição". *Revista CEFAC*, vol. 8, n. 3, jul./set. 2006, p. 386-392. Instituto Cefac, São Paulo, Brasil. Disponível em: https://www.redalyc.org/pdf/1693/169320536016.pdf. Acesso em: 20 mar. 2023.

MANSFIELD, Neil. J. *Human response to vibrations*. Nova York: CRC Press, 2005.

NESTOR W. NETO. Palestra: "Vibração Ocupacional na Prática, com Giulia Mezoni". *Youtube*, 20 nov. 2020. Disponível em: https://www.youtube.com/watch?app=desktop&v=dUf4NECiprI. Acesso em: 19 mar. 2023.

RIBEIRO, Bruna Damasceno. *Exposição ocupacional a vibrações de corpo inteiro em operadores de máquinas em um órgão público*. Trabalho de Conclusão de Curso (Curso de Engenharia de Produção) – Centro de Engenharias, Universidade Federal de Pelotas. Rio Grande do Sul, p. 73. 2019.

SANTOS, Marcos Vinicius. *Avaliação do ruído ocupacional e vibração de corpo inteiro em motorista de caminhão betoneira*. Tese (Mestrado em Integridade de Materiais de Engenharia) – Faculdade de Tecnologia, Universidade de Brasília. Brasília, p. 109. 2021.

SILVA, Homero Batista da. *Direito do Trabalho Aplicado:* saúde do trabalho e profissões regulamentadas. São Paulo: Thomson Reuters Brasil, 2021.

ORGANIZAÇÃO INTERNACIONAL DO TRABALHO (OIT). *Convenção n. 148*. 1979. Disponível em: https://www.ilo.org/brasilia/convencoes/WCMS_236121/lang--pt/index.htm. Acesso em: 16 mar. 2023.

10

Limites de Tolerância (Anexos XI e XII da NR-15). Análise Crítica. Os Agentes Insalubres sob a Perspectiva dos Riscos Labor-Ambientais

Francislene Lucia Martins Silva

Introdução

O adicional de insalubridade previsto no art. 189 da CLT determina que são considerados consideradas atividades ou operações insalubres aquelas que, por sua natureza, condição ou métodos de trabalho, expõem os empregados a agentes nocivos à saúde, acima dos limites de tolerância fixados em razão da natureza e da intensidade do agente e do tempo de exposição aos seus efeitos. Para suplementar a lei, o Ministério do Trabalho editou a Portaria n. 3.214/78, com a identificação e os limites de tolerância aos agentes agressivos.

O presente artigo pretende discutir os limites de tolerância expostos na Norma Regulamentadora n. 15 nos Anexos XI e XIII.

Já desde logo, se esclarece que o Anexo XII da NR-15 não será abordado devido à sua complexidade e extensividade, de modo que não seria aconselhável apreciá-lo nesse mesmo artigo, sob pena de se extraviar do principal tema aqui abordado, qual seja, os Limites de Tolerância dos agentes químicos e seu descompasso com riscos ambientais do trabalho.

Assim, o primeiro ponto a esclarecer é a conceituação da Higiene Ocupacional e a sua importância. Posteriormente de forma bastante sucinta se abordará a origem da Norma Regulamentadora n. 15, com o aprofundamento dos anexos 11 e 13. Posteriormente seroa definida a abrangência dos referidos anexos, com as devidas críticas e com a delimitação das metodologias utilizadas.

Tendo em vista que o Ministério do Trabalho editou a Portaria n. 1.224/18 tendo como um dos objetivos a revisão das Normas Regulamentadoras relacionadas à segurança e saúde no trabalho e às condições gerais de trabalho, houve audiência pública para o debate para a mudança da NR-15 Anexo 11 a 13 (químicos) onde foram abordadas as possíveis incoerências da Norma perante o cenário internacional.

Por fim, pretende-se abordar como o meio ambiente do trabalho está previsto na Constituição Federal de 1988 e em que medida os Anexos dos químicos da NR-15 estão em compasso ou não com a nossa Carta Magna.

1. Higiene ocupacional

Higiene Ocupacional é a ciência dedicada ao estudo e ao gerenciamento das exposições ocupacionais aos agentes físicos, químicos e biológicos, por meio de ações de antecipação, reconhecimento, avaliação e controle das condições e locais de trabalho, visando a preservação da saúde e bem-estar dos trabalhadores, considerando ainda o meio ambiente e a comunidade.

Nessa mesma linha de raciocínio, segundo Saliba (a American Conference of Governmental Industrial Hygienists — ACGIH formula a definição de Higiene Ocupacional feito pela A*merican Conference of Governmental Industrial Hygienists — ACGIH* trazida por Saliba (2010, p. 15) em sua obra:

> ... ciência e arte do reconhecimento, avaliação e controle de fatores ou tensões ambientais originados do, ou no, local de trabalho e que podem causar doenças, prejuízos para a saúde e bem-estar, desconforto e ineficiência significativos entre os trabalhadores ou entre os cidadãos da comunidade.

Higiene Ocupacional é considerada ciência porque se baseia em fatos comprováveis, empíricos e analisáveis a partir do método cientifico por meio da Física, Química, Bioquímica, Toxicologia, Medicina, Engenharia e Saúde Publica. Todavia, considera também a individualidade de cada trabalhador e as características da atividade e do local de trabalho. (SANTOS *et al.*, 2001). É uma ciência que está associada a área de Saúde e Segurança do Trabalho e que busca garantir a integridade física dos trabalhadores.

O estudo de Higiene Ocupacional não se restringe aos conceitos das Normas Regulamentadoras expedidas pelo Ministério do Trabalho e Previdência Social e as nem às Normas de Higiene Ocupacional elaboradas pela Fundacentro. Como já foi apontado, ela visa a proteção do trabalhador e da comunidade e, logo, seu estudo é bastante amplo, perpassando diversas áreas como saúde, normas internacionais, ambientais, dentre outros.

No Brasil, os primeiros registros sobre Higiene Ocupacional são do início do século XX e remetem ao sanitarista Oswaldo Cruz, que realizou estudos e trabalhos voltados às epidemias de "doenças infecciosas relacionadas ao trabalho", tais como a malária e a ancilostomose, que incapacitaram e mataram milhares de trabalhadores na construção de ferrovias e a febre amarela nos portos. Em 1910, inclusive, ele dirigiu pessoalmente as frentes de trabalho na ferrovia Madeira-Mamoré.

Durante o Governo Getúlio Vargas, a Higiene Ocupacional foi absorvida pelo Ministério do Trabalho Indústria e Comércio e, a partir daí, este último iniciou um processo de formação de profissionais por meio da realização de cursos de para médicos, engenheiros, enfermeiros e técnicos de Segurança do Trabalho com o objetivo de ampliar os conhecimentos em Higiene Ocupacional

No ano de 1966 foi criada a Fundacentro (Fundação Jorge Duprat Figueiredo de Segurança e Medicina do Trabalho) vinculada ao Ministério do Trabalho, cuja função preponderante consiste na divulgação e ampliação dos conhecimentos sobre Higiene Ocupacional com elaboração de diversas pesquisas sobre o meio ambiente do trabalho.

Formuladas tais digressões, passa-se, na sequência do artigo, à análise da Norma Regulamentadora n. 15 Anexo 11 a 13, conhecidos, como os anexos de insalubridade dos Químicos.

2. Norma Regulamentadora n. 15

A Norma Regulamentadora n. 15 foi originalmente editada pela Portaria MTb n. 3.214, de 8 de junho de 1978, estabelecendo as "Atividades e Operações Insalubres", com o objetivo de regulamentar os arts. 189 a 196 da Consolidação das Leis do Trabalho — CLT, conforme redação dada pela Lei n. 6.514, de 22 de dezembro de 1977, que alterou o Capítulo V (da Segurança e da Medicina do Trabalho) da CLT . (Ministério do Trabalho e Previdência Social).

Foram editados 13 (treze) anexos destinados à regulamentação das atividades que gerariam o direito ao recebimento do adicional de insalubridade aos empregados, através de definição de Limites de Tolerância para agentes físicos, químicos e biológicos, quando seria possível quantificar a contaminação do ambiente, ou listando ou mencionando situações em que o trabalho é considerado insalubre qualitativamente.

Desde a sua edição, a NR-15 sofreu pequenas alterações e algumas atividades foram incluídas, como o caso do benzeno e outras retiradas como o caso do Anexo 3, que trata da iluminação. O referido anexo foi retirado em razão das pesquisas que constataram a correlação existente entre a falta de iluminação e a ergonomia (CAMISSASSA, 2022).

Todavia, para o recorte desse artigo serão considerados somente os Anexos 11 a 13. Tais anexos sofreram pequenos reajustes como a inclusão, do Anexo 13-A e a alteração da forma de monitorar o benzeno, ocorrida em 2022. Houve, ademais, alteração no Anexo 12, no que pertine aos limites de tolerância das poeiras minerais.

A NR -15 e, mais especificamente, seus anexos 11 a 13 foram criados com base na lista da *ACGIH* (*American Conference of Governmental Industrial Hygienists*), que é uma associação privada de profissionais de higiene ocupacional sediada nos Estados Unidos da América e que visa estudar e promover a divulgação das pesquisas sobre meio ambiente do trabalho, principalmente na área da Higiene Ocupacional.

A referida Norma foi criada exclusivamente pela Fundacentro através de seus higienistas José Manuel Gana Soto, Irene F. Souza Duarte Saad, Eduardo Giampaoli e Mário Luiz Fantazzin e possuía, dentre seus objetivos, a atualização bienal, tal como levado a cabo pela ACGIH, o que, contudo, nunca veio a ocorrer.

2.1. Norma Regulamentadora n. 15 Anexo 11

No Anexo 11 da NR-15 estão listadas AS substâncias químicas avaliadas quantitativamente, cujo o contato do trabalhador com essas substâncias, quando não respeitados os limites de tolerância, gerará o direito à percepção ao adicional de insalubridade.

Homero Batista, nesse particular, elucida que para configurar insalubridade, a substância avaliada deve ter por parâmetro o limite de tolerância e a perícia de um profissional habilitado para tanto:

> O primeiro anexo, que é o 11º da relação, trata dos agentes químicos cuja insalubridade é caracterizada por limite de tolerância e inspeção no local de trabalho, ou seja, embora a vistoria de um profissional habilitado seja essencial para a configuração, existem tabelas de limites de tolerância que devem ser observados quanto ao volume dos produtos e ao tempo em que o trabalhador a eles esteve sujeito. É um anexo quantitativo (...) (BATISTA, 2015, p. 66).

Atualmente o referido Anexo possui listadas 196 (cento e noventa e seis) substâncias sendo que ao decorrer dos anos só foram incluídas apenas duas substâncias, a saber, o benzeno e negro fumo.

As referidas substâncias foram escolhidas com base na listagem da ACGIH, que poderiam ser avaliadas em laboratórios nacionais no ensejo de verificar a possível toxidade relacionada à exposição ocupacional.

Conforme apontado por Homero Batista, as substâncias químicas são avaliadas de forma quantitativa considerando o Limite de Tolerância de cada uma delas e verificando qual em que proporção elas agridem o trabalhador para fins de insalubridade:

> O limite de tolerância, portanto, é um valor que indica, de acordo com a natureza do agente, a concentração máxima no caso de agentes químicos, ou a intensidade máxima ou mínima, no caso de agentes físicos, que não poderá ser excedida durante a jornada de trabalho ou, dependendo do agente, durante um determinado período de exposição (CAMISASSA, 2016, p. 420).

Os índices de medição da NR-15 para avaliar os limites de tolerância da NR-15 são os mesmos utilizados pela *ACGIH*, quais sejam, o *TWA*, *STEL*, *TLV C*.

O *TWA* (*Time Weight Average*) consiste na concentração média ponderada pelo tempo de exposição para a jornada de 8h/dia, 40h/semana, sem trazer grandes nocividade ao indivíduo.

O *STEL* (*Short Time Exposure Limit*), de seu turno, corresponde à concentração na qual os trabalhadores podem se expor, por um curto período (15 min), sem apresentar efeitos adversos.

E, por fim, o *TLV C* (*Ceiling*) refere-se à concentração que não deve ser excedida em nenhum momento de exposição no trabalho.

Por mais que as medidas usadas para mensurar os limites de tolerância da NR-15 sejam as mesmas da ACGIH, aquela primeira se encontra consideravelmente defasada em relação às listagens elaboradas por esta última.

Na ACGIH os valores de limite de tolerância, geralmente, são menores e há mais substâncias catalogadas já devidamente reconhecidas como tóxicas para fins de exposição ocupacional e que não são listadas no Anexo 11, como exemplo citamos a acetofenona (aromatizante que ataca o Sistema Nervoso Central).

Atualmente a ACGIH possui mais de 600 (seiscentas) substâncias, as quais são consideradas nocivas para o trabalhador enquanto a NR-15 não chega a 200 (duzentas) substâncias. Essa desatualização do Anexo já é algo notório e que há diversos doutrinadores aponta o problema disso:

> O Anexo 11 carrega o peso da desatualização a que este trabalho já se referiu, em duplo sentido. Por um lado, foi elaborado em 1978 e, como tal, deixou de acompanhar os avanços das pesquisas das últimas três décadas. Se houvesse uma revisão, possivelmente a maioria dos agentes químicos sofreria alteração em seus valores e tempo de exposição. (...). Quando os

> limites de tolerância da norma brasileira são comparados com os limites, por exemplos, da ACGIH, a conferência americana acima citada, são constatadas defasagem em cerca de 55% dos elementos químicos, em alguns casos à razão de 100% de permissividade maior na legislação brasileira do que na estrangeira (BATISTA, 2015, p. 67).

A Auditora Fiscal do Trabalho Mara Camisassa também critica a desatualização do Anexo 11 apontando que ele está em descompasso com a comunidade internacional, visto que a legislação brasileira é mais tolerante a exposição do trabalhador às substâncias nocivas se comparada a outros países. E no fim ela cita exemplos:

> A falta de atualização de vários limites de tolerância presentes na NR-15, aliada à evolução técnico científica das últimas décadas, faz que diversas exposições consideradas atualmente toleráveis pela norma não sejam sequer admitidas por órgãos normativos e científicos internacionais (dentre eles a própria *ACGIH*), por serem, comprovadamente, danosas à saúde do trabalhador. Para exemplificar, cito o limite detolerância à exposição ao agente químico Tolueno determinado pela NR-15, que é de 78 ppm (setenta e oito partes por milhão), enquanto a *ACGIH* estabelece que esse valor deva ser 20 ppm (vinte partes por milhão).
>
> Temos, portanto, há vários anos no Brasil, milhares ou milhões de trabalhadores expostos a condições insalubres que são inaceitáveis pela comunidade internacional (CAMISASSA, 2015, p. 417).

Não seria viável dentro do nosso ordenamento importar de forma imediata a lista da *ACGIH* com os índices estabelecidos por ela. Até mesmo porque a *ACGIH* é uma organização privada e não um organismo normativo. Além do mais, em matéria de segurança do trabalho é obrigatória a participação da Comissão Tripartite Paritária Permanente (CTPP), o fórum oficial do governo federal responsável por discutir temas referentes à segurança e à saúde no trabalho, o qual é composto por membros que representam o Governo, Trabalhadores e os Empregadores.

2.2. Norma Regulamentadora n. 15, Anexo 13

Os químicos listados nesse anexo possuem análise residual e sua análise é feita qualitativamente, ou seja, o mero contato já gera o direito ao adicional de insalubridade.

> A caracterização de insalubridade de atividades que envolvem os agentes químicos abrangidos pelo Anexo 13 é qualitativa: uma vez identificada a presença, no ambiente de trabalho, de um dos agentes apresentados a seguir, estará caracterizada a insalubridade (...) (CAMISASSA, 2015, p. 480).

O Anexo n. 13 traz uma relação de atividades e operações envolvendo uma série de agentes químicos e as classifica como grau máximo, médio ou mínimo quanto à insalubridade.

Esse anexo foi baseado na Portaria n. 491/65, a qual listava quais eram as substâncias insalubres sem nenhuma técnica cientifica de mensuração.

As substancias que não estavam contempladas na *ACGIH* em 1978 ou que não tinham como ser avaliadas em laboratórios em nosso país foram consideradas insalubres para fins de recebimento de adicional para que não houvesse uma discriminação entre os trabalhadores.

Assim o Anexo 13 foi criado com a simples importação das substâncias previstas na Portaria n. 491/65.

Essa atecnia traz diversos empecilhos em sua análise gerando até mesmo interpretações distintas sobre a mesma substância e consequentemente ocasiona insegurança jurídica.

Como exemplo podemos citar a substância *álcalis cáustico*. Tal substância possui diversas interpretações. E o manuseio dela gera o adicional médio.

A ANVISA (Agência Nacional de Vigilância Sanitária do Ministério da Saúde) na Resolução n. 336 define que a substância possui álcalis cáusticos com PH igual ou maior que 12. Vejamos:

> Art. 5º Para efeito de registro, os produtos são classificados como de Risco I e Risco II.
>
> § 2º Os produtos de Risco II – compreendem os saneantes domissanitários e afins que sejam **cáusticos**, corrosivos, os produtos cujo valor de pH, em solução a 1%, seja igual ou menor que 2 e **igual ou maior que 12,** aqueles com atividade antimicrobiana, os desinfestantes, os produtos biológicos à base de microorganismos e os produtos com alto poder oxi(Inte ou redutor. Os produtos de Risco II devem atender ao disposto cn legislações, epecífieas e aos seguintes requisitos:

Dessa feita, o mero contato já geraria o adicional. Tendo em vista que a análise gramatical dos termos pode levar a conclusões distintas, trazemos como exemplos as súmulas abaixo de Tribunais Regionais do Trabalho distintos que analisaram a mesma substância:

> TRT – 4ª REGIÃO – SÚMULA N. 142 – ADICIONAL DE INSALUBRIDADE. CONTATO COM ÁLCALIS CÁUSTICOS NO MANUSEIO DE PRODUTOS DE LIMPEZA. Publicada em 2018.
>
> O manuseio de produtos de limpeza de uso doméstico é passível de enquadramento como atividade insalubre pelo contato com álcalis cáusticos, nos termos do Anexo 13 da Portaria n. 3.214/78.

> TRT 3ª REGIÃO Súmula n. 40 Adicional de insalubridade. Manuseio de cimento. Não reconhecimento.

A manipulação de cimento em obras ou o mero contato com esse produto não enseja, por si só, o pagamento do adicional de insalubridade, ainda que constatada mediante laudo pericial. Essa atividade não se insere nas normas técnicas definidas pelo Anexo 13 da NR-15 da Portaria n. 3.214/78 do Ministério do Trabalho e Emprego. (Oriunda do julgamento do IUJ suscitado nos autos do processo RO 00052-84.2013.5.03.0178. RA 167/2015, disponibilização: *DEJT*/TRT-MG/Cad. Jud. 16.07.2015, 17.07.2015 e 20.07.2015)

No primeiro caso, se trata de produtos típicos de limpeza doméstica e de quando analisada a FISPQ há acusação da substância de álcalis cáustico no produto. Como exemplo apresenta a substância *Sapólio cremoso ativado por cloro*:

9 - PROPRIEDADES FÍSICO-QUÍMICAS

Estado Físico: líquido.
Cor: Branco de acordo com o padrão
Odor: de acordo com o padrão
Solubilidade: parcialmente solúvel em água.
Cloro Ativo (PM 35,46): Máx. 2,2%
Matéria Ativa Aniônica: 1,65 - 2,23 %
Peso Molecular Médio: 300
pH: 12,0 - 12,8

Fonte: https://www.lojamedlimp.com.br/wp-content/uploads/2018/08/fispq-sapolio-radium-cremoso-cloro-00.pdf.

Como se observa o TRT da 4ª Região, ao editar a Súmula n. 142, consolidou o entendimento de que o mero contato já seria suficiente para caracterizar a insalubridade. Todavia, o TRT da 2ª Região já analisou a mesma situação e houve entendimento contrário no sentido de que devido ao baixo nível de concentração química, não haveria o adicional de insalubridade:

> E, neste aspecto, a jurisprudência tem entendido que a utilização de produtos de limpeza de uso doméstico não enseja a percepção do adicional de insalubridade, em razão do baixo nível de concentração química. (TRT da 2ª Região; Processo: 1001011-03.2020.5.02.0087; Data: 07.03.2023; Órgão Julgador: 12ª Turma – Cadeira 4 – 12ª Turma; Relator(a): BENEDITO VALENTINI)

Já a segunda súmula apresentada nesse trabalho foi editado pelo TRT da 3ª Região o qual considerou que o mero contato com o cimento (substância essa listada no Anexo 13) não gera direito ao adicional visto que a Norma exige grande quantidade.

Todavia ao analisar a FISPQ do cimento comprova-se que há substâncias de álcalis caustico em sua composição. Vejamos a FISPQ do cimento produzido pela CSN (Companhia Siderúrgica Nacional):

9. PROPRIEDADES FÍSICO-QUÍMICAS			
Estado físico	Sólido	**Taxa de evaporação**	Não Aplicável
Forma	Pó	**Ponto de fulgor**	Não Aplicável
Cor	Cinza	**Temperatura de auto-ignição**	Não Aplicável
Odor	Característico	**Limites de explosividade superior**	Não Aplicável
pH	13	**Limites de explosividade inferior**	Não Aplicável
Ponto de ebulição	Não Aplicável	**Pressão de vapor**	Não Aplicável
Faixa de temperatura de ebulição	Não Aplicável	**Massa específica aparente**	1,2 g/cm^3
Faixa de destilação	Não Aplicável	**Densidade**	2,99 g/cm^3
Ponto de fusão	Não Aplicável	**Solubilidade em ácido clorídrico**	99%l
Temperatura de decomposição	Não Aplicável	**Solubilidade em água**	1,5g/l

Fonte: https://www.csn.com.br/wp-content/uploads/sites/452/2021/12/FICHA-DE-INFORMACOES-DE-SEGURANCA-DE-PRODUTOS-QUIMICOS-%E2%80%93-FISQP.pdf.

Já o TRT da 4ª Região fez uma interpretação gramatical do termo *álcalis cáustico* com o reconhecimento do adicional de insalubridade pelo mero contato não necessitando analisar a grande quantidade:

> RECURSO ADESIVO DO RECLAMANTE. ADICIONAL DE INSALUBRIDADE EM GRAU MÉDIO. ÁLCALIS CÁUSTICOS. CIMENTO. A Portaria n. 3214/78, no Anexo 13 da NR-15, prevê insalubridade em grau médio para manuseio de álcalis cáusticos, independentemente de concentrações, finalidades do emprego ou tempo de exposição, pelo alto risco que tais produtos oferecem quando do seu manuseio. Na construção civil, o manuseio dos álcalis decorre independentemente do contato e utilização direta com os elementos que compõem o cimento (...). Configura-se o direito ao adicional de insalubridade em grau médio. (TRT da 4ª Região, 4ª Turma, 0020490-30.2016.5.04.0104 ROT, em 26.09.2018, Desembargadora Ana Luiza Heineck Kruse)

Como se observa, ambos os julgados, avaliando a mesma substância, tiveram conclusões distintas. Desta forma, não se sabe a exatidão que o termo "mero contato" pode trazer. Tendo em vista que o vocabulário é extenso e com diversas interpretações pode-se considerar que com o avanço da tecnologia a avaliação qualitativa não é uma técnica segura para avaliação para fins de adicional de insalubridade.

3. Alteração dos anexos dos químicos

O Ministério do Trabalho editou a Portaria n. 1.224/2018 o qual estabeleceu procedimentos para a elaboração e revisão de normas regulamentadoras relacionadas à segurança e saúde no trabalho e às condições gerais de trabalho.

Nesta seara começaram os estudos e consequentemente a audiências públicas para fazerem cumprir o objetivo da Portaria.

Assim foram realizadas duas audiências públicas referente ao Anexo dos Químicos que ocorreram nos dias 05 e 31.07.2022.

Nas referidas audiências foram discutidas diversas nuanças dos anexos citados que ratificam, em grande parte, as críticas trazidas anteriormente, tais como a obsolescência dos anexos e o incremento dos riscos para os trabalhadores sem a devida monitorização. Também foi apontada, em tais oportunidades, a atecnia da metodologia de análise qualitativa, pois esta última não se constitui em incentivo para a adoção de medidas de segurança.

Também foi apontada a dificuldade em se adotar de forma imediata os índices previstos na ACGIH pelo fato dela ser uma organização consultiva. Todavia, não é olvidada a importância da referida Associação para o cenário da Segurança do Trabalho, conforme assinalou a Auditora Fiscal do Trabalho Mara Camisassa em 2015:

> A ACGIH não é um organismo normativo, ou seja, não se pode dizer que as publicações dessa entidade sejam normas internacionais, pois não o são: suas publicações são referências técnicas, cuja observância pelos órgãos reguladores dos diversos países é facultativa, e não obrigatória. Entretanto, a importância e a qualidade de suas publicações são reconhecidas internacionalmente, sendo suas recomendações seguidas pela maioria das agências e órgãos reguladores internacionais (CAMISASSA, 2015, p. 416).

Outro ponto bastante pontuado pelos expositores nas referidas audiências públicas consiste na necessidade de mudança do paradigma de Limite de Tolerância para o Limite de Exposição Ocupacional, visto que não há risco tolerável e cada indivíduo reage de forma distinta perante a substância. Dessa forma, deve ser considerada a exposição do trabalhador à substância química exposta, pois, segundo Mara Camisassa:

> O limite de tolerância, portanto, é um valor que indica, de acordo com a natureza do agente, a concentração máxima no caso de agentes químicos, ou a intensidade máxima ou mínima, no caso de agentes físicos, que não poderá ser excedida durante a jornada de trabalho ou, dependendo do agente, durante um determinado período de exposição (CAMISASSA, 2015, p. 420).

Por fim, apontou-se a necessidade de revisão dos anexos dos químicos para que esses estejam em consonância com as normas em vigor na comunidade internacional.

Convém ressaltar que foram discutidos outros pontos nas audiências públicas ora mencionadas, tais como a árdua crítica sobre a monetização dos riscos e a necessidade da extensão do debate para a seara previdenciária visto que traz impacto aos benefícios de aposentadoria por tempo especial, dentre outros temas.

4. Os limites de tolerância e a Constituição Federal

A Constituição Federal de 1988 prevê como um dos fundamentos da República a dignidade da pessoa humana. Com o propósito de delimitar o instituto de dignidade humana o Constituinte tratou de tutelar diversos bens jurídicos como direitos fundamentais.

No art. 5º, *caput*, a Constituição Federal garante o direito à vida e segurança, e no art. 6º, *caput*, qualifica como direito social o trabalho, o lazer e a segurança. Nessa linha, o art. 225, *caput* garante a todos um meio ambiente ecologicamente equilibrado e, o inciso V do referido dispositivo incumbe ao Poder Público o dever de controlar a produção, comercialização e o emprego de técnicas, métodos e substâncias que comportem risco para a vida, a qualidade de vida e o meio ambiente.

Portanto observa-se que o Constituinte englobou o conceito amplo de meio ambiente abrangendo assim o meio ambiente do trabalho, pois:

> O meio ambiente do trabalho, assim, está inserido no ambiente geral (art. 200, VIII, CF/88), na medida em que "não há como se falar em qualidade de vida se não houver qualidade de trabalho, nem se pode atingir o meio ambiente equilibrado e sustentável, ignorando-se o aspecto do meio ambiente do trabalho" (SANTOS, 2010, p. 28).

O ambiente de trabalho é derivado da proteção ao meio ambiente como um todo e como tutela à integridade física. Amauri Mascaro Nascimento (2011, p. 321) em sua obra define que o meio ambiente do trabalho compreende todos os aspectos relacionados à saúde do trabalhador.

Dessa feita, o Ministério do Trabalho busca, com a edição das Normas Regulamentares, a ampliação da segurança dos trabalhadores em seus locais de trabalho, mesmo porque a Constituição Federal de 1988 define como direito subjetivo dos trabalhadores, em seu art. 7º, XXII, a redução dos riscos inerentes a atividade laboral.

O adicional de insalubridade, por mais que possa ter um efeito de monetizar o risco, também proporciona uma forma de proteção, visto que a empresa, quando expõe o trabalhador ao risco, necessita de monitorar os agentes que são considerados insalubres, a despeito do pagamento do referido *plus*.

Tendo em vista que a interpretação do direito ao adicional de insalubridade é taxativo, faz-se necessário que a substância (agente) esteja previsto na NR-15 para ensejar a obrigatoriedade do pagamento do adicional de insalubridade. Como já é pacificado na Súmula n. 460 do STF, não basta que o trabalhador atue com insalubridade, o agente causador da insalubridade tem que está previsto na NR-15:

> Súmula n. 460 do STF. Para efeito do adicional de insalubridade, a perícia judicial, em reclamação trabalhista, não dispensa o enquadramento da atividade entre as insalubres, que é ato de competência do Ministro do Trabalho e Previdência Social.

Tal súmula foi editada em 01/10/1964, tendo como referências legislações totalmente obsoletas se considerarmos a Constituição Federal de 1988 que tem como vetores a dignidade da pessoa humana, a proteção ao meio ambiente adequado e a tutela dos trabalhadores contra a generalidade dos riscos ocupacionais.

Todavia, a súmula levou em consideração os valores constitucionais da época. Frise-se, a propósito, que no período de publicação da referida súmula, a então vigente Constituição Federal de 1946 dispunha de forma genérica sobre segurança do trabalhador e em nada abordava sobre meio ambiente:

> Art. 157 – A legislação do trabalho e a da previdência social obedecerão nos seguintes preceitos, além de outros que visem a melhoria da condição dos trabalhadores:
>
> (...)
>
> VIII – higiene e segurança do trabalho;
>
> (...)

No escopo da Constituição Federal de 1988 — ao contrário de suas antecessoras — há um rol de garantias fundamentais significativamente mais extenso, em derivação ao valor-supremo da dignidade da pessoa humana, com destaque para o resguardo ao meio ambiente saudável. Nesse diapasão, a atual Carta Magna chegou a incumbir o Sistema Único de Saúde da atribuição concernente à execução de ações destinadas à saúde do trabalhado e à redução dos riscos inerentes ao trabalho, de modo a instituir o princípio do Risco Mínimo Regressivo:

> Art. 200. Ao sistema único de saúde compete, além de outras atribuições, nos termos da lei:
>
> (...)
>
> II – executar as ações de vigilância sanitária e epidemiológica, bem como as de saúde do trabalhador;
>
> (...)

Portanto, pode-se afirmar que os limites de tolerância considerados na NR-15 estão em descompasso total com a Constituição Federal de 1988, posto que desconsideram a evolução da ciência no tocante à comprovação de outras substâncias insalubres que não estão inseridas nos anexos da NR-15, baseando-se, além disso, em limites de tolerâncias notoriamente defasados, conforme se infere do magistério de Luciano Martinez (2016, p. 386):

> O gesto do legislador constitucional derivado, apesar de antinômico em alguma medida, demonstra que, independentemente de se poder falar num direito de recebimento de adicionais salariais para compensar os riscos da perda da saúde, toda a sociedade — capitaneada pelo Estado — deve estar atenta às estratégias de prevenção com vistas a garantir um meio ambiente laboral seguro e saudável também dentro dos lares brasileiros.

Além do mais, o próprio legislador constituinte originário elevou o *status* do adicional de insalubridade a nível constitucional com o objetivo de proteger o trabalhador, conforme aponta Régis Casagrande (1987, p. 330).

a intenção do adicional de insalubridade é reduzir a ocorrência dos seus agentes ensejadores ao máximo, já que inerentes a algumas atividades, valorizando as políticas públicas de saúde do trabalhador, para, com isso, proteger o bem-estar físico, mental, social, a vida e a integridade de quem labora em condições insalubres, a fim de que tenha a dignidade humana garantida e respeitada.

5. Conclusão

A Constituição Federal de 1988 classifica como direito subjetivo do trabalhador o meio ambiente saudável, nos termos do art. 7º, XXII e do art. 225.

Antes mesmo de sua promulgação, todavia, o Ministério do Trabalho já havia editado em 1978 as Normas Regulamentadoras. Dentre elas a NR-15 que trata sobre insalubridade mais especificamente os Anexos 11 a 13 baseado na melhor referência da área internacional que era a lista da ACGIH e para que não houvesse discriminações entre trabalhadores substâncias que não havia na ACGIH também foram consideradas insalubres.

Com o passar dos anos e com a evolução da tecnologia foram detectadas melhores técnicas de mensuração dos riscos laborais, desprezando-se as análises qualitativa e quantitativa e incluindo outras substâncias que são reconhecidamente tóxicas.

Todavia, o MTE não acompanhou a referida atualização científica, o que tornou a NR-15 obsoleta.

É essencial, portanto, que haja a alteração da NR-15 venha a ocorrer, no ensejo de compatibilizá-la com as diretrizes labor-ambientais emanadas da Constituição Federal de 1988, notoriamente a dignidade humana, a proteção dos trabalhadores contra os riscos ocupacionais, o meio ambiente adequado e o risco regressivo.

Referências

BRASIL. *Constituição Federal de 1946*. Disponível em: https://www.planalto.gov.br/ccivil_03/constituicao/constituicao46.htm. Acesso em: 3 maio 2023.

______. *Constituição Federal de 1988*. Disponível em: https://www.planalto.gov.br/ccivil_03/constituicao/constituicao.htm. Acesso em: 3 maio 2023.

BRASIL. *Resolução n. 336, de 22 de julho de 1999*. Diário Oficial da República Federativa do Brasil, Brasília, DF, 22 jul. 1991. Disponível em: https://bvsms.saude.gov.br/bvs/saudelegis/anvisa/1999/res0336_22_07_1999.html. Acesso em: 3 maio 2023;

______. Supremo Tribunal Federal. *Súmula n. 460*. Disponível em: https://portal.stf.jus.br/textos/verTexto.asp?servico=jurisprudenciaSumula&pagina=sumula_401_500. Acesso em: 07 maio 2023.

______. Tribunal Regional do Trabalho. Acórdão de decisão que negou provimento ao pedido de insalubridade. *Recurso Ordinário n. 1001011-03.2020.5.02.0087*. Relator: Desembargador BENEDITO VALENTINI. 02 de março de 2023. Disponível em: https://pje.trt2.jus.br/consultaprocessual/detalhe-processo/1001011-03.2020.5.02.0087/2#57f8253. Acesso em: 05 maio 2023.

______. Tribunal Regional do Trabalho Acórdão de decisão que reconheceu o adicional insalubridade. *Recurso Ordinário n. 0020490-30.2016.5.04.0104*. CLAUDIO ADAO SOARES FARIAS, AZEVEDO, AQUINO CONSTRUTORA LTDA. – ME. Relatora: Desembargadora ANA LUIZA HEINECK KRUSE. 25 set. 2018. Disponível em: https://pje.trt4.jus.br/consultaprocessual/detalhe-processo/0020490-30.2016.5.04.0104/2#7926709.

______. Tribunal Regional do Trabalho da 3ª Região. *Súmula n. 40*. Disponível em: https://portal.trt3.jus.br/internet/jurisprudencia/uniformizacao-de-jurisprudencia/sumulas#s-mula-n--40. Acesso em: 07 maio. 2023.

______. Tribunal Regional do Trabalho da 4 Região. *Súmula n. 142*. Disponível em: https://www.trt4.jus.br/portais/trt4/sumulas. Acesso em: 07 maio 2023.

CAMISASSA, Mara Queiroga. *Segurança e saúde no trabalho:* NRs 1 a 36 comentadas e descomplicadas. Rio de Janeiro, RJ: Método, 2015. 886 p. ISBN 97788530958824.

CASAGRANDE, Regis. O adicional de insalubridade ao trabalhador tem como fundamento remoto o princípio da dignidade da pessoa humana, e visa proteger a integridade do trabalhador. *Direito Net*, n. 05, jul. 2015. Disponível em https://www.direitonet.com.br/artigos/exibir/9195/O-adicional-de-insalubridade-um-direito-constitucional-trabalhista. Acesso em: 07 maio 2023.

CSN. Disponível em: www.csn.com.br/wp-content/uploads/sites/452/2021/12/FICHA-DE-INFORMACOES-DE-SEGURANCA-DE-PRODUTOS-QUIMICOS-%E2%80%93-FISQP.pdf. Acesso em: 07 maio 2023.

ESCOLA NACIONAL DE INSPEÇÃO DO TRABALHO. *Audiência Pública anexos NR 9 — 05.06.2022* — Anexo Químicos. Disponível em: www.youtube.com/watch?v=QaSh6GIR6r4. Acesso em: 5 jul. 2022.

MARTINEZ, Luciano. *Curso de direito do trabalho:* relações individuais, sindicais e coletivas do trabalho. 7. ed. São Paulo: Saraiva, 2016.

MEDILIMP.Disponívelem:Fonte:https://www.lojamedlimp.com.br/wp-content/uploads/2018/08/fispq-sapolio-radium-cremoso-cloro-00.pdf. Acesso em: 07 maio 2023.

NASCIMENTO, Amauri Mascaro. *Curso de direito do trabalho.* 2.ed. São Paulo: Saraiva 2011.

SALIBA, Tuffi Messias. *Curso básico de segurança e higiene ocupacional.* 3. ed. São Paulo: LTr, 2010.

SANTOS, A. M. A. *et al. Introdução à Higiene Ocupacional.* São Palo: Fundacentro, 2001.

SANTOS, Adelson Silva dos. *Fundamentos do direito ambiental do trabalho*. São Paulo: LTr, 2010.

SILVA, Homero Batista Mateus da. *Curso de direito do trabalho aplicado.* vol. 3. 3. ed., rev., atual. e ampl. São Paulo: Revista dos Tribunais, 2015.

11

Radiações Ionizantes e as Responsabilidades do Empregador: Os Impactos à Saúde do Trabalhador e ao Meio Ambiente do Trabalho

Kamylla Batista Leite de Lucena

Introdução

O Direito do Trabalho é uma área do Direito que trata das relações jurídicas entre empregadores e empregados, estabelecendo as normas e regras que regem o trabalho humano. A responsabilidade civil, por sua vez, é a obrigação de reparar danos causados a terceiros, em decorrência de ações ou omissões que resultaram em prejuízos.

Quando se trata de radiações ionizantes e exposição a substâncias radioativas, a responsabilidade civil se torna um tema extremamente relevante no âmbito do direito laboral. Isso ocorre porque a exposição a essas substâncias pode causar danos irreparáveis à saúde dos trabalhadores, como câncer, mutações genéticas e muitas outras doenças graves, bem como consequências desastrosas contra o meio ambiente do trabalho, o que tem gerado a necessidade de medidas de proteção e regulamentação por parte dos órgãos competentes.

Nesse sentido, o presente trabalho tem como objetivo analisar as medidas de proteção contra radiação em ambientes de trabalho, além de abordar questões sobre a responsabilidade civil em casos de acidentes laborambientais com radiações ionizantes e exposição a substâncias radioativas. Serão discutidos também temas como antinomias jurídicas referentes ao meio ambiente do trabalho e impactos ambientais decorrentes da exposição radioativa.

Para a elaboração deste artigo, foi realizada uma pesquisa bibliográfica em bases de dados científicos com *Scielo*, *PubMed*, *Lilacs* e *Google Scholar*, utilizando palavras-chave como "radiação ionizante", "proteção radiológica", "normas regulamentadoras", "responsabilidade civil", "acidentes com radiação", entre outras.

Também foram consultadas legislações brasileiras como as Normas Regulamentadoras (NRs) do Ministério do Trabalho e Emprego (MTE) e a Decreto-lei n. 5.452/1943 (Consolidação das Leis do Trabalho).

Além disso, o presente trabalho está dividido em seções que abordam a definição e natureza jurídica do meio ambiente do trabalho, as medidas de proteção contra a radiação ionizante no exercício das atividades laborais, discute-se como o déficit de auditores-fiscais do trabalho (AFT) tem sido um dos fatores responsáveis pelo aumento dos acidentes de trabalho no Brasil, os critérios para a responsabilização civil do empregador em casos de exposição à radiação, as antinomias referentes ao meio ambiente do trabalho e os desafios do Judiciário brasileiro quanto à responsabilidade civil em casos de acidentes laborambientais.

A seção de conclusão apresentará uma síntese dos principais pontos abordados ao longo do artigo e possíveis soluções para os desafios identificados na proteção contra a radiação ionizante em ambientes laborais e sobre a responsabilização civil do empregador.

1. Meio ambiente do trabalho e radiações ionizantes

1.1. Definição e natureza jurídica do meio ambiente laboral

O meio ambiente do trabalho pode ser definido como o conjunto de condições, circunstâncias, influências e elementos que envolvem o trabalho, afetando a saúde, a segurança e o bem-estar dos trabalhadores. O meio ambiente laboral é composto por elementos físicos, químicos, biológicos, sociais, culturais e psicológicos, e sua preservação é fundamental para garantir a saúde e a segurança dos trabalhadores. Ou seja, é o conjunto de condições, leis, influências e integrações de ordem física, química e biológica, que permite, abriga e rege a vida em todas as suas formas (art. 3º, I, da Lei n. 6.938/81).

Sobre a temática meio ambiente, Guilherme Guimarães Feliciano (2002, p. 3) ensina que:

> uma indissociabilidade ontológica entre o meio ambiente natural e o meio ambiente humano, de modo que o meio ambiente — conceito e entidade — pode ser entendido como *"Gestalt"* ali em acepção filosófica (significando

que a interpretação do objeto modifica ou condiciona a própria experiência com o objeto) e aqui em acepção fenomênica, o meio ambiente não deve ser tomado como soma de elementos a isolar, analisar e dissecar, mas como sistema constituído por unidades autônomas, manifestando uma solidariedade interna e possuindo leis próprias, donde resulta que o modo de ser de cada elemento depende da estrutura do conjunto e das leis que o regem, não podendo nenhum dos elementos preexistir ao conjunto.

Já José Afonso da Silva (1995, p. 5) definiu o meio ambiente do trabalho como sendo o lugar onde se desdobra a maior parte da vida do trabalhador e que por isso existe uma ligação íntima de dependência entre a qualidade de vida do empregado e a qualidade ofertada naquele ambiente.

Ainda sobre o tema, Sérgio Pinto Martins (2020, p. 419-420) afirma que o meio ambiente do trabalho é um assunto importante para proteger a saúde e segurança dos trabalhadores. O autor enfatiza que é obrigação da empresa garantir um ambiente de trabalho seguro e saudável, seguindo as normas de higiene e segurança do trabalho, e adotando medidas preventivas e de proteção contra riscos ambientais. Além do que, Martins (2020, p. 419-420) aborda a responsabilidade civil e penal da empresa em casos de danos causados ao meio ambiente do trabalho e aos trabalhadores, conforme será estudado mais adiante.

Assim sendo, o meio ambiente acaba englobando o âmbito laboral, dispondo em consonância do art. 200, inciso VIII, da Constituição Federal. Quanto à sua natureza jurídica, o meio ambiente do trabalho é considerado um bem jurídico coletivo, de caráter difuso, que se encontra protegido pela Constituição Federal e pelas legislações trabalhistas e ambientais.

Como bem jurídico coletivo, o meio ambiente do trabalho é tutelado não apenas em benefício dos trabalhadores, mas de toda a sociedade, uma vez que a saúde e a segurança dos trabalhadores são fundamentais para a preservação da vida e da dignidade humana. A proteção do meio ambiente do trabalho é, portanto, uma responsabilidade compartilhada entre empregadores, trabalhadores, poder público e toda a sociedade.

1.2. Acidentes com substâncias radioativas e impactos laborambientais

Os acidentes com substâncias radioativas representam uma preocupação em relação aos impactos ao ambiente laborambiental. Como já apresentado, a exposição às substâncias radioativas pode causar danos à saúde e ao meio ambiente, além de afetar a produção e a economia.

A ocorrência de acidentes pode ter várias origens, desde a falta de medidas de segurança, falhas no treinamento dos trabalhadores, até erros humanos ou problemas técnicos, conforme será aprofundado mais adiante. Esses acidentes podem gerar danos ambientais e econômicos significativos, afetando a saúde dos trabalhadores e da população, além de prejudicar o meio ambiente e os ecossistemas.

Os impactos ambientais decorrentes de acidentes com substâncias radioativas são variados e podem ser de curto ou longo prazo. Além de prejudicar a agricultura e a produção de alimentos, a contaminação do solo, da água e do ar, pode levar a graves consequências para a saúde humana e animal. Além de tudo, a contaminação pode afetar a biodiversidade e o equilíbrio ecológico dos ecossistemas atingidos.

Do ponto de vista legal, a responsabilidade civil pelos danos causados em decorrência de acidentes com substâncias radioativas pode ser suportada pelo empregador responsável pela atividade, que deve zelar pela segurança e proteção do meio ambiente em todas as etapas do processo produtivo. Os empregadores também devem cumprir as normas e regulamentos estabelecidos e atenuar os impactos ambientais.

No Brasil, a Lei n. 6.938/1981 estabelece a Política Nacional do Meio Ambiente, que tem como objetivo a preservação, melhoria e recuperação da qualidade ambiental. Além disso, a Lei n. 9.605/1998 define os crimes ambientais e as respectivas sanções penais e administrativas aplicáveis em caso de infração.

Em síntese, é fundamental que o empregador adote medidas de proteção e prevenção contra acidentes, a fim de evitar danos à saúde dos trabalhadores e da população, bem como evitar que ocorram desastres ambientais.

1.3. As Antinomias referentes ao meio ambiente do trabalho

Segundo Bobbio (1995, p. 71), antinomia é a contradição entre duas normas ou dois preceitos, de tal forma que, seguindo um, viola-se o outro. Sendo, portanto, o choque entre duas normas, dois princípios ou de uma norma e um princípio geral do direito em sua aplicação prática a um caso particular.

As antinomias relacionadas ao meio ambiente do trabalho consistem em conflitos de normas, isto é, situações em que duas ou mais leis se apresentam em contraposição. Esses conflitos podem ocorrer tanto dentro de um mesmo país (âmbito interno), quanto entre leis de diferentes países (âmbito internacional).

As antinomias no meio ambiente do trabalho são comuns devido à complexidade da legislação que trata do tema, sendo que as normas existentes muitas vezes são insuficientes para garantir a proteção dos trabalhadores e do ambiente (BARROS, 2019, p. 78). Um exemplo de antinomia é a relação entre as legislações trabalhista e ambiental que podem entrar em conflito, especialmente quando as atividades desenvolvidas no ambiente de trabalho envolvem riscos ambientais (SOUZA, 2016, p. 65).

É importante ressaltar que essas antinomias podem ter graves consequências para a saúde e a segurança dos trabalhadores, bem como para o meio ambiente, de modo geral. Por isso, é fundamental que as leis e normas que tratam do assunto sejam claras e consistentes, de forma que minimizem os conflitos e garantam a proteção dos trabalhadores e do meio ambiente (BARROS, 2019, p. 81).

Feliciano (2006, p. 46) expõe que aparentemente, no que se refere ao meio ambiente laboral, a Constituição apresenta duas antinomias. Uma é referente aos incisos XXII e XXIII do art. 7º, e a outra a respeito do art. 225, § 3º com o inciso XXVIII do art. 7º, todos da CF/88. Na primeira antinomia, enquanto um inciso indica que é direito dos trabalhadores a redução dos riscos, no outro inciso apresenta o direito à remuneração adicional em razão do exercício de atividades insalubres ou perigosas, sendo também chamada de monetização do risco. Já o segundo caso é citado por Feliciano (2006, p. 46) como um conflito aparente em que o inciso XXVIII (art. 7º, CF) vincula o direito à indenização do acidentado a culpa ou dolo do empregador, e o § 3º do art. 225 traz a obrigação do responsável à reparação dos danos de natureza ambiental a que der causa, levantando também o art. 14, § 1º, da Lei n. 6.938/81 que fixa ser o poluidor obrigado a indenizar os danos causados ao meio ambiente e a terceiros afetados por sua atividade, sem depender da existência de culpa.

Outro exemplo de antinomia no meio ambiente do trabalho é a relação entre as normas de segurança e saúde no trabalho e as normas de proteção à propriedade intelectual. Em certos casos, o empregador que utiliza substâncias perigosas no processo produtivo pode alegar que a divulgação das informações necessárias para garantir a segurança dos trabalhadores pode violar seus direitos de propriedade intelectual.

É importante ressaltar que as antinomias no meio ambiente do trabalho podem ter graves consequências para a saúde e a segurança dos trabalhadores, bem como para o meio ambiente em geral (LEITE, 2019, p. 145). Por isso, é fundamental que as leis e normas que tratam do assunto sejam claras e consistentes, de forma que minimizem os conflitos e garantam a proteção dos trabalhadores e do meio ambiente. Além disso, é necessário que haja um esforço conjunto do empregador, dos trabalhadores e das autoridades para garantir a aplicação efetiva das normas existentes e a criação de novas normas, quando necessário.

1.4. Medidas de prevenção e proteção

Sobre prevenção, Aline Monteiro de Barros (2010, p. 1072) leciona ser o princípio inspirador de todas as normas de tutela à saúde, inclusive no local do trabalho, e sendo as medidas de proteção a constituírem o guia de realização e gestão prática dessa prevenção.

Portanto, para evitar a exposição dos trabalhadores a radiações ionizantes e substâncias radioativas, é importante adotar medidas de prevenção e proteção. De acordo com o Ministério do Trabalho e Emprego do Brasil (MTE), essas medidas incluem a implementação de medidas de proteção coletiva, como blindagem e isolamento de áreas onde ocorre a manipulação de substâncias radioativas, o uso de equipamentos de proteção individual (EPIs), como aventais plumbíferos, luvas e óculos de proteção, controle da contaminação ambiental, como limpeza regular dos locais de trabalho e descarte adequado de materiais contaminados, treinamento e capacitação dos trabalhadores para lidar com substâncias radioativas e radiação ionizante, e o monitoramento regular da exposição dos trabalhadores às radiações ionizantes e substâncias radioativas, por meio de dosimetria.

Essas medidas são fundamentais, já que a exposição a radiações pode ter efeitos nocivos na saúde humana, como a ocorrência de câncer e outras doenças. Diversos estudos têm sido realizados para avaliar a eficácia das medidas adotadas e identificar possíveis melhorias (STROUD, 2012, p. 30; NUCLEAR REGULATORY COMMISSION, 2019, p. 6). É importante ressaltar que a adoção dessas medidas não é apenas uma questão de proteção dos trabalhadores, mas também de proteção do meio ambiente e da sociedade de modo geral.

Tais medidas são fundamentais já que a exposição a radiações pode ter efeitos nocivos na saúde humana. Um estudo realizado por Mazoni (2021, p. 1-6) na revista *Radiologia Brasileira*, intitulado "*Efficacy of protective measures Against ionizing radiation in hemodynamic rooms: a systematic review*", realizou uma revisão sistemática da literatura para avaliar a eficácia de medidas de proteção contra radiação ionizante em salas de hemodinâmica.

Foram incluídos 19 estudos na análise, que avaliaram medidas como aventais de chumbo, protetores de tireoide, óculos de proteção, barreiras de chumbo, entre outras. Os resultados indicaram que a maioria das medidas de proteção é eficaz na redução da exposição à radiação, porém, alguns estudos apresentaram resultados conflitantes. Além disso, o estudo destacou a importância da utilização adequada das medidas protetivas, como a correta escolha do avental de chumbo e a adequada posição do protetor de tireoide.

Os autores também destacaram a necessidade de treinamento e conscientização dos profissionais que trabalham em salas de hemodinâmica sobre a importância das medidas de proteção e o impacto da exposição à radiação na saúde.

Em conclusão, o estudo apresenta informações relevantes sobre a eficácia das medidas de proteção contra a radiação ionizante em salas de hemodinâmica, e ressalta a importância da utilização adequada dessas medidas e do treinamento por parte dos empregadores e dos trabalhadores envolvidos.

Já um outro estudo intitulado "*Occupational radiation protection in interventional cardiology: results from a national survey in Brazil*" (ALVES, 2017, p. 245-251) também da revista *Radiologia Brasileira*, teve como objetivo avaliar a proteção radiológica ocupacional em cardiologia intervencionista no Brasil.

O estudo foi realizado por meio de uma pesquisa de campo com aplicação de um questionário a profissionais de cardiologia intervencionista em todo o país. Foram avaliados aspectos como a frequência de uso de equipamentos de proteção individual (EPIs), a disponibilidade de monitores de dosimetria pessoal e o conhecimento dos profissionais sobre a dose de radiação a que estão expostos.

Os resultados do estudo indicaram que a maioria dos profissionais utiliza EPIs durante os procedimentos de cardiologia intervencionista, entretanto, nem sempre de forma adequada. Além disso, foi observada uma falta de conhecimento dos profissionais sobre a dose de radiação a que estão expostos e sobre as medidas de proteção radiológica que devem ser adotadas.

O estudo é relevante para a área de proteção radiológica ocupacional, uma vez que apresenta uma análise da situação brasileira quanto à proteção dos profissionais de cardiologia intervencionista. Os resultados indicam a necessidade de uma maior conscientização e treinamento dos profissionais sobre a importância da proteção radiológica, bem como a adoção de medidas efetivas para garantir a segurança ocupacional desses trabalhadores. Portanto, fornece informações importantes sobre medidas de proteção e as necessidades dos empregadores em relação às melhorias na conscientização e treinamento dos profissionais, bem como na adoção de medidas mais eficazes.

Nesse tocante, os equipamentos de proteção coletiva (EPCs) são essenciais para a garantia de um ambiente de trabalho saudável e seguro para todos os trabalhadores. Ao contrário dos EPIs, que são de uso pessoal e específico para cada trabalhador, os EPCs são projetados para proteger um grupo de pessoas ou toda a equipe de trabalho de um risco comum.

A utilização de EPCs é fundamental para prevenir acidentes e doenças ocupacionais que possam afetar a saúde e a integridade física dos trabalhadores. É inegável a importância desses equipamentos para ajudar a controlar ou reduzir riscos de contaminação radioativa no ambiente de trabalho, bem como para evitar desastres ambientais. Exemplos de utilização de EPCs no ambiente laboral é a instalação de ventilação, barreiras de proteção, sinalização de segurança, entre outros.

Além disso, a implementação de EPCs também é importante para atender às normas e regulamentos de segurança do trabalho, o que é obrigatório por lei em muitos países para garantir a segurança coletiva.

Salienta-se que a legislação trabalhista (art. 166, CLT) assevera que para atender as necessidades do trabalhador no quesito proteção, tem o empregador obrigação de proporcionar gratuitamente os EPIs em bom estado de funcionamento e conservação, estando estes regulamentados na NR-6.

Ademais, em episódios de recusa do trabalhador em fazer uso do EPI, é afastada a responsabilidade do empregador e abre precedente para justa causa do término do contrato laboral.

1.5. Déficit de auditores-fiscais do trabalho e o impacto nos acidentes laborambientais

O déficit de auditores-fiscais do trabalho (AFT) tem sido um dos fatores responsáveis pelo aumento dos acidentes de trabalho no Brasil, inclusive os acidentes laborais ambientais. O AFT é o profissional encarregado de fiscalizar o cumprimento das normas de saúde e segurança no trabalho e proteger a saúde e integridade física dos trabalhadores (MARTINS, 2015, p. 741-742).

É uma carreira regulada pela Lei n. 10.593/2002 e, de acordo com Ministério Público do Trabalho, o Brasil possui um déficit de mais de 50% no número de auditores-fiscais do trabalho, o que significa que muitas empresas não estão sendo fiscalizadas regularmente e podem estar descumprindo as normas de segurança e saúde no ambiente de trabalho.

Na prática, percebemos que mesmo quando as empresas são fiscalizadas, muitas vezes elas não são punidas de maneira adequada em casos de infrações relacionadas à saúde e segurança dos trabalhadores. Isso ocorre porque o processo de autuação e multa pode levar anos para ser concluído, o que causa enorme transtorno para a atuação dos auditores quando autuam as empresas infratoras.

Esse cenário contribui para que muitas empresas negligenciem as normas de segurança e saúde no trabalho, colocando em risco a vida e a integridade física no ambiente de trabalho, aumentando o número de acidentes laborambientais.

Dessa forma, é necessário que o Estado invista na contratação de mais auditores-fiscais do trabalho e no fortalecimento dos órgãos de fiscalização, para garantir o cumprimento das normas de segurança e saúde no ambiente de trabalho e prevenir acidentes laborambientais. Ademais, é crucial que haja uma maior agilidade no processo de autuação e punição das empresas infratoras, a fim de aumentar a eficácia da fiscalização e prevenção de acidentes.

2. Responsabilidades do empregador

2.1. Responsabilidade civil do empregador

A responsabilidade civil das empresas que operam com radiações ionizantes e substâncias radioativas é um tema de grande importância para o Direito. A exposição a esses elementos pode causar graves danos à saúde e ao meio ambiente, o que exige uma atuação rigorosa por parte do Estado e das empresas envolvidas (CUNHA, 2020, p. 25).

Os critérios para responsabilização civil dos empregadores de radiação podem variar de acordo com a legislação de cada país e com as circunstâncias do caso concreto. No entanto, alguns critérios são comuns em diversas legislações e jurisprudências. Segundo Cunha (2020, p. 26), o primeiro critério é a comprovação de culpa ou dolo na operação das atividades, ou seja, se a empresa não cumpriu com as normas e procedimentos de segurança previstos na legislação ou se teve a intenção de causar danos.

O segundo critério refere-se à causalidade, por ser necessário estabelecer uma relação de causa e efeito entre a conduta do empregador e o dano sofrido pelo trabalhador ou pela população afetada. Para isso, podem ser realizados estudos técnicos e perícias que afastem a existência dessa relação (FIUZA, 2020, p. 585).

Já o terceiro critério é referente aos danos causados, visto que o empregador deve ser responsabilizado pelos danos que causar à saúde e ao meio ambiente. Esses danos podem ser de natureza física, psicológica, moral, patrimonial ou laborambiental, e devem ser devidamente comprovados por meio de laudos periciais e documentos médicos (NADER, 2021, p. 297).

No que concerne ao nexo de causalidade, além de estabelecer a relação de causa e efeito entre a conduta da empresa e o dano sofrido, é necessário que essa relação seja direta e imediata. Isto é, que o dano tenha sido provocado diretamente pela exposição à radiação ionizante ou substância radioativa (GAGLIANO; PAMPLONA FILHO, 2020, p. 513).

O último critério refere-se à prevenção e mitigação que os empregadores devem adotar contra os danos, visando minimizar os riscos de exposição e reduzir os impactos negativos. Caso não adotem essas medidas, podem ser responsabilizados pelos danos causados (RODRIGUES, 2021, p. 1.096).

É importante frisar que a responsabilidade civil do empregador não se limita apenas aos casos de acidentes e desastres, mas também pode ocorrer em situações de exposição crônica ou gradual à radiação, como nos casos de trabalhadores expostos durante anos a doses baixas de radiação. Nesses casos, a comprovação dos danos pode ser mais difícil, mas o empregador ainda assim pode ser responsabilizado se ficar comprovado que não adotou as medidas preventivas e de proteção necessárias.

Em resumo, os critérios para responsabilização civil do empregador envolvem a análise da culpa ou dolo, da causalidade, dos danos causados, de nexo de causalidade e das medidas preventivas e de mitigação adotadas pelo empregador. É importante que os empregadores que operam com radiações ionizantes e substâncias radioativas adotem medidas rigorosas de segurança e proteção, visando evitar danos à saúde e ao meio ambiente, e que sejam responsabilizados.

2.2. Responsabilidade penal do empregador

A responsabilidade penal do empregador em casos de acidentes com radiação ionizante é uma questão prevista na legislação brasileira, especificamente no art. 56 da Lei n. 9.605/98, conhecida como a Lei de Crimes Ambientais (BRASIL, 1998). Conforme o dispositivo legal, a pessoa jurídica pode ser responsabilizada criminalmente caso a infração seja cometida por decisão de seu representante legal ou contratual, ou de seu órgão colegiado, no interesse ou benefício da sua entidade.

Nesse sentido, caso ocorra um acidente com radiação ionizante em um ambiente de trabalho e fique comprovado que o empregador não adotou as medidas de proteção necessárias, como a utilização de equipamentos de proteção coletiva (EPCs) e o treinamento adequado dos funcionários, a empresa poderá ser responsabilizada penalmente pelo ocorrido (MARTINS, 2015, p. 459).

É importante ressaltar que a responsabilidade penal não se restringe apenas à empresa, podendo ser estendida aos seus representantes legais ou contratuais, desde que seja comprovado que a infração foi cometida por decisão destes (SILVA, 2014, p. 150). Além de ser necessária a comprovação da existência de dolo ou culpa por parte dos representantes da empresa, ou seja, é preciso demonstrar que o empregador tinha conhecimento do risco e não adotou medidas.

Assim, a adoção de medidas efetivas de prevenção e segurança no ambiente de trabalho, especialmente em locais que envolvem radiação ionizante, é fundamental para minimizar os riscos de acidentes e proteger a saúde e integridade física dos trabalhadores. Além disso, é essencial fornecer treinamentos constantes aos funcionários e garantir o uso adequado dos EPCs, a fim de evitar a responsabilização penal da empresa em caso de acidentes (FILHO, 2015, p. 143).

2.3. Desafios do Judiciário quanto à responsabilidade civil e penal em casos de acidentes laborambientais

Em casos de acidentes laborambientais a responsabilidade civil vai envolver a reparação dos danos causados ao(s) trabalhador(es) e ao meio ambiente do trabalho. Como já explicado anteriormente, é dever das empresas adotar medidas preventivas e de segurança para evitar acidentes e minimizar os danos em caso de ocorrência. No entanto, muitas vezes ocorre a omissão do Estado na fiscalização e aplicação das normas.

Ademais, é comum existirem desafios do Judiciário brasileiro quanto à responsabilidade civil em casos de acidentes laborambientais, principalmente em relação à reparação dos danos ambientais. Isso ocorre em razão da falta de clareza e uniformidade das leis e normas que regem o tema, além da dificuldade em se quantificar os danos ambientais.

Também não seria possível generalizar e afirmar que existe uma omissão do Judiciário quanto à responsabilidade penal do empregador, já que cada caso é analisado individualmente e as decisões podem variar de acordo com as circunstâncias específicas envolvidas.

No entanto, é importante destacar que existem desafios na aplicação da responsabilidade penal do empregador, como a dificuldade de comprovação da culpa, a falta de recursos e estrutura das autoridades responsáveis pela fiscalização e aplicação da lei, entre outros fatores. Como já exposto, é necessário investir em políticas e medidas que garantam a proteção da saúde e segurança dos trabalhadores, incluindo ações de fiscalização, conscientização e capacitação, e promover uma cultura de prevenção de acidentes laborais ambientais.

Todavia, é importante destacar que possíveis omissões do Judiciário podem agravar ainda mais a situação, pois a falta de punição e reparação dos danos pode incentivar as empresas a continuarem negligenciando as medidas de segurança e prevenção, colocando em risco a saúde e a vida dos trabalhadores e do meio ambiente.

Dessa forma, é necessário que haja uma maior atuação do Judiciário brasileiro na aplicação das normas e na responsabilização civil e penal dos empregadores em casos de acidentes laborambientais, garantindo a reparação dos danos causados e a prevenção de novos acidentes. Além do mais, é fundamental que ocorra uma revisão e atualização das leis e normas, de forma que garantam maior clareza e uniformidade na aplicação dessas normas e a quantificação adequada dos danos ambientais.

3. Conclusão

Após a realização de pesquisas e análises sobre diversos aspectos relacionados à radiação ionizante e exposição às substâncias radioativas no ambiente laborambiental, é possível chegar a algumas conclusões relevantes.

Em primeiro lugar, verificou-se a importância da adoção de medidas de proteção e prevenção por parte do empregador e trabalhadores que atuam em ambientes com riscos de exposição à radiação ionizante. No entanto, é preocupante o déficit de auditores-fiscais do trabalho, pois estes são os profissionais encarregados de fiscalizar o cumprimento das normas de saúde e segurança no trabalho, e proteger a saúde e integridade física dos trabalhadores. Se não há profissionais suficientes para os casos concretos, então, consequentemente, afeta a eficiência das fiscalizações para proteger os trabalhadores e contribui para a negligência das empresas sobre o cumprimento das normas de segurança e saúde do trabalho.

A legislação brasileira apresenta normas regulamentadoras específicas para garantir a segurança e saúde desses trabalhadores, e é fundamental que sejam cumpridas para evitar acidentes e garantir a proteção dos empregados.

Além disso, foi possível observar que acidentes envolvendo radiação ionizante podem ter graves impactos tanto para os trabalhadores quanto para o meio ambiente, exigindo uma resposta efetiva das autoridades e empresas responsáveis. Entretanto, a falta de regulamentação específica para casos de acidentes laborambientais pode gerar antinomias no ordenamento jurídico brasileiro, dificultando a definição de responsabilidades e a aplicação de medidas de reparação.

Nesse sentido, são preocupantes os desafios do Judiciário brasileiro em relação à responsabilidade civil e penal dos empregadores em casos de acidentes laborambientais, incluindo os que envolvem radiação ionizante. É preciso que exista uma maior atuação para garantir que os empregadores sejam responsabilizados pelos danos causados aos trabalhadores e ao meio ambiente, bem como para definir medidas efetivas de reparação.

Por fim, é fundamental ressaltar a necessidade de investimentos em pesquisas e estudos sobre os efeitos da exposição à radiação ionizante no meio ambiente de trabalho, a fim de subsidiar a adoção de medidas mais efetivas de proteção e prevenção, tal como a reparação em caso de acidentes.

Referências

ALVES, A. R.; FILHO, H. F.; BARROS, V. S. *et al.* "Occupational radiation protection in interventional cardiology: results from a national survey in Brazil". *Radiol Bras 50*, 2017, p. 245-251.

BARROS, Alice Monteiro de. *Curso de Direito do Trabalho.* São Paulo: LTr, 2010. p. 1.072.

BARROS, Carla. *Direito ambiental do trabalho:* estudo das antinomias entre as normas protetivas. São Paulo: LTr, 2019. p. 78-81.

BOBBIO, Norberto. *Teoria do ordenamento jurídico.* 10. ed. Brasília: Editora UnB, 1995. p. 71.

BRASIL. Constituição (1988). *Constituição da República Federativa do Brasil.* Brasília, DF: Senado Federal, 1988. Disponível em: https://www.planalto.gov.br/ccivil_03/constituicao/constituicao.htm. Acesso em: 12 jan. 2023.

______. Consolidação das Leis do Trabalho. *Decreto-lei n. 5.452, de 1º de maio de 1943.* Diário Oficial da União, Brasília, DF, 2 maio. 1943. Disponível em: http://www.planalto.gov.br/ccivil_03/decreto-lei/del5452.htm. Acesso em: 28 fev. 2023.

______. Ministério de Trabalho e Emprego. *Norma Regulamentadora n. 6:* equipamentos de proteção individual (EPI). Brasília, DF, 2014. Disponível em: https://www.gov.br/trabalho-e-previdencia/pt-br/acesso-a-informacao/participacao-social/conselhos-e-orgaos-colegiados/ctpp/arquivos/normas-regulamentadoras/nr-06-atualizada-2022-1.pdf. Acesso em: 10 jan. 2023.

______. *Lei n. 7.410, de 27 de novembro de 1985.* Dispõe sobre as atividades nucleares civis e dá outras providências. Disponível em: http://www.planalto.gov.br/ccivil_03/leis/l7410.htm. Acesso em: 10 fev. 2023.

______. *Lei n. 9.605, de 12 de fevereiro de 1998.* Dispõe sobre as sanções penais e administrativas derivadas de condutas e atividades lesivas ao meio ambiente, e dá outras providências. Disponível em: http://www.planalto.gov.br/ccivil_03/Leis/L9605.htm. Acesso em: 10 jan. 2023.

______. *Lei n. 6.938, de 31 de agosto de 1981.* Dispõe sobre a Política Nacional do Meio Ambiente, seus fins e mecanismos de formulação e aplicação, e dá outras providências. Disponível em: http://www.planalto.gov.br/ccivil_03/leis/L6938.htm. Acesso em: 10 jan. 2023.

______. *Decreto n. 4.035, de 6 de novembro de 2001.* Regulamenta a Lei n. 9.478, de 6 de agosto de 1997, que dispõe sobre a política energética nacional, as atividades relativas ao monopólio do petróleo, institui o Conselho Nacional de Política Energética e a Agência Nacional do Petróleo e dá outras providências. Disponível em: http://www.planalto.gov.br/ccivil_03/decreto/2001/D4035.htm. Acesso em: 10 fev. 2023.

______. Ministério do Trabalho e Emprego. *Portaria n. 3.214, de 8 de junho de 1978.* Aprova as Normas Regulamentadoras — NR — do Capítulo V, Título II, da Consolidação das Leis do Trabalho, relativas à Segurança e Medicina do Trabalho. Disponível em: http://trabalho.gov.br/images/Documentos/SST/NR%201%20a%2048.pdf. Acesso em: 10 fev. 2023.

CUNHA, M. P. *Responsabilidade civil das empresas que operam com radiações ionizantes e substâncias radioativas.* São Paulo: Atlas, 2020. p. 25-26.

FELICIANO, Guilherme Guimarães. "Meio ambiente do trabalho e responsabilidade civil por danos causados ao trabalhador: dupla face ontológica". *Revista do Tribunal Regional do Trabalho da 15ª Região*, Campinas, p. 46, 2006. Disponível em: https://core.ac.uk/download/pdf/79070094.pdf. Acesso em: 10 jan. 2023.

______. "Meio ambiente do trabalho: aspectos gerais e propedêuticos". *Revista do Tribunal Regional do Trabalho da 15ª Região*, Campinas, n. 20, p. 3, 2002.

FIUZA, César. *Direito Civil:* curso completo. 19. ed., rev. eatual. São Paulo: Revista dos Tribunais, 2020. p. 585.

GAGLIANO, Pablo Stolze; PAMPLONA FILHO, Rodolfo. *Novo Curso de Direito Civil:* Responsabilidade civil. 17. ed. São Paulo: Saraiva Educação, 2020. p. 513.

LEITE, J. P. *Meio Ambiente do Trabalho.* São Paulo: Saraiva Educação, 2019. p. 145.

LIMA, Fabíola Cristina Ribeiro. *Responsabilidade civil das empresas nucleares.* Belo Horizonte: Fórum, 2015.

MARTINS, Sérgio Pinto. *Direito do Trabalho.* 32. ed. São Paulo: Atlas, 2015. p. 459.

______, *Direito do Trabalho.* 36. ed. São Paulo: Atlas, 2020. p. 419-430.

MARTINS, Maurício Salomão. *Responsabilidade civil no direito nuclear e na proteção radiológica.* São Paulo: Saraiva, 2018.

MAZONI, A. S., DA SILVA, T.A.; BAPTISTA, M. *et al.* "Efficacy of protective measures Against ionizing radiation in hemodynamic rooms: a systematic review". *Radiol Bras 54*, 2021, p. 1-6.

NADER, Paulo. *Curso de direito civil:* responsabilidade civil. 16. ed. Rio de Janeiro: Forense, 2021. p. 297.

NUCLEAR REGULATORY COMMISSION. *Safety culture.* Washington, D.C.: U.S. "Nuclear Regulatory Commision", 2019, p. 6.

RODRIGUES, Marcelo Abelha. *Curso de Direito do Trabalho*. 13. ed. São Paulo: Saraiva Educação, 2021. p. 1.096.

SILVA, José Afonso da. *Direito Ambiental Constitucional*. 2. ed. São Paulo: Malheiros, 1995. p. 5.

______. *Curso de Direito Ambiental*. 10. ed. São Paulo: Malheiros, 2014. p. 150.

SOUZA, Luciana. "Conflito entre as normas ambientais e trabalhistas: um estudo sobre a proteção ao meio ambiente do trabalho". *Revista de Direito Ambiental*, vol. 21, n. 4, 2016, p. 59-74.

STROUD, Debra. *Radiation safety in nuclear medicine*. 2. ed. Boca Raton: CRC Press, 2012. p. 30.

TEIXEIRA FILHO, Manoel Antônio. *Responsabilidade penal do empregador por acidente de trabalho*. São Paulo: LTr, 2015. p. 143.

12

O Regime Prejudicial de Labor em Turnos Ininterruptos de Revezamento e seus Impactos na Saúde e na Vida Social do Indivíduo Trabalhador

Drielli Serapião Afonso

Introdução

O trabalho exercido em regime de turnos ininterruptos de revezamento é um sistema de extrema penosidade, que representa um grande impacto na saúde, segurança e vida social do trabalhador. Por essa razão, como será visto neste trabalho, o legislador tratou de proteger o indivíduo que se sujeita a esse labor com uma jornada constitucional reduzida de seis horas diárias, contudo, essa jornada é comumente negociada de acordo com as necessidades de produção do empregador, prolongando a jornada em duas horas.

Com a negociação coletiva surgem alguns problemas de violações dos direitos dos trabalhadores, visto que, em muitos casos, os acordos coletivos são vagos e não trazem contrapartidas ao elastecimento da jornada para oito horas diárias.

As negociações coletivas não são a única controvérsia enfrentada pelos trabalhadores de turnos. A caracterização do regime também é um problema quando a matéria chega aos Tribunais.

1. Do que trata o sistema de "turnos"?

O labor em turnos ininterruptos de revezamento existe desde o início da formação social. Há relatos da prática no Império Romano. Segundo Fischer (2004), no Império de Claudius e Marcus Aurelius, não se podia, durante um período, haver circulação de carroças, cavalos e mercadorias pela manhã, de forma que os trabalhadores foram compelidos a executar suas atividades no período noturno, causando uma série de impactos na própria vida e na vida das pessoas da região.

Hoje, os turnos estão sendo ampliados de forma crescente mediante as necessidades práticas e sociais da população (COSTA, MORITA, & MARTINEZ, 2000).

O sistema de turnos sofreu uma reconfiguração com a promulgação da Constituição Federal de 1988, com o advento da garantia de uma jornada de trabalho reduzida de oito para seis horas aos trabalhadores submetidos a esse labor. Antes desse marco, o trabalho em turnos ininterruptos de revezamento era visto tão somente como uma organização da produção, sem menção alguma aos eventuais prejuízos à saúde e à vida social do trabalhador.

Quando à sua definição, pode-se definir como uma modalidade de trabalho em que o empregado é sujeito a uma alternância em cada semana, quinzena ou mês, em contato com diferentes fases do dia e da noite. Surge, então, uma ideia de falta de interrupção no sistema de trabalho, sob a ótica do trabalhador (DELGADO, 2011).

Essa prática representa gravame à saúde e à convivência social do trabalhador, mas, para o empregador, é um sistema que pressupõe a atividade produtiva contínua da empresa.

2. Os impactos do trabalho em turnos no indivíduo

Os estudos apontam que o trabalho desempenhado em turnos ininterruptos de revezamento altera a homeostase fisiológica (ritmos circadianos, 6 hábitos de sono e alimentares), diminuem a eficiência do desempenho, prejudicam as relações familiares e sociais e deterioram as condições de saúde, causando, particularmente, transtornos do sono, gastrointestinais, neuropsíquicos e cardiovasculares (COSTA, 1996, 2004; HARRINGTON, 1978; WATERHOUSE & MINORS, 1992).

O corpo humano, mais precisamente, o cérebro humano, está programado para um estado de desativação durante o período noturno, e para um estado de ativação no período diurno.

Segundo ensina Alice Monteiro de Barros:

> Ainda no tocante ao trabalho noturno, cumpre esclarecer que especialistas em ergonomia concluíram que ele ocasiona maior fadiga do que aquele

> realizado durante o dia, pois há uma coincidência entre ativação biológica e o horário de trabalho e entre a desativação cerebral e o sono. Logo, quem trabalha em estado de desativação noturna desenvolve esforço maior para a execução do mesmo trabalho. Além disso, o sono em estado de ativação cerebral é menos reparador. Em consequência, surge a fadiga, que poderá gerar redução do rendimento profissional e aumento da gravidade de acidentes do trabalho. Se a fadiga tornar-se crônica, provoca, muitas vezes, enfermidade psicossomática. Por outro lado, quanto o trabalho noturno é alternado, poderá provocar transtornos digestivos capazes de evoluir independentemente ou de combinar-se com a enfermidade psicossomática (BARROS, 2010, p. 687).

Na verdade, do ponto de vista dos especialistas em ergonomia, o trabalho noturno deveria ser proibido de modo geral, ante as consequências nocivas para a saúde e para a integração social e familiar do empregado.

Costa (2004) corrobora com esse pensamento ao enfatizar que pessoas engajadas no trabalho em turnos muitas vezes não conseguem acompanhar as diversas atividades comuns na sociedade, programadas de acordo com os ritmos da população geral e orientadas pelo dia. Por essa razão, podem enfrentar dificuldades e restrições em sua vida social.

Ao decidirem ajuizar reclamatórias trabalhistas, os trabalhadores relatam os prejuízos de ordem social e os impactos da alternância de jornada em sua saúde, destacando que permanecem à disposição do empregador para realização do labor em turnos única e exclusivamente porque necessitam da vantagem financeira auferida.

Contudo, depois de ajuizada a demanda, é comum que as reclamadas excluam de forma completamente discriminatória os trabalhadores do chamado *ranking* de turnos, o que é ilegal e acaba motivando o ajuizamento de novas reclamatórias trabalhistas com pedidos de liminar para imediata reintegração ao *ranking* com indenização por danos morais.

A prestação do labor noturno, como é sabido, é mais desgastante para o trabalhador, no que tange aos fatores biológicos, familiar e social. Assim, o legislador, sob a égide do princípio da proteção, que rege o Direito do Trabalho, conferiu um tratamento diferenciado para esse tipo de labor, com o intuito de reduzir os danos na saúde do indivíduo. Trata-se de uma espécie de favorecimento compensatório, seja através da redução ficta da hora noturna, ou no cálculo da própria remuneração devida mediante o pagamento de um adicional específico.

No caso específico do pagamento do adicional, há críticas em relação à monetização do risco, por não ser essa a melhor maneira de compensar os trabalhadores que trabalham em condições que alteram o equilíbrio de sua saúde, exercendo atividades insalubres ou perigosas. A redução da jornada ainda é a alternativa mais segura para propiciar um ambiente de trabalho mais sadio e reduzir riscos de enfermidades ocupacionais.

No caso da jornada especial prevista no inciso XIV do art. 7º, da CF/88, é uma condição muito mais penosa do que o trabalho noturno.

Já foram realizados estudos complexos com trabalhadores sujeitos ao regime de turnos ininterruptos de revezamento, aliado à rotina rígida e burocrática dos indivíduos estudados, em que foram constatados a ocorrência de sofrimento, dificuldade em conciliar trabalho e vida sociofamiliar, sobrecarga doméstica, dificuldade em se desligar do trabalho (desconexão) e os riscos a que estão expostos pela profissão. De acordo com esses estudos, o turno que mais impacta a saúde desses trabalhadores é o noturno, causando prejuízos evidenciados pelos sintomas de irritabilidade, desânimo, alterações de humor, dores de cabeça e cansaço, o que ocasiona estresse e depressão e enfermidades correlatadas.

Sérgio Saes e Leda Maria Messias da Silva, em seu estudo, afirmam também que o labor noturno deve ser considerado um serviço extraordinário, visto que representa ônus excessivo ao obreiro, trazendo consequências ao contexto familiar, no convívio social, no psicológico, na saúde e, por fim, porque impacta diretamente na produção.

3. A jornada especial conferida aos trabalhadores de turnos

O art. 7º, inciso XIV, da Constituição Federal estabelece como um direito comum aos trabalhadores urbanos e rurais a jornada de seis horas para o trabalho realizado em turnos ininterruptos de revezamento, salvo em negociação coletiva.

Mais precisamente, o art. 7º, inciso XIV, da CF/88 estabelece que a jornada diária de trabalho realizado em turnos ininterruptos de revezamento deverá ser de, no máximo, seis horas diárias, perfazendo um total máximo de 36 horas semanais.

De acordo com o art. 71, § 1º, da CLT, o empregador deverá conceder o intervalo de 15 minutos diários, para o descanso, em face da jornada diária não ultrapassar o limite de seis horas diárias. Enquanto que o Enunciado 360 do TST determina que a interrupção do trabalho destinada a repouso e alimentação, dentro de cada turno, ou o intervalo para repouso semanal, não descaracteriza o turno de revezamento com jornada de seis horas, previsto no art. 7º, inciso XIV, da CF/88.

É importantíssimo que o indivíduo exposto a essas condições de desgaste tenha pleno gozo dos intervalos intrajornada, dispondo de tempo suficiente para repouso e alimentação, haja vista a matéria da Súmula n. 360 do Tribunal Superior do Trabalho, sob pena de imputar ao empregador o pagamento de horas extras.

É permitida, por meio de negociação coletiva, prorrogar a jornada de seis horas. Nesse caso, admite-se o máximo de duas horas extras diárias, a serem remuneradas com um adicional de, no mínimo, 50% sobre o valor da hora normal. Exceto nos trabalhos considerados insalubres, quando a jornada deve, necessariamente ser de seis horas diárias, salvo existência de autorização do Ministério do Trabalho e Emprego após realização de inspeção, como será visto adiante.

Conquanto o *jus variandi* faculte ao empregador fazer alterações nas condições de trabalho e no pacto laboral, referido exercício de poder diretivo encontra limites, sobretudo quando se tratar de saúde e da integridade física do indivíduo trabalhador.

De acordo com Alice Monteiro de Barros, a flexibilização no campo do trabalho, historicamente, tem sido uma reivindicação empresarial identificável com uma explícita solicitação de menores custos sociais e maior governabilidade do fator trabalho. Segundo a autora, para a realização dessa reivindicação, reclama-se uma flexibilidade normativa que poderá ser atingida sob o prisma legal, regulamentar e convencional, porém, assegurando-se garantias mínimas ao empregado.

A flexibilização não pode ser utilizada como justificativa para suprimir os direitos conquistados pelos trabalhadores, deve respeitar os estritos limites apontados, incidindo unicamente sobre as três hipóteses constitucionalmente previstas (redução salarial, compensação de jornada e jornada de trabalho em turnos ininterruptos de revezamento).

De fato, nos casos concretos em que costumo atuar, tenho percebido flagrantes violações a essa previsão constitucional, visto que as empresas têm alegado, em suas defesas, a ausência de obrigatoriedade de pagamento de horas extras além da sexta diária, uma vez que há cláusula normativa que autorize a jornada de trabalho de oito horas, muito embora esta não tenha feito constar de forma expressa e específica nas negociações coletivas o elastecimento da jornada para oito horas, além do fato de não trazer nenhuma contrapartida ao trabalhador, diante do nítido prejuízo assumido com o regime de alternância de turnos.

4. Alternância de turnos exercida em atividades insalubres

Quando se trata de atividade insalubre exercida em turno ininterrupto de revezamento, seja a título de compensação de horas, seja a título de trabalho extraordinário, não pode haver acordo de ampliação de jornada, a menos que haja autorização expressa do Ministério do Trabalho e Emprego mediante inspeção.

Isto é, diante da ausência de licença prévia das autoridades do MTE, os empregadores não podem promover a prorrogação da jornada em ambiente insalubre. Qualquer norma coletiva nesse sentido seria nula e implicaria risco em ajuizamento de reclamatória trabalhista e pagamento das horas prorrogadas como horas extras.

Ao constatar essa situação numa demanda em trâmite na 2ª Vara do Trabalho de Coronel Fabriciano, a magistrada Marina Diniz Caixeta deferiu horas extras a um empregado que cumpria jornadas de 8h diárias em turnos ininterruptos de revezamento: das 7h às 15h, das 15h às 23h e de 23h às 7h. As jornadas estavam autorizadas nos acordos coletivos, atendendo, assim, à exceção prevista no art. 7º, inciso XIV, da CF/88. Contudo, os demonstrativos holerites apresentados apontavam que o empregado recebia adicional de insalubridade. Dessa forma, concluiu pela veracidade da afirmação contida na exordial de que o labor era realizado em condições insalubres. E, nos termos do art. 60 da CLT, a prorrogação da jornada em regime prejudicial de turnos de revezamento em ambiente insalubre somente é viável após inspeção do local e autorização expressa do Ministério do Trabalho e Emprego (MTE). "Essa medida é de ordem pública, e, portanto, não pode ser dispensada pelas partes envolvidas, ainda que por meio de negociação coletiva, sobretudo após a jurisprudência evoluir cancelando a Súmula n. 349 do Colendo TST", afirmou a juíza.

O julgado culminou no entendimento de que a permissão na norma coletiva para a adoção da jornada de oito horas não se sustenta, nos termos do art. 60 da CLT. Nesses casos, faz jus o obreiro ao pagamento como extras, das horas trabalhadas além da sexta diária e da 36ª semanal, ou seja, o reconhecimento da jornada constitucional do turno ininterrupto de revezamento.

5. Os óbices enfrentados pelos trabalhadores de turnos nos Tribunais

Um dos óbices que os trabalhadores enfrentam ao ajuizarem a reclamatória trabalhista que tem como objeto o reconhecimento da jornada de turnos é o fato de, muitas vezes, o Juízo *a quo* não entender como turnos ininterruptos de revezamento o labor prestado em certas periodicidades, como quadrimestrais ou trimestrais, por exemplo. Esse é um equívoco que vem desafiando o entendimento do Tribunal Superior do Trabalho, através da Orientação Jurisprudencial 360 da SBDI-1. Isto é, tem direito à jornada especial de seis horas prevista no art. 7º, XIV, da CF o trabalhador que se ativa em turnos ininterruptos de revezamento e, com alternância semanal de turno, em período diurno e noturno, pouco importando a periodicidade, trimestral, quadrimestral ou semestral, bastando que se estabeleça a situação de alternância de turnos, acarretando maior desgaste para a saúde e para a vida familiar e social do trabalhador.

Nesse sentido, para ilustrar a questão, entendimento do Tribunal Superior do Trabalho:

> "RECURSO DE REVISTA EM FACE DE DECISÃO PUBLICADA APÓS A VIGÊNCIA DA LEI N. 13.467/2017. TURNOS ININTERRUPTOS DE REVEZAMENTO. ALTERNÂNCIA DE TURNOS A CADA QUADRIMESTRE. TRANSCENDÊNCIA POLÍTICA. O fato de a alternância dos turnos não ser semanal, mas quadrimestral, não descaracteriza o regime de turnos de revezamento. Esta Corte tem entendimento no sentido de que não se revela imprescindível à

> caracterização do aludido regime a alternância semanal, bastando que se estabeleça a situação de alternância de turnos, acarretando maior desgaste para a saúde e para a vida familiar e social do trabalhador. Precedentes. Recurso de revista conhecido por contrariedade à Orientação Jurisprudencial n. 360 da SBDI-1 do TST e provido." (RR-1001051-92.2016.5.02.0032, 3ª Turma, relator Ministro Alexandre de Souza Agra Belmonte, *DEJT* 06.03.2020). "RECURSO DE REVISTA REGIDO PELAS LEIS NS. 13.015/2014 E 13.467/2017. TURNOS ININTERRUPTOS DE REVEZAMENTO. CONFIGURAÇÃO. ALTERNÂNCIA DE TURNOS A CADA QUATRO MESES. TRANSCENDÊNCIA POLÍTICA CONFIGURADA. 1. De acordo com o art. 896-A da CLT, o Tribunal Superior do Trabalho, no recurso de revista, deve examinar previamente se a causa oferece transcendência com relação aos reflexos gerais de natureza econômica, política, social ou jurídica. 2. Discute-se se a alternância na jornada de trabalho a cada quadrimestre configura turno ininterrupto de revezamento. Na hipótese dos autos, concluiu o Tribunal Regional que não estava caracterizado o trabalho do Reclamante em turno ininterrupto de revezamento, uma vez que a mudança de escala ocorria, em média, de quatro em quatro meses. 2. No entanto, é entendimento desta Corte que o fato de a alternância de turno ocorrer de forma quadrimestral não descaracteriza o trabalho no aludido regime especial. Registre-se que, havendo o trabalho com a alternância periódica de horário, de modo que esteja o empregado submetido, no todo ou em parte, ao horário diurno e noturno, aplica-se a jornada especial prevista no art. 7º, XIV, da Constituição Federal, consoante dispõe a Orientação Jurisprudencial 360 da SBDI-1 do TST. Estabelecida a alternância de turnos, o que acarreta um maior desgaste para a saúde e para a vida familiar e social do trabalhador, resta caracterizado o aludido regime. Assim, o julgamento proferido pelo Tribunal Regional contrariou a OJ n. 360 da SBDI-1/TST, restando, por consequência, divisada a transcendência política do debate proposto. Recurso de revista conhecido e provido." (RR-1001836-70.2017.5.02.0371, 5ª Turma, relator Ministro Douglas Alencar Rodrigues, *DEJT* 14.2.2020)

Outra questão com a qual o trabalhador se depara é a controvérsia sobre a validade das normas coletivas.

Muito têm suscitado as empresas o Tema n. 1.046 (RE/STF), que versa sobre a validade de norma coletiva de trabalho que limita ou restringe direito trabalhista não assegurado constitucionalmente. Na decisão proferida foi fixada a seguinte tese:

> "São constitucionais os acordos e as convenções coletivos que, ao considerarem a adequação setorial negociada, pactuam limitações ou afastamentos de direitos trabalhistas, independentemente da explicitação especificada de vantagens compensatórias, desde que respeitados os direitos absolutamente indisponíveis."

Ocorre que, uma vez que as próprias empresas desrespeitam aquilo que pactuam, isso afasta a aplicabilidade da Tese Prevalecente. É comum que os empregadores imponham jornadas que extrapolem até mesmo as oito horas diárias previstas nos acordos coletivos, que já elastecem as jornadas constitucionais dos trabalhadores em duas horas.

Outra causa de invalidação da norma coletiva é a prestação habitual de horas extraordinárias.

Por ser mais desgastante, por conseguinte, ter um maior potencial de prejuízo à saúde do trabalhador, no regime de turnos ininterruptos de revezamento a prestação de horas extras habituais invalida a adoção do regime, de acordo com entendimento das Súmulas ns. 423 e 38 do Tribunal Superior do Trabalho.

Ou seja, a prestação de horas extras habituais tem o condão de descaracterizar o acordo coletivo, e isso é aplicado em proteção ao trabalhador, visto que o acordo já está elastecendo a jornada para oito horas, e não pode o empregador sacrificar ainda mais o empregado, já desgastado fisicamente, com uma sobrejornada exaustiva, incorrendo em mais prejuízos de ordem física e social.

Vejamos o seguinte entendimento da 5ª Turma do Colendo TST, nos autos de Agravo em Agravo de Instrumento em Recurso de Revista n. TST-Ag-AIRR- 12198-03.2019.5.15.0021:

> AGRAVO. AGRAVO DE INSTRUMENTO EM RECURSO DE REVISTA REGIDO PELA LEI N. 13.467/2017. TURNOS ININTERRUPTOS DE REVEZAMENTO. NORMA COLETIVA. JORNADA DE OITO HORAS DIÁRIAS. SOBRELABOR HABITUAL. HORAS EXTRAS DEVIDAS. TRANSCENDÊNCIA NÃO RECONHECIDA NA DECISÃO AGRAVADA. Estabelecida constitucionalmente a jornada de seis horas para esse regime de trabalho, eventual prorrogação deve se limitar a oito horas diárias, de forma a tutelar a saúde e a higidez do trabalhador submetido a esse tipo de jornada. No caso, ficou comprovado o trabalho em turnos ininterruptos de revezamento. Ainda, não obstante autorizada a prorrogação da jornada diária de trabalho por instrumento coletivo, ficou evidenciada a prestação habitual de horas extras além da oitava diária. Nesse contexto, ao considerar inválida a norma coletiva em que previsto o elastecimento da jornada cumprida em turnos ininterruptos de revezamento, em razão da prestação habitual de horas extras, o Tribunal Regional decidiu em consonância com jurisprudência iterativa, notória e atual desta Corte, incidindo o art. 896, § 7º, da CLT e a Súmula n. 333/TST como óbices ao processamento do recurso. Nesse contexto, não afastados os fundamentos da decisão agravada, nenhum reparo merece a decisão. Agravo não provido, com acréscimo de fundamentação.

Num dos julgados sobre o tema, a seguinte definição foi atribuída ao regime de turnos pela ministra Rosa Maria Weber: "é um sistema de significativa penosidade".

A redução de um direito previsto na lei integrante do estatuto mínimo somente pode ser admitida quando, em contrapartida, se houver negociado a concessão de um outro direito acima desse patamar. Ou seja, a contrapartida se faz necessária para amenizar os desgastes sofridos pelo obreiro com a alteração do ciclo biológico, a saúde e o convívio social e familiar.

Como explicado, a Constituição Federal de 1988, nos incisos XIII e XIV do art. 7º, garante a duração do trabalho não superior a oito horas diárias ou 44 semanais para o trabalho em turno fixo e de seis horas diárias para a jornada cumprida em turnos ininterruptos de revezamento.

Nesse sentido, a Súmula n. 423 do TST dispõe que: "são devidas as horas extraordinárias excedentes à sexta diária, considerando a inexistência de norma coletiva prevendo jornada de oito horas diárias para os turnos ininterruptos de revezamento da reclamada". (art. 7º, inciso XIV da Constituição Federal e Súmula n. 423 do TST).

Importante ressaltar o entendimento da OJ n. 360, da SBDI-1 do C. TST, de que:

> Faz jus à jornada especial prevista no art. 7º, XIV, da CF/1988 o trabalhador que exerce suas atividades em sistema de alternância de turnos, ainda que em dois turnos de trabalho, que compreendam, no todo ou em parte, o horário diurno e o noturno, pois submetido à alternância de horário prejudicial à saúde, sendo irrelevante que a atividade da empresa se desenvolva de forma ininterrupta.

Ou seja, a alternância pode ocorrer a cada semana, quinzena, mês ou período relativamente superior, como as alternâncias bimestrais, trimestrais e similares de horários também podem atender ao tipo jurídico constitucional, por provocarem intenso desgaste físico, psicológico, familiar e social ao trabalhador.

O que se pode extrair do referido verbete sumular é que a Carta Magna admite uma jornada de trabalho superior a seis horas para os empregados que laborem em regime de turnos ininterruptos de revezamento quando expressamente previsto em instrumento coletivo de trabalho. Contudo, inexistindo regular negociação para a flexibilização da jornada de trabalho em turnos de revezamento, impõe-se o pagamento das 7ª e 8ª horas como extras, como determina o texto constitucional.

6. Conclusão

Assim, tem-se que os indivíduos trabalhadores sujeitos ao regime prejudicial de turnos ininterruptos de revezamento, apesar de relativamente protegidos pelos dispositivos constitucionais que preveem jornada reduzida de seis horas diárias, enfrentam obstáculos que acabam por impedir a minimização dos efeitos nocivos do referido regime, como o elastecimento da jornada sem a devida contrapartida por meio dos acordos coletivos, e a própria dificuldade do não reconhecimento da modalidade de trabalho por parte de alguns juízes, que se equivocam quanto à questão da periodicidade da alternância de turnos.

É certo que a Carta Magna admite flexibilização de direitos trabalhistas, no entanto, não podem prevalecer as cláusulas coletivas que não possuem o fito de melhoria da condição social do trabalhador (CF, art. 7º, *caput*) mas, sim, representem um meio de fraudar ou impedir o acesso do trabalhador às normas mínimas de proteção ao trabalho que já integram ou podem integrar o seu patrimônio jurídico. Trata-se do direito fundamental à limitação da jornada em seis horas para os empregados submetidos ao regime prejudicial de turnos ininterruptos de revezamento.

Não se pode olvidar que o fundamento do merecimento da jornada especial constitucional dos turnos ininterruptos de revezamento é o natural desgaste físico e psíquico do indivíduo trabalhador, e de suas abdicações ao se sujeitar a essa modalidade, bem maiores do que aquelas a que se submetem os demais trabalhadores, que não têm seus relógios biológicos constantemente comprometidos, estando, ainda, menos sujeitos ao surgimento de enfermidades ocupacionais. Mas, ao se submeterem às normas coletivas consideradas plenamente nulas por não serem benéficas, não contarem com uma vantagem diante do enorme desgaste físico causado pela mudança do horário de trabalho, os indivíduos têm concordado com as ofertas das empresas com relação ao turno de revezamento em função da compensação financeira, porém estão negligenciando a própria saúde.

Referências

BARROS, Alice Monteiro de. *Curso de Direito do Trabalho*. 6. ed. São Paulo: LTr, 2010.

BRASIL. [Constituição (1988)]. *Constituição da República Federativa do Brasil de 1988*. Brasília, DF: Presidência da República, [2023]. Disponível em: http://www.planalto.gov.br/ccivil_03/Constituicao/ Constituiçao.htm. Acesso em: 10 mar. 2023.

COSTA, G. "The impact of shift and night work on health Shiftwork". *Mini-Symposium* (Nice 1993) 27(1): 9-16, 1996.

COSTA, G. "Saúde e trabalho em turno e noturnos". In: FISCHER, F. M.; MORENO, C. R. C.; ROTENBERG, L. *Trabalho em turnos e noturno na sociedade 24 horas*. São Paulo: Atheneu, 2004. p. 79-98.

DELGADO, Mauricio Godinho. *Curso de Direito do Trabalho*. 10. ed. São Paulo: LTr, 2011. p. 852-855.

FISCHER, F. M. "As demandas da sociedade atual: aspectos históricos do desenvolvimento do trabalho em turnos o mundo". In: FISCHER, F. M.; MORENO, C. R. C.; ROTENBERG, L. *Trabalho em turnos e noturno na sociedade 24 horas*. São Paulo: Atheneu, 2004.

"Jornada superior a 36 horas semanais em turno de revezamento e ambiente insalubre exige autorização expressa do MTE". LEGISWEB. Curitiba – PR. Disponível em: https://www.legisweb.com.br/noticia/?id=12817. Acesso em: 7 mar. 2023.

HARRINGTON, J. M. *Shiftwork and health:* a critical review of literature. Londres: Her Majesty's Stationery Office, 1978.

SILVA, Leda Maria Messias da; SAES, Sergio. "Adicional noturno e saúde: uma tese pela dignidade no meio ambiente de trabalho". In: SILVA, Luciana Aboim Machado Gonçalves da; MISAILIDIS, Mirta Gladys Lerena Manzo de; CECATO, Maria Aurea Barone (Orgs.). *Direito do Trabalho e seguridade social*. vol.1. Florianópolis: Conpedi, 2015.

WATERHOUSE, J. M.; MINORS, D. S. *Shifwork, health and safety. An overview of the scientific literature*. 1978-1990. Londres: Her Magesty's Stationery Office, 1992.

13

Da Produção Dinâmica de Provas dos Processos do Meio Ambiente do Trabalho

Rachel Lopes Queiroz Chacur
Guilherme Guimarães Feliciano

1. Introdução

A história processual civilista e trabalhista confere a adoção do *sistema civil law* com o amplo acesso à Justiça, ao devido processo legal e contraditório, ao uso de meios e técnicas de produção probatória sob os fundamentos de direitos e garantias constitucionais (GRINOVER, 1990; CAPPELLETTI, 1961; VIGORITI, 1968).

2. A produção dinâmica de provas nos processos trabalhistas e sua valoração pelo julgador

O art. 93, inciso X e o art. 5º da Constituição Federal garantem o devido processo legal e o contraditório, colocando sob o *status* de garantia constitucional o direito à prova, de forma isonômica, a todo e qualquer cidadão acusado ou envolvido em ações judiciais (BRASIL, 1988).

Com vedação expressa à produção de provas obtidas por meios ilícitos ou ilegais atingindo a sua veracidade e credibilidade, com o aceite de raríssimas exceções de produção de fatos que ofendam à própria lei e violem os direitos fundamentais da pessoa humana (LOPES, 2004; CHACUR, 2019).(1)(2)

---

(1) Cfe. João Batista Lopes citando NUVOLONE, onde acrescenta que JOAN PICÓ I JUNOY contempla outros conceitos afins de meio de provas ilícitas. *Ob. cit.*, p. 86.

(2) *Ob. cit.*, p. 23.

O conceito e definição de prova é a demonstração dos fatos e do direito, ou seja, *aquilo que mostra a verdade de uma proposição ou a realidade de um fato.*[3]

Para os fundamentos de lei e doutrina a prova tem as características do direito de deduzir todos os meios destinados a demonstrar os fatos e o direito ao juízo de valor do julgador.[4] Ainda, a prova tem a natureza jurídica de cunho material e processual, pois prevê a produção do objeto próximo à existência dos atos e contratos legais, válidos e eficazes nas relações jurídicas.[5] E a produção de provas está restrita aos limites objetivos (espécies de provas)[6] e subjetivos (legitimados) do devido processo legal, definidos por lei.

No Brasil, o entendimento jurisprudencial do Supremo Tribunal Federal é unânime sobre a perspectiva considerada inicialmente pelos autores, aplicando a teoria da prova da árvore do fruto proibido, ou seja, o uso de meios ilícitos para a obtenção de provas ou a obtenção de prova derivada de outros meios e processos, pois eiva a fonte primária de segurança jurídica da licitude e legalidade dos meios e formas de acesso e produção do meio de prova, resultando em declaratória de nulidade do ato.

A aplicação da excepcionalidade acontece com a análise da prova pela ponderação do juízo de valor realizado pelo juiz. Na prática, geralmente, o julgado atribui os efeitos meramente de informações temerárias, no bojo dos autos do processo trabalhistas. Esse expediente gera celeuma principalmente na área do direito trabalhista, pois submete-se a ampliação dos fundamentos do direito probatório, sob os pilares da verdade material ou substancial, para preservar o julgado do sentido de justiça e ética, mais próximo ao campo da realidade ou dos fatos, e, principalmente, proteger os direitos fundamentais da pessoa humana.[7][8][9]

Essa prática de julgamento advém de uma técnica legal e jurídica orientada pelo estado da arte da formação do julgador de primar pelos conceitos e requisitos legais, fundamentos teóricos da doutrina de legalidade e licitude do objeto da prova,[10] e a adequação do uso da forma processual, respaldados na prática forense.[11]

---

(3) CALDAS AULETE. *Novo dicionário da língua portuguesa*. 6. ed. Lisboa: Bertrand. p. 719.

(4) COMOGLIO, Luigi Paolo *et al*. *Lezioni sul processo civile.* Bolonha: Il Mulino, 1995. item 3º, p. 512.

(5) JUNOY, Joan Picó I. *El derecho a la prueba em el proceso civil.* Barcelona: Bosch, 1986.

(6) COUTURE, Eduardo. *Fundamentos del derecho procesal civil.* 3. ed. Buenos Aires: Depalma, 1972. p. 245.

(7) FELICIANO, Guilherme Guimarães; URIAS, João; MARANHÃO, Ney (Coords.). *Direito ambiental do trabalho:* apontamentos para uma teoria geral. vol. 3. São Paulo: LTr, 2017. ISBN 9788536191164.

(8) EBERT, Paulo Roberto Lemgruber. "O trabalho autônomo na reforma trabalhista e a fórmula política da constituição federal de 1988". *Revista LTr: Legislação do Trabalho*, São Paulo, v. 81, n. 10, p. 1.182-1.193, out. 2017.

(9) FIORILLO, Celso Antônio Pacheco. *Curso de direito ambiental brasileiro*. 3. ed. São Paulo: Saraiva, 2002. p. 22-23. MELO, Raimundo Simão de. *Direito ambiental do trabalho e a saúde do trabalhador*. 5. ed. São Paulo: LTr, 2013.

(10) MELENDO, Santiago Sentis de. *La prueba* — Los grandes temas de derecho probatorio. Buenos Aires: Ejea, 1978. p. 131.

(11) MARQUES, Frederico. *Instituições de Direito Processual Civil*. vol. III, Campinas: Millennium, 1999. p. 347.

Ocorre que existe uma máxima expressão corriqueira utilizada de *inversão do ônus da prova* para ações que envolvam direitos de sujeitos legitimados, em situação de hipossuficiência que recaia em prejuízos de produção dos meios de provas, nos autos do processo (BRASIL, 1999).

Esse instituto da inversão do ônus da prova é previsão legal estatuída de relações consumeristas, respaldadas no Código de Defesa do Consumidor, o que difere da proposta do instituto da produção dinâmica da prova.

O instituto da produção dinâmica de prova concebe a distribuição do ônus da prova *a quem (legitimado) e o que (objeto)*(12) tem mais condições financeiras ou materiais de persecução dos fatos e indícios, com o fim da consecução ou obtenção do meio de provas, concretizando em objeto da prova.

> A prova deve ser feita por quem possa satisfazer mais fácil, menos inconveniente e menos dispendiosamente (BENTHAM); a prova incumbe a quem pleiteia um direito ou uma liberação em relação a fatos ainda incertos (WEBBER); deve presumir-se a existência de um direito, uma vez fundado (BETHMAN HOLLWEG); só a alegada mutação de um estado anterior necessita ser provada (FITTING); cabe o ônus da prova a quem dela auferir vantagem (GIANTURCO) e critério do interesse da prova (MORTARA).(13)

De tal sorte, o Direito Processual Civil aplicado subsidiariamente ao Direito Processual do Trabalho confere a visão da vulnerabilidade além da mera hipossuficiência, definida em relações consumeristas, ou seja, o trabalhador e autor da ação trabalhista tem o direito de produzir a prova sob os parâmetros e limites legais ou inverter ou produzir de forma dinâmica a prova. Confere aos operadores do direito o entendimento da aplicabilidade técnica da gradação de produção de provas e ao julgador a condução de momentos e fases oportunas, dessa abertura de prazo, para a produção dinâmica de provas. Para tal efeito, recomenda-se o uso da expressão do instituto de *produção dinâmica de provas* também em despachos de mero expediente, decisões interlocutórias, julgamentos e acórdãos. Comumente, o técnico ou julgador já utilizam a produção dinâmica de provas e colocam como etapa processual de inversão do ônus da prova.

O julgador deve primar pela imparcialidade e motivação judicial da decisão da determinação da produção dinâmica da prova, esclarecendo os interlocutores e partes das necessidades inerentes ao objeto de prova, condições da parte e momento processual,

(12) CARNELUTTI, Francesco. "Massime di esperienza e fatti notori". *Rivista di Diritto Processuale Civile*, 1959, p. 639.

(13) *Apud* SOARES DE FARIA. *Principais teorias relativas ao* onus probandi, 1936, p. 89.

para definir diretamente o responsável pela produção das provas, independentemente da sequência de fases e etapas processuais, exigidas por lei.[(14)(15)]

3. Da postura do juiz diretor de gestão processual para o ato de julgar no processo trabalhista

Em que pesem as regras legais e processuais[(16)] limitadoras do ônus da prova e do uso das espécies de provas estabelecidas no Código de Processo Civil vigente no Brasil, o julgador tem o dever de gestão processual de produção das provas nos autos do processo. Essa atribuição e condição estabelece um perfil de conduta ética, **técnica e ilibada do ato de persecução do objeto da prova, ao determinar o legitimado para produzir a prova e a escolha adequada das formas e ritos.**[(17)]

Do mesmo modo, essa figura protagonista do juiz não lhe confere deliberadamente a atuação indiscriminada de ordens judiciais *contra legem*. Assim, o que exorbita os limites da legalidade do impulso oficial contraria o ativismo judicial.

Aquilo que avança a reiterar a produção de fatos notórios de persecução criminal, provas de fatos já provadas, prova de direito meramente declaratória ou inconteste, fatos ou condutas ilícitas e imorais ou produção de provas ilícitas ou derivadas, para obtenção de meios acusatórios ou contrários a uma das partes, não merece a perfeição da conduta ética e nobre do juiz gestor do processo.[(18)]

Em regra, a máxima dos fundamentos legais de que *quem alega deve provar* mantém-se ao instituto da produção de provas, tomando como inapta e inoportuna a tomada de decisão de produção dinâmica de provas nos autos do processo.[(19)]

Essa situação é comum ao analisarmos os confrontos de normas reguladoras do trabalho e as necessidades de confronto à ilegalidade ou lacuna do teor ou conteúdo das regras de prevenção e precaução da garantia de um meio ambiente do trabalho saudável e adequado.

Uma crítica construtiva é que geralmente as normas reguladoras trabalhistas (NRT) estão escritas sobre a linguagem pontual e definida de um objeto de direito, desconsiderando a necessidade da contextualização fática e probatória do meio ambiente do trabalho.

---

(14) BARBOSA MOREIRA, José Carlos. "A motivação das decisões judiciais como garantia inerente ao estado de direito". *Temas de Direito Processual Civil*, São Paulo: Saraiva, 1980. p. 85.

(15) BARBOSA MOREIRA, José Carlos. *Nulidades da sentença*. São Paulo: Revista dos Tribunais, 1987. p. 140-141.

(16) *Ob. cit.*, p. 512.

(17) CARNELUTTI, F. *Sistema di diritto processuale civile*. vol. I. Pádua: Cedam, 1936. p. 426-425.

(18) COUTURE, Eduardo. *Fundamentos del derecho procesal civil*. 3. ed. Buenos Aires: Depalma, 1972. p. 245.

(19) CARNELUTTI, F. *Sistema di diritto processuale civile*. vol. I. Pádua: Cedam, 1936. p. 426-425.

São inúmeras as normas reguladoras do trabalho que precisam de acréscimos ou revisões de conteúdos, pelos avanços do tempo ou fatos, com o desenvolvimento das relações humanas e sociais, em espaços e sistemas diversos econômicos e políticos, no país.[20]

A contribuição do presente artigo reside, justamente, em apontar a imposição aos operadores do direito e do julgador[21] quanto à adoção da interpretação sistêmica e teleológica das normas reguladoras do ambiente do trabalho diretamente afetando o modo e a forma de julgamento contextualizado e legal, no âmbito das relações trabalhistas.

4. O princípio dispositivo aplicado à produção de provas trabalhistas sob revisão de normas reguladoras do meio ambiente do trabalho

O princípio dispositivo é a sujeição e iniciativa das partes de alegar e produzir as suas provas, mantendo a neutralidade e a imparcialidade do julgador, ou seja, não cabe ao julgador a decisão de tomar a iniciativa de produzir provas.

No entanto, as características peculiares do Direito do Trabalho e Processo do Trabalho exigem uma conotação diretiva do juiz, assim, se ele observar que uma das partes, em razão de sua hipossuficiência ou por falta de condições especiais, não tenha como produzir provas, pode ele mesmo determinar o legitimado apto ou terceiros a produzir a prova.

A produção dinâmica da prova nos procedimentos ordinários ou especiais das ações trabalhistas, que envolvem o meio ambiente do trabalho, versa sobre as mesmas diretrizes e fundamentos da área ambiental, sob condições e normas reguladoras controvertidas ou descontextualizadas aos fatos ou momento em que o julgador deve gradativamente definir o ônus da prova e promover a produção dinâmica da prova (MACEDO, 2018; LOPES, 2018; CHACUR, 2019).

Por tratar de direitos humanos, no âmbito do trabalho, remanesce a literalidade da lei e aplica-se o conjunto principiológico e legal sobre a análise do ato ou fato, a verificação e mensuração dos limites do dano e os reflexos de reparabilidade ou indenização dos efeitos civis, criminais, previdenciários e trabalhistas, na vida dos sujeitos do direito.

Para tal fim, faz-se necessário um quadro pessoal e técnico de operadores do direito, técnicos e peritos, equipes multidisciplinares, opções de escolha de profissionais habilitados e idôneos da confiança do juízo, e principalmente, o pagamento dos custos e despesas processuais e de honorários às equipes (OLIVEIRA, 2017; CHACUR, 2019).

---

(20) EBERT, Paulo Roberto Lemgruber. "O meio ambiente do trabalho. Conceito, responsabilidade civil e tutela". *Jus Navigandi*. Teresina, ano 17 (/revista/edições/2012), n. 3.377 (/revista/edições/2012/9) 2012 (/revista/edições/2012). Disponível em: http://jus.com.br/revista/texto/2269. Acesso em: 15 mar. 2015.

(21) MITTERMAYER, C.J.A. *Tratado da prova em matéria criminal*. 2. ed. Rio de Janeiro: J. Ribeiro dos Santos, 1.909. p. 75.

Essa vulnerabilidade econômica e social não deve ser óbice à produção dinâmica de provas na área trabalhista.

Cabe à administração pública fomentar o implemento do pagamento de honorários e consultorias ajustadas à elaboração e consecução de políticas públicas, afeitas às melhorias da prestação de serviços eficientes e com resultados eficazes de seus julgados.

5. Conclusão

O Direito do Trabalho e do trabalhador é condição *sine qua non* da proteção dos direitos fundamentais da pessoa humana, garantida em Declarações Internacionais e leis.

O ônus e a produção de provas merecem revisitação de conceitos e fundamento, atualizando as terminologias utilizadas nas decisões e julgamentos da área trabalhista.

Os fundamentos de conceito de provas e os requisitos e as regras legais são os limites da legalidade e licitude do ato de produção de provas e a definição do momento da própria determinação da produção dinâmica das provas.

O Direito do Trabalho, ao tratar do meio ambiente do trabalho, deve ter um enfoque diverso das demais áreas, pois versa sobre o plano do contexto e fatos, em busca da verdade real ou ao menos da verdade material da atividade laborativa do trabalhador.

O operador do direito – advogado – deve estar afeito às regras legais, definidas no código processual civil. O julgador, de seu turno, adstrito aos limites do princípio dispositivo de análise das exigências e necessidades de provas da verdade dos fatos ou campo da atividade laboral do trabalhador.

O juiz é o gestor processual garantidor da licitude e legalidade da condução dos atos e prazos, fases e etapas processuais, durante o rito e trâmite do processo trabalhista.

A produção dinâmica de provas, no âmbito do trabalho, garante a proteção da isonomia das partes e busca da verdade real, merecendo a formação e capacitação do corpo técnico e o apoio cooperado processual das partes.

As normas reguladoras de Segurança do Meio Ambiente do Trabalho merecem uma revisão de conteúdo e técnicas além de nomenclaturas, sempre interpretadas sob o viés do sistema de interpretação hermenêutica e teleológica, em busca da proteção da vida e saúde da pessoa humana e do equilíbrio do meio ambiente ecologicamente sustentável.

O corpo técnico de peritos e equipes multidisciplinares deve ser especializado e variado, contemplando uma carteira de oferta de técnicas profissionais, como apoio à livre convicção do julgador, em busca da justa decisão judicial.

Cabe à administração a gestão pública do quadro de corpo técnico e alocação de recursos orçamentários direcionados a políticas públicas de revisão das normas reguladoras de proteção do meio ambiente do trabalho e do trabalhador, e de investimentos de tecnologias de otimização e eficiência de nomeação das perícias, pagamento laboral de honorários, com determinação de prazos de entrega de laudos oficiais, com efeitos vinculativos de conteúdo aproveitando as melhores técnicas da inteligência artificial.

O contexto atual dos trabalhos e estudos do Poder Judiciário brasileiro favorece a revisão das normas, regimentos e regulamentos, com a proposta de um novo modelo de gestão judiciária, no âmbito administrativo e executivo, com o aproveitamento de atos e trabalhos, corpo técnico capacitado e o uso de inteligência artificial, promovendo iniciativas de programas e projetos de políticas públicas, entre instituições, com a interlocução em todas as esferas de governo.

Referências

AMADO, Frederico. *Direito Ambiental.* Direito Esquematizado. 9. ed. São Paulo: JusPodivum, 2018.

AIETA, Vânia Siciliano. *A garantia da intimidade como direito fundamental.* São Paulo: Lumen Juris, 1999.

BARBOSA MOREIRA, José Carlos. "A motivação das decisões judiciais como garantia inerente ao estado de direito". In: *Temas de Direito Processual Civil.* São Paulo: Saraiva, 1980. p. 85.

______. *Nulidades da sentença.* São Paulo: Revista dos Tribunais, 1987. p. 140-141.

BETTI, E. *Diritto processuale civile italiano.* 2. ed. Roma: Foro Italiano, 1936. p. 335.

CARNELUTTI, F. *Sistema di diritto processuale civile.* vol. I, Pádua: Cedam, 1936. p. 426-425.

______. "Massime di esperienza e fatti notoriI". *Rivista di Diritto Processuale Civile,* 1959, p. 639.

CALDAS AULETE. *Novo dicionário da língua portuguesa.* 6. ed. Lisboa: Bertrand. p. 719.

CAPPELLETTI, Mauro. "Efficacia di prove illegittimamente ammesse e comportamento della parte". *Rivista di Diritto Civile.* 1961.

CHACUR, Rachel Lopes Queiroz. "Da utilização dos meios de provas". *II SINDA*, Porto, Portugal, 2019.

CHIOVENDA, G. *Instituições de direito processual civil.* vol. II. 2. ed. São Paulo: Saraiva, 1965. p. 379.

COMOGLIO, Luigi Paolo *et al. Lezioni sul processo civile.* item 3º. Bolonha: Il Mulino, 1995. p. 512.

______. "Giurisdizione e processo nel quadro delle garanzie costituzionale". *Op. cit.*, p. 1.077.

COUTURE, Eduardo. *Fundamentos del derecho procesal civil.* 3. ed. Buenos Aires: Depalma, 1972. p. 245.

DIDIER, Fredie; MACEDO, Lucas Buril de; PEIXOTO, Ravi; FREIRE, Alexandre. "Provas". *Coleção Novo CPC.* Doutrina Selecionada, vol. 2 – Processo e Procedimento. São Paulo: JusPodivum, 2018.

DENTI, V. "Il ruolo del giudice nel processo civile tra vecchio e nuovo garantismo". *Riv. Trim. Dir. e Proc. Civ.*, vol. III, ano 1984, p. 731.

EBERT, Paulo Roberto Lemgruber. "O meio ambiente do trabalho. Conceito, responsabilidade civil e tutela". *Jus Navigandi*. Teresina, ano 17 (/revista/edições/2012), n.3377 (/revista/edições/2012/9) 2012 (/revista/edições/2012). Disponível em: http://jus.com.br/revista/texto/2269. Acesso em: 15 mar. 2015.

______. "O trabalho autônomo na reforma trabalhista e a fórmula política da Constituição Federal de 1988". *Revista LTr: Legislação do Trabalho*, São Paulo, v. 81, n. 10, p. 1.182-1.193, out. 2017.

FELICIANO, Guilherme Guimarães; URIAS, João; MARANHÃO, Ney (Coords.). *Direito ambiental do trabalho:* apontamentos para uma teoria geral. vol. 3. São Paulo: LTr, 2017. ISBN 9788536191164.

FIORILLO, Celso Antônio Pacheco. Curso de direito ambiental brasileiro. 3. ed. São Paulo: Saraiva, 2002. p. 22-23.

FRANÇA, J. L.; VASCONCELLOS, A. C. *Manual para normalização de publicações técnico-científicas*. 8. ed. Belo Horizonte: UFMG, 2009.

MELO, Raimundo Simão de. *Direito ambiental do trabalho e a saúde do trabalhador*. 5. ed. São Paulo: LTr, 2013.

GARRITY, V. *Wong Sun v. United States.* Nova Jersey, 385, U.S. 493, 1967 – Map v. Ohio, 367 U.S. 643, 1961.

GASTON S.; GEORGES L. *Droit Pénal Général et Procédure Penale.* tomo II/1. 9. ed. Paris. 1975.

GRINOVER, Ada Pellegrini. *Novas Tendências do Direito Processual.* Rio de Janeiro: Forense Universitária, 1990.

______. *Liberdades públicas e Processo Penal.* itens. 7 e 8. 2. ed. São Paulo: Revista dos Tribunais, 1982.

IBGE. *Normas de apresentação tabular*. 3. ed. Rio de Janeiro: IBGE, 1993.

JUNOY, Joan Picó I. *El derecho a la prueba em el proceso civil.* Barcelona: Bosch, 1986.

LAKATOS, E. M.; MARCONI, M. A. *Fundamentos de metodologia científica*. 3. ed. São Paulo: Atlas, 2017.

LOPES, João Batista. *A prova no Direito Processual Civil.* São Paulo: Revista dos Tribunais, 2000. p. 18.

MACEDO, Luca Buril. *O ônus da prova e sua dinamização*. 2. ed. São Paulo: JusPodivum, 2016.

MARQUES, Frederico. *Instituições de Direito Processual Civil.* vol. III. Campinas: Millennium, 1999. p. 347.

MELENDO, Santiago Sentis de. *La prueba* — Los grandes temas de derecho probatorio. Buenos Aires: Ejea, 1978. p.131.

MITTERMAYER, C. J. A. *Tratado da prova em matéria criminal*. 2. ed. Rio de Janeiro: J. Ribeiro dos Santos, 1909. p. 75.

NERY JR., Nelson; NERY, Rosa Maria de Andrade. *Comentários ao Código de Processo Civil.* 17. ed. São Paulo: Saraiva, 2018.

PISANI, A. P. *Diritto Processuale civile.* 2. ed. Nápoles: Jovene Editore, 1996. p. 453.

RAMOS MENDEZ, F, *Derecho preocesal civil.* 5. ed. Barcelona: Bosch, 1992. p. 549.

VIGORITI, Vicenzo. "Prove Illecite e Costituzione". *Rivista di Diritto Processuale*, 1968.